U0454366

本书为国家社会科学基金青年项目“《马丁·路德年谱》研究”（16CSS001）的最终成果，鉴定等级为“优秀”

马丁·路德年谱

林纯洁　著

图书在版编目(CIP)数据

马丁·路德年谱/林纯洁著.—武汉:武汉大学出版社,2023.2(2023.11 重印)

ISBN 978-7-307-23445-1

Ⅰ.马… Ⅱ.林… Ⅲ.马丁·路德(Martin Luther 1483-1546)—年谱 Ⅳ.B979.951.6

中国版本图书馆 CIP 数据核字(2022)第 218226 号

责任编辑:谢群英　　责任校对:鄢春梅　　版式设计:韩闻锦

出版发行:**武汉大学出版社**　(430072　武昌　珞珈山)

(电子邮箱:cbs22@ whu.edu.cn　网址:www.wdp.com.cn)

印刷:湖北金海印务有限公司

开本:720×1000　1/16　印张:20.5　字数:303 千字　插页:6

版次:2023 年 2 月第 1 版　2023 年 11 月第 2 次印刷

ISBN 978-7-307-23445-1　定价:99.00 元

林纯洁

1983年生，湖北江陵人，北京大学历史学博士，德国图宾根大学访问学者，现为华中科技大学外国语学院德语系副教授、硕士生导师、华中卓越学者，中国德国史研究会理事，主要研究方向为德国史、纹章学和中西文化交流史。近年主持有1项国家社科基金项目和1项教育部人文社科项目等科研项目，在《德国研究》《世界宗教研究》《世界哲学》《国际日耳曼学年鉴》等学术期刊上发表论文40多篇，著有《马丁·路德天职观研究》《德意志之鹰：纹章中的德国史》《德意志之名：德国国名国号及其汉译研究》，主编有论文集《欧美纹章文化研究》《德意志研究》（2021），译有《马丁·路德桌边谈话录》（合译）。

马丁·路德肖像（1528年），来源：Lucas Cranach der Ältere, 1528.

马丁·路德妻子凯特琳·冯·波拉肖像（约1526年），来源：Lucas Cranach der Ältere, um 1526.

维滕堡马丁·路德故居（奥古斯丁修道院），来源：林纯洁摄，2010年10月6日。

路德玫瑰，来源：Wartburg-Stiftung（Hrsg.）. *Aller Knecht und Christi Untertan: Der Mensch Luther und sein Umfeld, Katalog der Ausstellungen zum 450. Todesjahr 1996-Wartburg und Eisenach.* Eisenach: Wartburg-Stiftung, 1996, S.326.

Biblia: das ist:

Die gantze Heilige Schrifft: Deudsch

Auffs new zugericht.

D. Mart. Luth.

Begnadet mit Kur-fürstlicher zu Sachsen Freiheit.

Gedruckt zu Wittem-berg/ Durch Hans Lufft.

M.D.XLV.

马丁·路德译《圣经》（1545年版）封面，来源：Hans Lufft, Wittenberg, 1545.

《马丁·路德年谱》的编撰与中西史学融合的路径(代序)

林纯洁

1517 年 10 月 31 日，德国修士马丁·路德发表《九十五条论纲》，反对罗马教廷在德国出售赎罪券，引发了宗教改革运动。他倡导因信称义，创立基督新教，导致教皇权威的衰落与基督教会的分裂，促进了民族国家的兴起，深刻地影响了近代以来整个西方社会与基督教的历史。路德还将《圣经》从希伯来语和希腊语翻译成德语，奠定了现代德语的基础。

由于路德在历史上极其重要的地位，西方学界非常重视对路德著作的整理与编撰。德国学者对《路德文集》的编撰在路德生前就开始了。16 世纪以来，比较有影响力的路德文集版本有维滕堡版、耶拿版、瓦尔西版、埃尔朗根版等，而最适应学术研究的全集校订版则是《路德全集》魏玛版①。魏玛版起初计划完全按照时间顺序来排列路德的所有著作、书信和翻译等材料，由此全面展现路德的思想发展过程。但由于内容过于繁多，魏玛版编者只能采取著作、《圣经》翻译、书信、桌边谈话四种分类，然后再分别按时间排列，没有完全贯彻按时间排列路德著作的理念。由于在编辑过程中，不断有新的材料发现，导致在同一分类内部，无法完全按照时间顺序排列，这成为魏玛版的一个遗憾。

---

① Martin Luther. *D. Martin Luthers Werke. Kritische Gesamtausgabe*. Weimar: Verlag Hermann Böhlaus Nachfolger, 1883-2009.（以下简称 WA 卷数，页码。）

那如何才能弥补《路德全集》魏玛版的遗憾，即完全按照时间顺序展现路德的宗教改革思想呢?

一、西方史学传统下的路德传记和年表

按照时间顺序展现一个作者的思想发展脉络及其影响，首要的途径便是传记。西方史学传统中，传记侧重于记录传主的生平事迹及其楷模作用。在古典时代，“以世俗的个体人物为中心、以树立社会道德楷模为目的，是古典传记学的两大基本特征，并形成了以政治传记为主的世俗公共传记学传统”。① 中世纪的史学则从属于神学，“由此形成了圣徒传记学(hagiography)，其宗旨是教化信众并使之模仿圣徒，从而强化宗教信仰，而不是记载圣徒生平的真实历史”②。直到近代，在古典传记传统的影响下，兴起了追求客观记录专注生平的现代传记。

在路德1546年去世后不久，同时代的人已经开始为他编撰传记。1546年，路德好友梅兰西顿在为维滕堡出版的拉丁语《路德文集》第二卷所写的序言中，介绍了路德的早期经历；1548年，在此基础上出版《马丁·路德博士生平事迹》③，重点描述了路德出生至1521年参加沃尔姆斯帝国议会的生平，将路德视为新教的先知，奠定了后来新教路德传记的基础。这本书在1561年被亨利·班尼特(Henry Bennet)翻译为英语，并在1563年又被约翰·福克斯(John Foxe)收录于《殉道史》(*The Book of Martyrs*)一书，影响巨大。1549年，约翰内斯·科赫劳斯出版

---

① 张乃和:《现代英美传记学的兴起及其启示》，《史学集刊》，2017年第4期，第90页。

② 张乃和:《现代英美传记学的兴起及其启示》，《史学集刊》，2017年第4期，第90页。

③ Philipp Melanchthon. *Historia de Vita et Actis Reverendiss. Veri D. Mart. Lutheri*, 1548. 英语版参见 Philipp Melanchthon, Johannes Cochläus. *Luther's Lives: Two Contemporary Accounts of Martin Luther*, translated and annotated by Elizabeth Vandiver, Ralph Keen and Thomas D. Frazel, Manchester: Manchester University Press, 2002.

《路德生平与著作评论》①，从天主教会的角度重点记录并批判了路德从1517年至1546年从事宗教改革的活动和著作。早期的路德传记主要是从神学的角度出发，过分贬低或赞美路德，直到19世纪后期，才出现从历史学角度编撰趋近客观的路德传记，如尤利乌斯·科斯特林(Julius Köstlin)于1874年出版的《马丁·路德：他的生平和著作》②。

到了20世纪，在1917年宗教改革400周年之际出现的路德研究复兴(Luther Renaissance)的背景下，更是涌现出很多有影响力的传记。德国学者奥托·席尔(Otto Scheel)于1916年和1917年出版了两卷本《马丁·路德：从天主教到宗教改革》③，尤其对路德早期的生平作了详细的研究。1939年，德国学者海因里希·伯默(Heinrich Boehmer)出版的《青年路德》④，详细叙述了路德从童年时代到发动宗教改革，直至1521年参加沃尔姆斯帝国议会的历史。1950年，美国学者罗伦·培登(Roland Bainton)出版了《这是我的立场——马丁·路德传记》⑤，重点关注了路德的宗教信念和宗教改革的历程，为路德的事业进行了辩护。1958年，美国学者埃里克·埃里克森(Erik Erikson)出版的《青年路德：一个精神分析与历史的研究》⑥用心理分析的方法研究了路德青少年时

---

① Johannes Cochläus. *Commentaria de Actis et Scriptis Martini Lutheri*, 1549. 英语版参见 Philipp Melanchthon, Johannes Cochläus. *Luther's Lives*: *Two Contemporary Accounts of Martin Luther*, translated and annotated by Elizabeth Vandiver, Ralph Keen and Thomas D. Frazel, Manchester: Manchester University Press, 2002.

② Julius Köstlin. *Martin Luther. Sein Leben und seine Schriften*. Eberfeld, Friedrichs, 1874.

③ Otto Scheel. *Martin Luther*: *Vom Katholizismus zur Reformation*. Tübingen: Verlag von J. C. Mohr, 1916-1917.

④ Heinrich Boehmer. *Der junge Luther*. Leipzig: Roehler & Amelang, 1939.

⑤ Roland Bainton. *Here I Stand*, *A Life of Martin Luther*. Nashville: Abingdon-Cokesbury Press, 1950. 该版已译为中文，参见罗伦·培登：《这是我的立场——改教先导马丁·路德传记》，古乐人、陆中石译，南京：译林出版社，1993年。

⑥ Erik Erikson. *Young Man Luther*: *A Study in Psychoanalysis and History*. New York: W. W. Norton & Company, 1958. 该书已译为中文，参见爱力克森：《青年路德》，康绿岛译，台北：远流出版事业股份有限公司，1989年。埃里克·埃里克森：《青年路德》，舒跃育、张继元等译，上海：上海人民出版社，2021年。

期的家庭生活与经历对他性格的影响，进而阐述了对宗教改革运动的影响。

随着1983年路德诞生500周年的临近，西方学界路德研究的热度进一步升温。1979年，海因里希·伯恩卡姆(Heinrich Bornkamm)的《中年路德》①叙述了从1521年路德隐居于瓦特堡到1530年召开奥格斯堡帝国议会的历史，这是宗教改革斗争最激烈，同时也是路德创作最丰富的时期。1981年，荷兰学者海科·奥伯曼(Heiko A. Oberman)出版了《马丁·路德：上帝与魔鬼之间的人》②，将路德的一生置于中世纪的教派冲突背景之下，即修士路德对教会与皇帝两大权力的反抗，只身处于他所感知的上帝与魔鬼之间，从这个角度阐释路德的人生经历以及宗教改革的爆发和影响。1981年、1986年、1987年，德国学者马丁·布莱希特(Martin Brecht)分别出版了三卷本《马丁·路德传》③，对路德生平进行了详细考证，将路德一生分为三个时期：1483—1521年，通向宗教改革之路；1521—1532年，宗教改革的秩序与界限；1532—1546年，教会的维护。1986年，德国学者莱哈德·施瓦茨(Reinhard Schwarz)出版了《路德传》④，重点从教会史的角度研究了路德作为修士、布道人和大学教授的生平和影响，并回顾了路德的神学。1986年，美国学者詹姆斯·基特尔森(James Kittelson)发表了《改教家路德》⑤，试图完整地展现路德的一生，同时还原路德作为一个普通人的一生。

同一时期的民主德国也出现了有影响力的路德传记。1967年，格哈尔德·茨塞比茨(Gerhard Zschäbitz)出版了《马丁·路德：伟人与界

---

① Heinrich Bornkamm. *Martin Luther in der Mitte seines Lebens*. Göttingen: Vandenhoeck & Ruprecht, 1979.

② Heiko A. Oberman. *Martin Luther. Menschen zwischen Gott und Teufel*. Berlin: Severin und Siedler, 1981.

③ 2013年，该书出了新版：Martin Brecht. *Martin Luther*(Band 1-3). Stuttgart: Calwer Verlag, 2013.

④ Reinhard Schwarz. *Luther*. Göttingen: Vandenhoeck & Ruprecht, 1983.

⑤ James Kittelson. *Luther the Reformer*. Minneapolis: Augsburg Fortress Press, 1986. 该书已译为中文，参见詹姆斯·基特尔森：《改教家路德》，李瑞萍、郑晓梅译，北京：中国社会科学出版社，2009年。

限》第一部分(1483—1526)①，在资产阶级早期革命的解释框架下，叙述了路德出生至1526年施派耶尔帝国议会的历史，但后来第二部分一直没有出版。1982年，沃尔夫冈·兰德格拉夫(Wolfgang Landgraf)的《马丁·路德传：改革者与反叛者》②，重点论述了1530年奥格斯堡和约之前的宗教改革历程，尤其是期间发生的农民战争，作者以马克思主义的视角研究了宗教改革与农民战争的关系以及路德在战争期间的立场。

进入21世纪，尤其随着2017年宗教改革500周年的临近，西方学术界再次迎来路德研究的高潮，出版了多部新的路德传记。2006年，德国学者福尔科·乐平(Volker Leppin)出版了《马丁·路德传》③，试图从新的角度研究路德对旧信仰的怀疑与对新信仰的寻找过程，认为路德作为修士和神学家受到中世纪长期影响，其宗教思想一开始并没有突然转变，而是受到反对者的刺激，一步一步发生变化，变得激进起来的。2012年，德国学者海因茨·席林(Heinz Schilling)出版了《马丁·路德：变革时代的反叛》④，在从中世纪到近代转变这一大的背景下，强调路德为了宗教改革进行的艰难反抗以及对近代社会的巨大影响。2015年，德国学者乌尔里希·科普夫(Ulrich Köpf)出版了《马丁·路德：宗教改革家及其著作》⑤，以简要的笔法对历史上关于路德的传说进行了辨析，厘清了路德的生平，介绍了路德著作所传达的思想，阐述了中世纪对路德的影响以及路德对近代社会的推动作用。2016年，德国学者福尔

① Gerhard Zschäbitz. *Martin Luther. Grösse und Grenze*, Teil 1 (1483-1526). Berlin: Veb Deutscher Verlag der Wissenschaften, 1967.

② Wolfgang Landgraf. *Martin Luther Reformator und Rebell*: *Biografie*. Berlin: Verlag Neues Leben, 1982. 该书已译为中文，参见沃尔夫冈·兰德格拉夫：《马丁·路德》，周正安译，北京：新华出版社，1988年。

③ 2017年，该书出了第3版：Volker Leppin. *Martin Luther*. Darmstadt: Philipp von Zabern Verlag, 2017.

④ Heinz Schilling. *Martin Luther*, *Rebell in einer Zeit des Umbruchs*. München: Verlag C. H. Beck, 2012.

⑤ Ulrich Köpf. *Martin Luther*, *Der Reformator und sein Werk*. Stuttgart: Philipp Reclam jun. GmbH & Co. KG, 2015.

科·莱哈特(Volker Reinhardt)出版了《异端路德：罗马与宗教改革》①，重点从罗马教会的角度研究路德与罗马教会的关系，认为宗教改革爆发的原因不仅在于神学分歧，还在于路德与罗马教会之间的厌恶和误解。2016年，澳大利亚学者林达尔·若普(Lyndal Roper)出版了《马丁·路德：叛徒与先知》②，论述了路德神学的发展立场，将路德描写为一个有血有肉的人，注重研究他的人格特征、内心世界以及社会交际。

概括而言，学术界对路德传记的编撰主要集中在路德的青少年与中年时代，尤其是中年时代是路德推动宗教改革的主要阶段，而对路德老年的研究较为缺乏。同时学者们通过撰写路德的传记对宗教改革提出了多种不同的解释，深化了对宗教改革的认识，但受限于作者自身的学术观点，侧重点各不相同，很难做到完全的客观。

按照时间顺序展现一个作者的思想发展脉络及其影响的第二个途径是年表性著作。1917年，古斯塔夫·卡维劳(Gustav Kawerau)出版了《路德著作目录》，按时间顺序列举了路德著作，1929年，依据《路德全集》魏玛版的最新出版资料，出版了增补版③。随着《路德全集》魏玛版的完成，整理出了最齐全的路德著作年表。该年表收录于1983年出版的第61卷④，具有重要的学术价值。

1929年，格奥尔格·布赫瓦尔德(Georg Buchwald)发表《路德年表》⑤，对路德的著作、布道、书信和交游按照时间进行了整理，但没有对路德相关著作内容及其反映的思想进行概括。1983年，安德烈·

---

① Volker Reinhardt. *Luther der Ketzer*, *Rom und die Reformation*. München: Verlag C. H. Beck, 2016.

② Lydal Roper. *Martin Luther. Renegade and Prophet*. London: Penguin Random House, 2016.

③ Gustav Kawerau. *Verzeichnis von Luthers Schriften*. Leipzig: M. Heinsius Nachfolger Eger & Sievers, 1929.

④ WA 61, 113-135.

⑤ Georg Buchwald. *Luther-Klendarium*. Leipzig: M. Heinsius Nachfolger Eger & Sievers, 1929.

范·杜尔门(Andrea van Dülmen)发表《路德年表：生活与著作》①，按照时间顺序记录了路德的主要活动，并概括了路德的一些重要著作和书信内容，并引用了不少同时代人给路德的书信，具有很强的学术价值，但较少涉及相关的历史背景，论述路德生平还不够详细，对路德著作的概括和书信的引用偏少。

因此，在路德研究领域，仍然缺乏一部完全按时间顺序较全面展现路德生平和著作及宗教改革的背景、过程与影响的集工具性和思想性于一体的著作。

二、年谱编撰与解决路德争议的路径

一种将背景、生平和著作年表与概要结合起来的史学形式之所以非常重要，在于处于时代剧变中的历史人物往往充满争议。自宗教改革以来，围绕马丁·路德就产生了各种争议。如最富传奇色彩的路德于1517年10月31日将《九十五条论纲》钉到维滕堡城堡教堂门上的传说。但路德生前未曾提及此事，同时代的人也未有相关记载。这个说法最早来自梅兰西顿，他在路德去世几个月后写的《路德文集》序言中最先采用了这个说法。② 而且撰写论纲在当时的大学是一件很普通的事情，不应被视为革命性的举动。实际上，路德在10月31日给美因茨大主教阿尔布莱希特写了一封信，并附上了《九十五条论纲》。大主教没有回应，才导致了《九十五条论纲》的公开和广泛流传，最终引发了宗教改革运动。

具体的时代背景是理解路德思想和行为的重要路径。如路德自1517年开始采用玫瑰作为纹章，但为什么直到1530年7月8日，路德在给拉撒路·施本格勒的信中，才详细阐述了玫瑰纹章所蕴含的“因信

① Andrea van Dülmen. *Luther-Chronik*, *Daten zu Leben und Werk*. München: Deutscher Taschenbuch Verlag, 1983.

② Ulrich Köpf. *Martin Luther*, *Der Reformator und sein Werk*. Stuttgart: Reclam, 2015, S. 13. 柯特·艾伦：《九十五条及有关改教文献考》，王建屏、郑秀清译，香港：道声出版社，1989年，第35页。

称义”的含义?一般认为这与1530年施本格勒受萨克森亲王约翰·腓特烈委托制作一枚赠予路德的玫瑰印章直接有关。① 这实际上与奥格斯堡帝国议会的进程紧密相关。奥格斯堡帝国议会意义重大,将决定新教的命运。路德对会议的进程有些不满,非常担心梅兰西顿在称义等核心问题上退让。6月25日,新教代表在帝国议会上宣读了《奥格斯堡信条》,并呈交给皇帝,但没有被皇帝接受。科西认为:“由于路德无法参与奥格斯堡帝国议会,这迫使路德在1530年7月去解释他早已开始使用的印章。这个印章体现了路德作为基督徒和神学家的身份,被认为是基督教基础神学的体现。”②

路德所处的是一个剧变的时代,同时还发生了文艺复兴、大航海等重大历史事件,欧洲的整体局势深刻影响了路德的思想发展和宗教改革历程,如16世纪时土耳其帝国对东欧持续入侵,1529年曾兵临维也纳城下,德意志皇帝肩负保卫帝国的重任,这直接牵制了他对新教运动的镇压,对德国乃至欧洲的宗教格局产生了巨大影响,同时这件事也深刻影响了路德的政治思想,如路德主张由皇帝领导反对侵略的自卫战争,反对宗教战争,以此实现世俗事务与宗教事务的分离。③ 在以往路德传记和著作中,对背景的介绍不够全面,影响了对路德的全面认识。

因此,一种将背景、生平和著作年表与概要结合起来的史学形式将非常有助于对于路德争议的解决。在中国传统史学中,这种体裁的史学

① Dietrich Korsch. Luther's Seal as an Elementary Interpretation of His Theology, in *Harvesting Martin Luther's Reflections on Theology*, *Ethics*, *and the Church*, edited by Timothy J. Wengert. Cambridge: William B. Eerdmans Publishing Company, 2003, p. 62.

② Dietrich Korsch. Luther's Seal as an Elementary Interpretation of His Theology, in *Harvesting Martin Luther's Reflections on Theology*, *Ethics*, *and the Church*, edited by Timothy J. Wengert. Cambridge: William B. Eerdmans Publishing Company, 2003, p. 65.

③ 林纯洁:《马丁·路德的战争观与士兵的天职》,《山西师范大学学报》(社会科学版),2010年第2期。

著作叫作年谱。年谱是史学中一种较为特殊的传记体裁，“以谱主为中心，以年月为经纬，比较全面细致地叙述谱主一生事迹”。① 朱士嘉在《中国历代名人年谱序》中说道：“叙一人之道德、学问、事业、纤悉无遗而系以年月者，谓之年谱。”②年谱将传记和著作年表相结合，兴起于宋代，繁盛于明代，鼎盛于清代，繁荣至今。“按照1992年出版的《中国历代人物年谱考录》著录，共收年谱6259种，谱主4010人。”③

年谱具有极高的史学价值，清人孙德谦称年谱“最得知人论事之义”。④ 20世纪20年代，梁启超在《中国历史研究法补编》中对年谱的做法、种类、体例、格式及其益处都进行了阐发和总结。⑤ 1997年，来新夏和徐建华出版的《中国的年谱与家谱》对年谱的缘起与发展、体裁、体例、史料价值等作了更为详细的梳理。⑥

编撰一部《马丁·路德年谱》，有助于对路德宗教改革的时代背景和思想的演变进行整体的理解。通过年谱将路德时代的重大事件与路德的生平交往和重要著作按照详细的年月日排列展开，可以在一定程度上弥补魏玛版未能彻底按照时间排列路德著作的缺陷，并展现历史背景对路德思想的影响；同时有助于厘清路德重要思想产生的过程，澄清路德的生平争议及其社会交往，尤其是宗教改革逐步对西方社会产生影响的过程。

《马丁·路德年谱》将路德生平、所在时代的重大事件与路德著作按照详细的年月日排列展开，兼具工具性与思想性，将有力地促进国内

---

① 来新夏、徐建华：《中国的年谱与家谱》，北京：商务印书馆，1997年，第2页。

② 来新夏、徐建华：《中国的年谱与家谱》，北京：商务印书馆，1997年，第2页。

③ 来新夏、徐建华：《中国的年谱与家谱》，北京：商务印书馆，1997年，第10页。

④ 孙德谦：《古书读法略例》，桂林：广西师范大学出版社，2006年，第245页。

⑤ 梁启超：《中国历史研究法 中国历史研究法补编》，北京：中华书局，2014年，第258-282页。

⑥ 来新夏、徐建华：《中国的年谱与家谱》，北京：商务印书馆，1997年。

马丁·路德与宗教改革研究领域的进展，有助于中西史学方法的融合。

三、《马丁·路德年谱》的结构

采用中国传统的史学方法，为马丁·路德编撰一部融合背景、生平与思想的年谱，必须将之置于宗教改革这一大的历史框架之下，考证路德的生平细节与思想演变，考证路德的思想与生平以及与同时代人的交往、书信往来，用逐年逐月逐日记载的年谱形式展现出来，由此全面展示路德的宗教改革思想的发展历程、社会交往及其影响的发生史。

《马丁·路德年谱》的第一部分是谱前，是对 15 世纪末欧洲框架下的德国社会背景和路德家庭情况的介绍。中世纪晚期的社会状况、教会形态与路德的家庭生活都深刻地影响了路德宗教改革思想的形成。

第二部分是正谱，是年谱的主要部分，记载路德从 1483 年出生到 1546 年去世期间的事迹、交往和著作，同时叙述同时代发生的与宗教改革相关的事件。1483—1516 年，是路德成长和接受教育以及成为修士和神学博士，酝酿神学突破的阶段。1517—1530 年，是路德引发和推动宗教改革，完成神学突破并建立新教神学的阶段；宗教改革逐步展开，直至在奥格斯堡帝国议会上新教和天主教正式分裂，其间爆发了德国农民战争。1531—1546 年，是路德的中晚年，宗教改革仍在进行，同时德国的政治局势日益紧张，形成了新教和天主教两大阵营。此时已开始显现战争的危险，但在路德生前没有爆发战争，这与路德一生反对暴力战争是有很大关系的。

第三部分是谱后，记录从路德去世到 1555 年签订《奥格斯堡和约》的历史。因为“如果年谱自谱主死后便无什么记载，一定看不出谱主的全体，因而贬损年谱本身的价值”。① 1546 年 7 月，在路德去世 4 个月

① 梁启超：《中国历史研究法 中国历史研究法补编》，北京：中华书局，2014 年，第 275 页。

后，德国天主教诸侯与新教诸侯之间的施马卡尔登战争便爆发了，直到1555年签订《奥格斯堡和约》，路德宗取得合法地位，这都是路德发动宗教改革运动引起的直接结果，所以列为谱后。

年谱的重点在于将马丁·路德的生平、著作、书信、布道、谈话与社会背景和人际交往结合起来研究考证，从而可以清楚展现路德从大学生到修士，从完成因信称义的神学突破到发动宗教改革的历程。在路德年谱之中，会记录同时代其他相关人物的重要事迹，如梅兰西顿、慈温利、皇帝查理五世、萨克森三任选侯、教皇利奥十世等人与路德的交往、合作或斗争，从而立体地展现路德发动宗教改革的过程和写作的社会背景。

马丁·路德一生坚持其核心理念“因信称义”，随着对这个理念理解得日益深入，同时为了捍卫这个理念，不断与同时代人进行辩论，而一些具体的思想则经常有所变化，如圣礼观、教会观等，因此年谱能展现路德思想变化的背景、线索和内容，由此厘清路德思想的演进历程及其对宗教改革的影响路径。

马丁·路德作为一个宗教改革家，不仅关注教会的改革，对尘世秩序也有着清晰的设想，这通过对路德教会观、国家观及天职观等思想的研究可以得到证明，同时这还必须结合时代背景与路德在尘世社会的作为加以综合认识。通过年谱的编撰，除了展现路德对教会改革的思考，还可以更为深入地了解到路德对尘世社会的认识和设想。

四、编撰年谱的方法与中西史学的融合

《马丁·路德年谱》的编撰将中国史学研究方法与西方史学研究结合起来，将路德的生平与著作年表及书信融为一体，是理解路德新的路径。中国史学已经形成了完善的年谱学，针对不同身份的人有不同的编谱方法，如为学者编谱，“就需要搜求谱主著作中的要旨，进行分析研究，并广泛地吸取与谱主有关学者的论述，加以‘曲畅旁通’，提出个

人独立见解，以显示谱主所处时代的思想学说的沿革"①。路德作为维滕堡大学的教授，既是一名神学家，也是一名学者，就比较适用此种编谱方法。

史学界编辑年谱时，历来有繁简之争，"繁者往往失之于芜杂，而简者又多有疏漏……是繁是简，完全应该根据谱主事迹繁简和年谱刊行形式而定"②。对路德这种改变历史而又著作等身的人而言，则需尽量详细。因为路德著作多达百卷，"不是人人所能得见，所能毕读的；为免读者的遗憾起见，把全集的重要见解和主张，和谱主的事迹，摘要编年，使人一目了然"③。

编撰年谱要求对史料进行批判与鉴别并持有客观的立场，这与近代西方史学的主流是相一致的。近代以来，西方史学从浪漫主义史学发展到客观主义史学、实证主义史学，尤其是德国史学家兰克强调对原始档案材料进行考证批判使用，奠定了现代史学的基础。如兰克曾言："历史要写得像过去发生之事一样真实。"④

年谱的编撰与以兰克为代表的客观主义史学有着相近的学术路径，主要采用历史考证法，历史考证法又分为外证和内证两种方法。外证，即"参比不同国家、地区的相关史料、不同历史学家的相关著作，以及同时代其他的相关记录等，以确定历史事实"⑤。路德同时代人留下了很多关于路德的记载，包括论战、批评等，可以进行综合研究。内证，"指依据著作内部的相关情况，并结合作者的身世、性格、心理以及所

① 来新夏、徐建华：《中国的年谱与家谱》，北京：商务印书馆，1997年，第31页。

② 来新夏、徐建华：《中国的年谱与家谱》，北京：商务印书馆，1997年，第32页。

③ 梁启超：《中国历史研究法 中国历史研究法补编》，北京：中华书局，2014年，第261页。

④ Leopold von Ranke. *Geschichten der romanischen und germanischen Völker: von 1494 bis 1535*(Band 1). Leipzig: Reimer, 1824, S. Ⅵ.

⑤ 张广智主著：《西方史学史》，上海：复旦大学出版社，2014年，第211页。

处的立场等，来鉴别史料的真伪”①。《路德全集》魏玛版按照时间顺序对路德的著作、《圣经》翻译、书信、桌边谈话进行了分类整理，是按照路德著作内部情况考证路德宗教改革思想的绝佳材料。同时还要将内证与外证相结合，以路德的手稿、初版著作、谈话与同时代其他人的记录进行对照。因此，年谱的编撰首先依靠谱主路德的著作、布道、书信和谈话录等原始材料。其次，路德相关的同时代人的著述、传记或辩论材料中，有大量与路德有关的资料。最后是现代学者所写的路德传记和研究著作。

除此之外，还必须采用文本细读法和语境主义的方法。以路德原始文本为核心，对文本进行细致和反复的阅读，注重细节解读和结构分析，对文本的内涵进行深入挖掘，才能为路德年谱的编撰奠定坚实的文本基础。同时，将路德及其作品放在基督教发展历史与德国宗教改革的语境中去考察和理解，语境可以揭示宗教改革发生的根源、过程以及与其他历史事件的关联，尤其是文本产生的背景以及文本上下文的内在联系，构成了路德年谱的内在脉络。正如《四库全书总目》对诗文集目录附年谱的称赞：“使读者考其岁月，知其遭际，因以推求作诗之本旨。”②从语境中去理解文本，实际上是中西史学的共同追求。

因此，《马丁·路德年谱》的编撰将继承中国传统史学求实的传统与西方客观主义史学的考证方法，以年谱这一中国传统史学方法研究西方近代文明的奠基性人物马丁·路德，同时采用文本细读和语境主义的研究方法，在具体的历史语境中理解路德的文本以及其他人与路德相关的著述，从而可以对路德宗教改革思想的发展历程以及其对历史进程的影响进行具体的研究。

年谱是一种操作性强，具有普适性的一种史学方法，可以应用到西方史学的研究领域，以中国的传统史学方法为国外重要人物编撰年谱，

① 张广智主著：《西方史学史》，上海：复旦大学出版社，2014 年，第 211 页。

② 来新夏、徐建华：《中国的年谱与家谱》，北京：商务印书馆，1997 年，第 26 页。

不仅可以推动西学研究的进展，更可以推动中西史学方法的融合，增强中国传统史学方法在西方学术界的影响力。

（本文发表于《云南大学学报》社会科学版 2018 年第 6 期，此处有修订）

目　　录

简　　写

WA：Martin Luthers Werke，Weimarer Auagabe

WA Br.：Weimarer Ausgabe Briefwechsel

WA TR：Weimarer Ausgabe Tischreden

WA DB：Weimarer Ausgabe Deutsche Bibel

LW：Luther's Works，American Edition

谱前：时代背景与马丁·路德家世

一、马丁·路德所处的时代

马丁·路德所处的是一个正发生多重变革的时代。15 世纪，文艺复兴已从意大利传播到阿尔卑斯山以北的德国；大航海方兴未艾，哥伦布发现了美洲；罗马教会仍是欧洲最高的精神权威，但已面临多重危机。英法在百年战争(1337—1453 年)之后，逐步成为最早的民族国家。德国的皇权却日益衰落，与之相随的是地方诸侯纷纷崛起。

中世纪晚期，德国的城市经济得到了很大的发展，印刷业、纺织业、金融业、采矿业、冶炼业等行业迅速发展起来，位于欧洲前列。行会日益在城市中占据主导地位。在奥格斯堡出现了富格尔等富可敌国的家族。他们通过借款给君主，甚至可以影响政局，如 1519 年查理五世当选德意志国王就依赖于通过富格尔家族提供的借款对选侯行贿。

与城市经济日益繁荣的状况相反，占据德国绝大多数人口的农民处境日益恶化。由于农民深受封建领主压迫，15 世纪末 16 世纪初，德国南部已经兴起了反抗的起义浪潮。1476 年，汉斯·贝海姆(Hans Böheim)在法兰克尼亚地区号召民众起义，由于在准备过程中事情泄露，很快被镇压。1493 年，阿尔萨斯的农民成立了一个秘密组织“鞋会”(Bundschuh)①。

① Bundschuh，意思是“扎带的鞋”，也就是当时德国穷人穿的鞋。德国人有句谚语：“穷人必须用带子扎牢他的鞋。”因此，以这种农鞋为旗帜标志的起义农民组织便称为 Bundschuh，一般译为“鞋会”。参见托马斯·马丁·林赛：《宗教改革史》上卷，孔祥民等译，北京：商务印书馆，2016 年，第 107 页。

此后20年，经常有农民打着“鞋会”的旗号暴动。1503年，在雷姆斯河谷兴起了另一个农民组织“穷人康拉德”(Armer Konrad)①。1513—1514年，“鞋会”与“穷人康拉德”在施瓦本地区组织了新的起义，遭到了镇压。这表明，宗教改革前德国社会关系已十分紧张。这些起义已成为宗教改革期间爆发的农民战争的前奏。

在社会生活领域，罗马教会逐步占据了大量的社会财富，刺激了教职人员的贪欲享乐和教会的腐败。教会对平信徒的管控更是无从实现。以婚姻圣礼为基础构建起来的性道德秩序也日益混乱起来。一些罗马教会的神父和修士不能坚守守贞的誓言，既败坏了教会的权威，又为老百姓树立了恶劣的榜样。世俗婚姻领域也有很多乱象，非法同居、秘密婚姻的现象经常出现。还有当时妓院盛行，中世纪晚期几乎欧洲大城市和大多数小城市都有妓院。② 1495年，梅毒开始在欧洲流行，更是加剧了性道德的混乱，破坏了传统的家庭。

欧洲出现了质疑教皇权威的学说。英国神学家约翰·威克里夫(John Wyclif，约1328—1384年)，反对教皇的至高权力和教会的腐败，并首次将《圣经》全部翻译为英语。捷克的扬·胡斯(Jan Huss，约1369—1415年)继承了威克里夫的观点，提出了《圣经》具有最高的权威等观点，被视为异端。1415年，胡斯被传唤参加康斯坦茨会议，尽管西吉斯蒙德皇帝曾保证他的安全，但仍被宣布为异端，被施以火刑。会议期间，早已死去的威克里夫也被康斯坦茨会议宣布为异端。1428年，威克里夫的尸骨被挖掘出来焚烧，然后丢至河中。威克里夫和胡斯成为宗教改革的先驱。

受意大利局势影响，德国也出现了文艺复兴，重点在宗教领域。约翰内斯·罗伊希林(Johannes Reuchlin，1455—1522年)在希伯来语研究方面成果斐然，1506年，出版了希伯来语的语法书。希伯来语是《旧

---

① 康拉德，德国普通人名，原意是“大胆的建议”，含有勇有谋之意，因与德语“没有办法”(kein Rat)发音接近，故名。

② 参见 Merry E. Wiesner. *Women and Gender in Early Modern Europe*. Cambridge：Cambridge University Press，1993，p. 100.

约》的原始语言，对希伯来语的研究将有助于对《圣经》原本的研究。16世纪初，德国爆发了反犹太文化，烧毁犹太书籍的事件，罗伊希林表示反对。骑士乌尔里希·冯·胡滕(Ulrich von Hutten，1488—1523年)撰写了《蒙昧者书简》，对罗伊希林表示支持。1516年，鹿特丹的伊拉斯谟(Erasmus von Rotterdam，1469—1536年)整理出版了希腊语《新约》，希腊语是《新约》的原始语言。这为路德后来将《新约》翻译成德语奠定了基础。

整体而言，这是一个天才辈出，旧事物日益腐朽、新事物蓬勃发展的时代。宗教改革的思想先驱早已出现，尽管受到了压制，但一旦外部条件成熟，必将重新在欧洲的基督教世界兴起。

二、马丁·路德的家世

路德的祖上居住在德国图林根地区埃森纳赫南边的一个农村莫拉(Möhra)，村里大概有60户居民。路德家世代以务农为生，属于免役租农民(Erbzinsbauer)①家庭。路德曾说："我是一个农民的儿子，我的父亲、祖父和祖先都是真正的农民。"②

路德祖父叫海涅·路德(Heine Luder)，祖母叫玛格丽特·茨格勒(Margarete Ziegler)，两人都来自莫拉的富裕农民家庭。路德家族的姓最初为Luder，直到1517年，路德才开始将姓的拼写改为Luther。

路德父亲是汉斯·路德(Hans Luder，1459—1530年)，母亲是玛格丽特·林德曼(Margarete Lindemann，1460—1531年)，两人在1479年结婚。玛格丽特出身埃森纳赫的市民家庭，她的父亲在当地比较有影响力。路德后来到埃森纳赫求学与此有关。玛格丽特的哥哥安东尼·林德曼是哈茨山区域的矿山监督，并经营着一家冶金厂。

① 农民从领主那里租种土地，交纳租金，免除劳役，土地可由租户世袭继承。

② WA TR 1，421.

在当地，“地方继承法规定家族的土地全部由最小的儿子继承”①。作为长子的汉斯·路德没有继承权，于是在1483年举家迁居到艾斯莱本(Eisleben)，转行当了矿工。1483年11月，路德就在此出生。艾斯莱本是曼斯费尔德(Mansfeld)伯爵领地的首府，在当时发展迅速，在15世纪末人口超过4000人。

1484年初，汉斯·路德携全家从艾斯莱本来到当时的矿业中心曼斯费尔德，这是曼斯费尔德伯爵领地的第二大城市，当时人口约3000人。路德在这里度过了童年，后来以曼斯费尔德人自居。他注册埃尔福特大学时，写的就是“曼斯费尔德的马丁·路德”。

路德儿时的家庭非常贫穷，他曾回忆说：“我的父亲曾是一个贫穷的矿工，母亲把所有的木材背回家，他们养育了我们。”②路德父母都非常勤劳。汉斯·路德努力经营矿山。玛格丽特每天要上山砍柴，将木材独自背回家。

随着汉斯·路德的事业逐渐有起色，家庭的经济状况也开始好转。1509年，汉斯·路德成为冶金师傅，意味着他成为企业的共同拥有者，后来参与8个矿井和3个冶炼场的经营。

路德父母的信仰带有中世纪晚期的特征，非常虔诚。他们认真教路德读书写字③，是路德的启蒙老师，同时对路德的管教非常严厉。路德后来回忆：“有一次我父亲把我打得非常厉害，我就离家出走，直到他悲伤起来，我才回来。”④“我的母亲有一次因为一个果仁的缘故，把我打得流血。他们的严厉带来的这种生活，导致我想逃离到修道院里去当一名修士。但他们大多数时候心地是非常好的。”⑤父母对子女的严厉是

---

① 詹姆斯·基特尔森：《改教家路德》，李瑞萍等译，北京：中国社会科学出版社，2009年，第3页。

② WA TR 3，51.

③ 柯特·艾伦：《九十五条及有关改教文献考》，王建屏、郑秀清译，香港：道声出版社，1989年，第30页。

④ WA TR 2，134.

⑤ WA TR 3，416.

中世纪的家庭生活中司空见惯的事情。1958 年，美国心理学家艾瑞克森发表《青年路德》，将之解读为，严厉的父亲导致了青年路德的自我认同危机，进而对路德后来对天主教的“反叛”和新教神学产生了影响。这个观点非常新颖，也引发了很多争议。路德早期普通的生活经历也被纳入宗教改革的历史叙事中，但这些观点很难实证，因此被认为“基本上不符合历史批判性科学的研究方法”①。

路德父母一共养育了 3 个儿子和 4 个女儿，其中，路德与弟弟雅各布·路德(1490—1571 年)终生关系都较为紧密。路德的 3 个妹妹都与曼斯费尔德的市民结了婚。

---

① Berhard Lohse. *Martin Luther*, *Eine Einführung in sein Leben und sein Werk*. München：Verlag C. H. Beck，1981，S. 41.

正谱：1483年—1546年2月

1483年 出生

该年，正值哈布斯堡家族的皇帝腓特烈三世(Friedrich Ⅲ)统治时期，他于1440年加冕为“罗马国王”，一般称为“德意志国王”；1452年加冕为神圣罗马帝国皇帝；时任罗马教会教皇是1471年即位的西斯克特四世(Sixtus Ⅳ)。

初夏，路德父母汉斯·路德与玛格丽特夫妇从德国图林根地区埃森纳赫南边的一个村庄莫拉搬迁至曼斯费尔德伯爵领地的首府和第一大城市艾斯莱本，汉斯·路德在当地改行当了矿工。

11月10日①，晚上11点至12点之间，路德出生于艾斯莱本的朗

---

① 路德的出生日期是确定的，但出生年份还存在争议。一般认为，路德生于1483年。按照乌尔里希·科普夫等学者的研究，路德在1539年的一次布道中说，他是在教皇尤利乌斯(Julius)去世那年出生的(WA 7，581.)。而教皇尤利乌斯二世是在1513年去世的，这显然不是路德的出生年份，路德说的应该是1484年去世的教皇西斯克特四世，那这样就推断出路德出生于1484年。路德在一次桌边谈话中，曾说自己是1483年出生的(WA TR 2，376.)。而在1542年的一次谈话中，他说自己60岁了(WA TR 5，138.)。按照这个说法，路德就是1482年出生的。这说明，路德对自己出生年份是不确定的，这源于路德母亲没有记清楚。1546年，路德去世后，梅兰西顿在该年出版的《路德文集》第二卷的序言中采用了路德弟弟雅各布的说法，认为路德生于1483年。这个说法越传越广，逐步被大多数人所接受。参见 Ulrich Köpf. *Martin Luther*, *Der Reformator und sein Werk*. Stuttgart：Philipp Reclam jun. GmbH & Co. KG，2015，S. 11-12. 柯特·艾伦：《九十五条及有关改教文献考》，王建屏、郑秀清译，香港：道声出版社，1989年，第30页。

恩巷(Langen Gassen)①。在路德出生之前，可能有一个哥哥夭折了②，路德仍是事实上的长子。

11 月 11 日，巴特罗缪·赖纳贝肯斯(Bartholomäus Rennebeckers)神父在艾斯莱本的圣彼得-保罗教堂(St. Petri-Pauli Kirche)为路德施洗。该日为圣徒马丁③日，因此，取名马丁·路德(Martin Luder)。④

1484 年 1 岁

8 月 12 日，教皇西斯克特四世去世。

8 月 29 日，教皇英诺森八世(Innocentius Ⅷ)继位，统治到 1492 年 7 月 25 日。

初夏，路德全家迁往曼斯费尔德。汉斯·路德在当地铜矿找到一份工作，继续当矿工。

1485 年 2 岁

8 月 26 日，韦廷家族的萨克森公爵兼选侯领地分为两个部分：恩斯特(Ernstiner)一支继承选侯职位，领地包括维滕堡、托尔高、图林根大部分地区；阿尔伯特(Albetiner)一支继承公爵爵位，领地包括图林根北部、迈森、莱比锡、德累斯顿等地区；两处领地相互交织。莱比锡大学归属阿尔伯特一支。萨克森领地的分裂影响了后来宗教改革的进程，恩斯特

① 现更名为路德博士街(Dr. Lutherstraße)。

② Martin Brecht. *Martin Luther*(Band 1). Stuttgart：Calwer Verlag，2013，S. 14.

③ 圣马丁：图尔的马丁(Marin von Tours，约 316/317—397 年)，罗马帝国的骑兵，出生于潘诺尼亚行省(位于今匈牙利境内)，后到高卢地区当兵，皈依基督教，成为修士，371 年担任图尔主教。据传说，在一个深冬，在亚眠城门口，他曾将袍子分给了一名乞丐。397 年 11 月 8 日去世，11 月 11 日安葬在图尔。后被尊为圣徒，安葬日期成为圣马丁日的由来。

④ Volke Leppin. *Martin Luther*. Darmstadt：Philipp von Zabern，2017，S. 15-16.

一支一直支持宗教改革；阿尔伯特一支反对宗教改革，直至1539年。

与家人生活在曼斯费尔德。

1486年 3岁

2月26日，皇帝腓特烈三世之子马克西米连一世在美茵河畔的法兰克福被神圣罗马帝国的选侯选为德意志国王。

4月9日，马克西米连一世加冕典礼在亚琛举行。

与家人生活在曼斯费尔德。

1487年 4岁

4月，人文主义者、诗人康拉德·策尔提斯(Konrad Celtis，1459—1508年)在纽伦堡被神圣罗马帝国皇帝腓特烈三世加冕为桂冠诗人。

8月，葡萄牙航海家迪亚士带领船队从里斯本出发。迪亚士船队沿非洲西岸航行，于1488年绕过非洲最南端，发现好望角，打通了从大西洋到印度洋的通道。

与家人生活在曼斯费尔德。

1488年 5岁

2月14日，在皇帝腓特烈三世支持下，德国西南部的诸侯、主教和城市组成的施瓦本同盟(Schwäbischer Bund)成立。同盟建有军队，目的是为了应对瑞士的兴起和诸侯扩张。

与家人生活在曼斯费尔德。

1489 年 6 岁

6 月 27 日至 7 月 27/28 日，皇帝腓特烈三世在美茵河畔的法兰克福召开帝国议会。从本次会议开始，帝国议会分为三个议政团体：选侯、诸侯和城市。

与家人生活在曼斯费尔德。

1490 年 7 岁

该年，德意志国王马克西米连一世与法国布列塔尼公爵的女儿安妮(1477—1514 年)订下婚约，并举行了代理人婚礼。这引起了法国王室的警惕。

开始在曼斯费尔德上教会小学。

1491 年 8 岁

11 月，法国国王查理八世撕毁与德意志国王马克西米连一世女儿玛格丽特(1480—1530 年)在 1483 年 7 月定下的婚约，强行与马克西米连一世的未婚妻布列塔尼的安妮结婚，阻止马克西米连获得布列塔尼的继承权。

大概在 3 月 12 日，进入曼斯费尔德的拉丁学校读书。学校教学语言是拉丁语，教学生拉丁语语法、逻辑学、修辞学、音乐等课程。①

① Martin Brecht. *Martin Luther* (Band 1). Stuttgart：Calwer Verlag，2013，S. 24.

这所学校对学生非常严厉，路德后来曾回忆：“我们学校如地狱和炼狱，在这里我们被变位和时态折磨着，尽管如此，在这么多的鞭笞、战栗、恐惧和悲叹中，我们在这里除了空虚什么也没有学到……”①在校期间，对音乐课非常感兴趣。

该年，父亲汉斯・路德被选为曼斯费尔德市议员，并加入矿业行会。路德家经济状况好转。

1492 年 9 岁

1 月初，西班牙攻占格拉纳达，完成统一。

3 月，西班牙颁布法令，犹太人必须皈依基督教，否则被驱逐。大量犹太人被驱逐出西班牙。

7 月 25 日，教皇英诺森八世去世。8 月 11 日，教皇亚历山大六世(Alexander Ⅵ)继位，统治至 1503 年 8 月 18 日。

8 月 3 日，哥伦布受西班牙王室资助，率领船队从西班牙出发，向西航行，试图开辟通往东方的新航线。10 月 12 日，哥伦布发现美洲新大陆。

在曼斯费尔德的拉丁学校上学。

1493 年 10 岁

8 月，神圣罗马帝国皇帝、奥地利大公腓特烈三世去世，其子国王马克西米连一世继任为奥地利大公，成为帝国统治者和哈布斯堡家族的首领。

该年，萨克森选侯腓特烈三世②(智者腓特烈)前往耶路撒冷朝圣，

① WA 15，46.

② 萨克森选侯腓特烈三世(1463—1525 年)：出身于韦廷家族的恩斯特支系，1486 年起担任萨克森选侯，与其弟约翰共同治理萨克森选侯领地。他是路德的保护人，在后世被称为“智者腓特烈”(Friedrich der Weise)。

带回大量圣徒遗物。

在曼斯费尔德的拉丁学校上学。

1494 年 11 岁

6 月，在教皇亚历山大六世的调解下，西班牙与葡萄牙签订瓜分世界的《托德西利亚斯条约》，分界线被称为“教皇子午线”。

8 月，法国国王查理八世率军入侵意大利，1497 年失败回国。这引发了德国、法国、西班牙等国争夺意大利的长期战争，战争持续到 1559 年。

在曼斯费尔德的拉丁学校上学。

1495 年 12 岁

3 月 26 日至 8 月 7 日，国王马克西米连一世召开沃尔姆斯帝国议会，进行一系列政治改革：颁布《永久和平条例》(Ewiger Landfriede)，禁止私人仇杀；设立帝国枢密法院(Reichskammergericht)作为帝国最高法院，脱离皇帝的直接控制，法官由皇帝和各个等级共同任命；并计划在帝国征收公共税，建立军队，以应对土耳其和法国的威胁。美因茨大主教贝特霍尔德·冯·亨讷堡(Berthold von Hennberg)①提议设立帝国执政府(Reichsregiment)，获得批准。

3 月底，国王马克西米连一世与教皇、西班牙、威尼斯、米兰等结盟，共同对付法国。

10 月，为了对付试图独霸意大利的法国，国王马克西米连一世与

---

① 贝特霍尔德·冯·亨讷堡(约 1441—1504 年)：出身于法兰克尼亚地区的贵族家庭，1484 年起担任美因茨大主教，加强了美因茨选侯国的统治。1494 年任帝国首相。他参与了 15 世纪末的帝国改革，但抵制马克西米连一世加强集权的努力。

西班牙王室缔结联姻协议。

在曼斯费尔德的拉丁学校上学。

1496 年 13 岁

10 月，国王马克西米连一世之子“美男子”菲利普（Philipp der Schöne，1478—1506 年）与西班牙公主胡安娜（Johanna，1479—1555 年）结婚。①

在曼斯费尔德的拉丁学校上学。

1497 年 14 岁

该年，达·迦马受葡萄牙王室资助，率领船队，绕过好望角。次年，达到印度，开辟了欧洲通往印度的航线。

大概在复活节，到马格德堡的兄弟会学校上学。该兄弟会是一个信奉神秘主义的基督教团体，路德在该校受到了神秘主义思潮的影响，并受到音乐教育，参加了唱诗班。

该校教育十分严格，路德曾回忆，有一次，他被老师惩罚，一上午就被打了 15 下。②

---

① 菲利普与胡安娜结婚后，生有 2 个儿子和 4 个女儿，长子查理和次子费迪南后来相继成为神圣罗马帝国皇帝。长女埃莉诺先后嫁给了葡萄牙国王曼努埃尔一世和法国国王弗朗索瓦一世；次女伊莎贝拉嫁给了丹麦国王克里斯蒂安二世；三女玛丽嫁给了匈牙利国王拉约什二世；四女卡特琳娜嫁给了葡萄牙国王约翰三世。菲利普于 1506 年 9 月去世。胡安娜则被认为精神失常，被囚禁起来，王位由儿子查理继承。

② Lyndal Roper. *Luther*, *Der Mensch Martin Luther*: *Die Biographie*. Frankfurt a. M.: Fischer Verlag, 2016, S. 54.

1498 年 15 岁

5 月，意大利佛罗伦萨的改革家吉罗拉莫·萨沃纳罗拉(Girolamo Savonarola)①被处死。

春季，前往埃森纳赫的圣乔治学校学习。埃森纳赫当时是一座 3000 至 4000 人口的小城，瓦特堡就在该城附近。该城有很多路德母亲家的亲戚。

起初居住在一个亲戚家，但没有受到太多的照顾，有时需要通过在街上唱歌来赚取生活费用。

1498—1500 年，在圣乔治学校学习用拉丁语演讲、写作，并阅读了伊索、维吉尔等古代作家的作品。据路德好友菲利普·梅兰希顿(Philipp Melanchthon)②1546 年的描述，路德就读期间“聪明睿智、能言善辩，很快就从同学中脱颖而出。他无论在用字遣词、演讲、作诗写词上都表现得卓越过人”。③

---

① 吉罗拉莫·萨沃纳罗拉(1452—1498 年)，意大利费拉拉人，多米尼克修会修士，1491 年担任佛罗伦萨圣马可修道院的院长。1494 年，法国进攻佛罗伦萨，美第奇家族投降。萨沃纳罗拉主导成立了佛罗伦萨共和国，与法国结盟，在佛罗伦萨开展了激烈的改革运动，试图建立一个朴素禁欲的社会，如焚烧珠宝、华丽服饰、乐器、艺术品等；他称教皇亚历山大六世为异端，呼吁召开公会议，改革教会等。1497 年，被教皇亚历山大六世开除教籍。他的严厉统治也引起了佛罗伦萨市民的不满。1498 年，他的统治被佛罗伦萨市民推翻后，被处以火刑。之后不久，美第奇家族再次夺取了佛罗伦萨的统治权。

② 菲利普·梅兰希顿(1497—1560 年)：原名 Schwarzarde，意为“黑土”，罗伊希林按照名字原意将之改为希腊语名字梅兰希顿(Melanchthon)。1497 年 2 月 16 日出生于巴登地区的不莱滕(Bretten)，1509—1512 年，在海德堡大学学习；1512—1514 年，在图宾根大学学习；1514—1518 年，在图宾根大学任教。1518 年，前往维滕堡大学，担任希腊语教授。1523 年至 1524 年冬季学期担任维滕堡大学校长。1560 年 4 月 19 日，在维滕堡去世。后葬于维滕堡城堡教堂，与路德墓地相邻，均位于教堂大厅。

③ 柯特·艾伦：《九十五条及有关改教文献考》，王建屏、郑秀清译，香港：道声出版社，1989 年，第 31 页。

1499年 16岁

1月—9月，德国南部爆发施瓦本战争(瑞士战争)，瑞士同盟打败国王马克西米连一世和施瓦本同盟，取得事实上的独立。

在埃森纳赫的圣乔治学校学习。

搬到海因里希·沙尔伯(Heinrich Schalbe)等人家中居住。沙尔伯是路德同学的父亲，在当地比较有影响力。

1500年 17岁

2月24日，美男子菲利普与胡安娜之子查理在尼德兰地区的根特出生。

4月10日至8月22日，国王马克西米连一世召开奥格斯堡帝国议会，成立帝国执政府，由七大选侯等20名世俗和宗教贵族组成，驻地在帝国城市纽伦堡，并组建了一支军队，军队由帝国执政府指挥。

完成学业后，受到学校老师的推荐，被埃尔福特大学录取。这获得了父亲汉斯·路德的支持。①

1501年 18岁

该年，曼斯费尔德伯爵领地分为前部、中部和后部三个地区，由伯爵家族三个支系分别统治。

5月，在埃尔福特大学注册入学，注册名字为“曼斯费尔德的马

① 詹姆斯·基特尔森：《改教家路德》，李瑞萍等译，北京：中国社会科学出版社，2009年，第10页。

丁·路德"(Martinus Luder ex Mansfelt)，路德的名字第一次出现在历史记录中。① 注册费为 3.5 古尔登。

埃尔福特位于图林根中部，约有 2 万居民，在当时是一座大城市，隶属于美因茨大主教兼选侯的领地；该地建有许多修道院，有"尖塔之城"和"小罗马"之称；同时邻近萨克森选侯领地，萨克森在此地也有很强的政治影响力。

埃尔福特大学建立于 1392 年，是当时德国的学术中心之一，美因茨大主教担任大学的名誉校长。大学由文学院、法学院、医学院和神学院组成。文学院教授七艺(语法、修辞、逻辑、算数、音乐、几何和天文)和亚里士多德的哲学、伦理学等科目，授予本科和硕士学位；学生在文学院完成学业并获得硕士学位后，才能前往法学院、医学院或神学院攻读博士学位。

大学生活非常简单和严格。学生宿舍按照修道院的方式进行管理。学生们凌晨 4 点起床，6 点开始上练习课和大课，晚上 8 点睡觉。② 在大学期间主要学习七艺。逻辑学是七艺的核心课程，亚里士多德的学说起支配作用。还要按期参加大学组织的辩论。

1501—1505 年，在大学学习期间，威廉·奥卡姆(William Occam)③的唯名论在大学较为流行，路德由此受到奥卡姆"唯名论"的影响，自称"奥卡姆主义者"。④ 1530 年，曾将奥卡姆称为"我亲爱的老

---

① Martin Brecht. *Martin Luther*(Band 1). Stuttgart：Calwer Verlag，2013，S.39.

② Martin Brecht. *Martin Luther*(Band 1). Stuttgart：Calwer Verlag，2013，S.41-42.

③ 威廉·奥卡姆(约 1285—1349 年)：英国神学家，唯名论哲学家，方济各会修士，曾就学于牛津大学。主张神学与哲学分开，理性不能证明信仰问题。1324—1328 年，因被指控为异端，在阿维农教廷接受审查，1328 年逃往德国，接受皇帝路德维希的保护。由此，被教皇开除教籍，1349 年因黑死病在慕尼黑去世。著有《逻辑大全》《论皇权和教权》等，在哲学上是中世纪唯名论的重要代表，提出了"如无必要，勿增实体"的著名主张，冲击了烦琐的经院哲学；在教会和政治思想上，反对教皇的至高权力，主张通过宗教会议来选举教皇，捍卫皇权的权威。

④ Andrea van Dülmen. *Luther-Chronik*，*Daten zu Leben und Werk*. München：Deutscher Taschenbuch Verlag，1983，S.11.

师”。① 在此期间，还与人文主义者约翰·朗(Johann Lang)②等人交了朋友。

该年，父亲汉斯·路德担任曼斯费尔德市议员。

1502年 19岁

7月6日，国王马克西米连一世授予萨克森选侯腓特烈在维滕堡创办维滕堡大学的特许状。10月18日，维滕堡大学正式成立。

维滕堡是萨克森选侯领地的首府，在16世纪初约有2000居民。萨克森选侯腓特烈收集了约19000件圣徒遗物，存放于维滕堡的城堡教堂。

该年，国王马克西米连一世在未得到帝国执政府允许的前提下，召集军队作战，遭到美因茨大主教贝特霍尔德·冯·亨讷堡起诉。这导致第一届帝国执政府解散。

该年，施佩耶尔主教提高赋税，加大对农民的剥削，引起了“鞋会”起义，起义很快被镇压。

9月29日，在埃尔福特大学通过毕业考试，在57名考生中位列第30名③，获文学学士学位。④

---

① WA 30Ⅱ, 300.

② 约翰·朗(约1487—1547年)：神学家，宗教改革家。埃尔福特人，1500年就学于埃尔福特大学，1505年进入埃尔福特的奥古斯丁修会，1508年成为教士，后与路德一起进入维滕堡大学任教，讲授亚里士多德伦理学。1515年获《圣经》学士学位。1516年回到埃尔福特修道院。1518年，陪同路德参加海德堡辩论。1519年，获得海德堡大学神学博士学位。1521年，将《马太福音》翻译出版。1522年，离开修道院，并在1524年结婚。16世纪20年代，在埃尔福特推行宗教改革。1537年，在《施马卡尔登信条》上签字。1547年，在埃尔福特去世。

③ Martin Brecht. *Martin Luther*(Band 1). Stuttgart: Calwer Verlag, 2013, S. 43.

④ Georg Buchwald. *Luther-Kalendarium*. Leipzig: M. Heinsius Nachfolger Eger & Sievers, 1929, S. 1.

1503 年 20 岁

11 月 26 日，教皇尤利乌斯二世(Julius Ⅱ)①继位，统治至 1513 年 2 月 21 日。

该年，农民的“鞋会”已经深入符腾堡地区，建立名为兄弟会的分支组织。符腾堡雷姆斯河谷的农民建立了名为“穷人康拉德”的组织。

该年，伊拉斯谟发表《基督教战士手册》，鼓励普通信徒阅读《圣经》，提出了革新教会的主张。

该年，约翰·冯·施道皮茨②当选为德国奥古斯丁修会(Augustinerorden)严守教规派(Observanten-Kongregation)的代理主教(Generalvikar)。③

在埃尔福特大学学习。

4 月 16 日④，复活节，在回曼斯费尔德的路上受伤，佩剑伤到了

---

① 尤利乌斯二世(1443—1513 年)：方济各会修士，1471 年任枢机主教。1503 年，担任教皇，1506 年，开始向瑞士征募雇佣兵，巩固了教皇国的统治，并积极支持文艺复兴的艺术创作。

② 约翰·冯·施道皮茨(约 1465—1524 年)：神学家，出身于萨克森的贵族家庭。1483 年就学于科隆大学，1484 年获学士学位，1499 年获硕士学位，其间曾转入莱比锡大学学习一段时间。1490 年，在慕尼黑加入奥古斯丁修会；1497 年，在图宾根担任修道院院长，并就学于图宾根大学；1498 年获《圣经》学学士学位，1500 年获图宾根大学神学博士学位。1502 年，担任慕尼黑修道院院长。1503 年，受到青年时代的好友萨克森选侯腓特烈邀请，前往新建的维滕堡大学神学院任教，讲授《圣经》，并担任神学院院长，直至 1512 年。1503—1520 年，担任奥古斯丁修会严守教规派的代理主教。1520 年，到萨尔茨堡担任神父。1521 年，经教皇批准，加入本尼迪克修会。1522 年，担任萨尔茨堡圣彼得修道院院长。1524 年 12 月 28 日，在萨尔茨堡去世。

③ 奥古斯丁修会成立于 1256 年，是中世纪四大托钵僧修会之一，总部在罗马。奥古斯丁修会教规严格，它的兴起就是为了应对教会的世俗化问题。但随着时间的推移，修会内部问题也越来越多。15 世纪出现了改革修会的运动，奥古斯丁修会内部出现了严守教规的派别，选举代理主教作为最高领导，形成了独立的管理体制，从教省体制中独立出来。当时奥古斯丁修会在德国有四个教省：莱茵-施瓦本、巴伐利亚、科隆和萨克森-图林根。

④ 这件事也可能发生在 1504 年。参见 Martin Brecht. *Martin Luther*(Band 1). Stuttgart：Calwer Verlag，2013，S. 55.

大腿上的动脉，一度有生命危险。路德喊道："噢，玛利亚救我！我要在玛利亚那里安息了。"①

1504 年 21 岁

11 月 26 日，西班牙女王伊莎贝拉去世，她的女儿胡安娜继位。

在埃尔福特大学学习。学习了希罗尼姆斯·艾姆泽(Hieronymus Emser)②在埃尔福特大学讲授的关于罗伊希林喜剧的课程。③

1505 年 22 岁

6 月，国王马克西米连一世在科隆召开帝国议会，试图增强国王的权力。

1 月 7 日，通过埃尔福特大学硕士毕业考试，在 17 名候选人中排第 2 名。④

1 月，获得硕士帽和硕士戒指。硕士毕业庆祝举行得非常盛大。后来回忆："授予学位的仪式确实壮观！高举火炬的队伍走在我们前面。我不相信世界上还有其他庆祝活动能与之媲美……"⑤首次在大学图书

① WA TR 1，46.

② 希罗尼姆斯·艾姆泽(1478—1527 年)：乌尔姆人，1493 年起就学于图宾根大学和巴塞尔大学，1499 年获硕士学位；1502 年成为教士，1504 年在埃尔福特大学任教，1504 年前往莱比锡大学，1505 年获神学学士学位，后担任萨克森公爵乔治的秘书。

③ Andrea van Dülmen. *Luther-Chronik*, *Daten zu Leben und Werk*. München：Deutscher Taschenbuch Verlag，1983，S. 11.

④ Heinrich Boehmer. *Der Junge Luther*. Leipzig：Koehler & Amelang，1954，S. 31.

⑤ 沃尔夫冈·兰德格拉夫：《马丁·路德》，周正安译，北京：新华出版社，1988 年，第 20 页。

馆借阅《圣经》。当时大学规定，只有硕士才能借阅《圣经》。①

4 月 23 日或 24 日，开始在文学院授课。在当时很多德国大学，硕士毕业生“至少要在大学担任两年教学工作”。②

5 月 19 日，埃尔福特大学法学院开学。按照父亲汉斯・路德的意愿，开始攻读法律博士，计划毕业后成为一名律师。之前，汉斯・路德送给路德一套《民法大全》，并改口称“阁下”(Ihr)，并希望路德“当上一名律师，配一门够体面的婚事，然后好好地供养他们，颐养天年”③。

6 月底，回到曼斯费尔德父母家中。

7 月 2 日，步行回埃尔福特途中，经过施托特海姆村(Stotternheim)时，猝遇大雷雨，一个闪电劈在他旁边的田地里，受到惊吓，大呼：“圣安娜④，救我，我愿做一名修士。”⑤后平安回到学校。

尽管路德后来说他不愿意做修士⑥，他还是决定履行诺言，由此，这让汉斯・路德非常生气，一度要与路德断绝父子关系。尽管很不情愿，最终表示了同意。汉斯・路德给他写信，再次采用“你”(du)这个称呼，而不再用“阁下”。⑦

7 月 16 日晚上，与朋友们举行告别晚餐，并办了一个音乐会。

7 月 17 日，进入埃尔福特奥古斯丁修会的修道院，该修道院属于严守教规派，以严厉著称，当时有 52 名修士。由于修士法衣为黑色，这个修道院被称为“黑色修道院”。路德进入修道院在当时引起了不小

① Martin Brecht. *Martin Luther* (Band 1). Stuttgart: Calwer Verlag, 2013, S. 56.

② 弗・鲍尔生:《德国教育史》，滕大春、滕大生译，北京：人民教育出版社，1986 年，第 17 页。

③ 罗伦・培登:《这是我的立场——改教先导马丁・路德传记》，陆中石、古乐人译，南京：译林出版社，1993 年，第 4 页。

④ 圣安娜是圣母玛利亚的母亲，在中世纪被奉为矿工的保护神。

⑤ WA TR 4, 440.

⑥ WA TR 2, 407.

⑦ Martin Brecht. *Martin Luther* (Band 1). Stuttgart: Calwer Verlag, 2013, S. 65.

的轰动。

8 月 28 日，德国奥古斯丁修会在米尔海姆开会，严守教规派代理主教施道皮茨可能从来参会的埃尔福特的修士那里听说了路德加入修会的事情。①

秋季，被修道院接纳为见习修士(Novize)，导师为约翰·格莱芬施泰因(Johann Greffstein)，两人关系良好。修道院的神学教师是约翰·纳廷(Johann Nathin)②。纳廷后来指导路德学习神学时，“指示路德服从教规，远离对圣经的研究”。③

在修道院期间，经历了一种精神上的折磨，包括困苦、焦虑和绝望等体验，如觉得自己罪孽深重，害怕上帝的怒气和最后的审判，怀疑自己的灵魂不能得到拯救。由此，不停地忏悔，但并没有效果。这种焦虑和绝望直到阅读《罗马书》等经文领悟“因信称义”的教义时，才得以缓解，但没有摆脱。1533 年，他回忆修道生活说：“如果有一个僧侣，因为修道而真进天堂，我也会是在那里的。修道院里的同伴都可以证明这点。我苦修了很长一段时间，如彻夜祷告，诵经等。”④

1506 年 23 岁

4 月，教皇尤利乌斯二世为新的圣彼得大教堂奠基，并宣告为了这个工程，将发行赎罪券。

---

① Martin Brecht. *Martin Luther* (Band 1). Stuttgart: Calwer Verlag, 2013, S. 77.

② 约翰·纳廷(约 1450—1529 年)：1465 年在埃尔福特大学学习，后获硕士学位，并加入奥古斯丁修会；1483 年到图宾根大学学习神学，师从经院哲学家加布里·比尔。1493 年在埃尔福特大学获神学博士学位。纳廷后来反对宗教改革，与路德关系破裂。

③ 托马斯·马丁·林赛：《宗教改革史》(上卷)，孔祥民等译，北京：商务印书馆，2016 年，第 203 页。

④ WA 38, 143.

4 月 3 日，奥古斯丁修会代理主教施道皮茨视察埃尔福特修道院，首次与路德交谈，准许他为申请教士(Priester)职务作准备。施道皮茨后来成为路德的导师和忏悔神父。

7 月或 8 月，通过了一年的修士见习期，宣誓服从、贫困和守贞，终身信奉基督，正式被修道院接受，成为一名修士，并获得一件法衣。修道生活有严格安排，每天按时祈祷、做弥撒、冥思、进行宗教练习等。

大概在 9 月 19 日(或 12 月)①，被祝圣为副执事(Subdiakon)。为了准备弥撒仪式，学习了加布里·比尔(Gabriel Biel)②关于天主教圣礼的注解。

1507 年 24 岁

5 月，国王马克西米连一世在康斯坦茨召开帝国议会。议会同意为马克西米连一世赴罗马加冕为皇帝提供军队和资助。

2 月 27 日，在埃尔福特奥古斯丁修道院被祝圣为副主祭(Diakon)。

4 月 3 日，在埃尔福特奥古斯丁修道院被按立为教士。

4 月 22 日，致信埃森纳赫的神父约翰·布劳恩(Johann Braun)，邀请他参加自己主持的第一次弥撒。路德在附言中认为自己是“一个已经脱离尘世的修士”③，因此没有邀请埃森纳赫的沙尔伯等朋友。这是保

① Martin Brecht. *Martin Luther* (Band 1). Stuttgart: Calwer Verlag, 2013, S. 78.

② 加布里·比尔(约 1413/1414—1495 年)：中世纪经院哲学家，施佩耶尔人，曾在海德堡大学、埃尔福特大学学习，1484 年起担任图宾根大学的神学教授，对奥卡姆的唯名论进行了系统论述。著有《弥撒礼解释》(*Expositio Canonis missae*)《伦巴德语录四书释义大全》(*Collectorium sive epitome in magistri sententiarum libros IV*)等。

③ Martin Luther. *Luther's Works*, *Vol.* 48, *Letters* Ⅰ. Minneapolis: Fortress Press, 1963, p. 5. 以下简称 LW 卷数，页码。

存下来的路德的第一封书信。

5 月 2 日，第一次主持弥撒，非常紧张，在念“这是我的身体”这句经文时，差点把饼掉在地上。饼在天主教圣餐礼中代表耶稣的肉身，如真掉在地上，将是一件非常严重的事件。

在中世纪，教士举行首次弥撒对其本人和家庭来说，是一件很重大的事情。汉斯·路德带了 20 名亲戚参加，并支付了 20 古尔登的餐饮费用。这是路德当修士后，父子俩第一次见面。路德希望父亲认可他进入修道院这件事，对父亲解释说：“我当时被从天而降的恐怖所召唤，不是出于自己的自由意志和愿望成为修士的，更不是为了获得肉体的享乐，而是因为我被突然面临的死亡恐惧和痛苦所包围，被迫需要这个誓言。”①汉斯·路德回答说：“让我们希望，这不是一个幻觉和骗局。”②他接着质问路德：“你没有听说过，当孝敬父母吗？”③“当孝敬父母”是基督教十诫中的诫命。路德深受震动，但“坚信自身的义”，没有再回应。④

夏季，在埃尔福特学习神学，老师是约翰·纳廷，学习的主要内容是 12 世纪神学家彼得·伦巴德（Petrus Lomardus，1095—1160 年）编著的《神学语录》（*Sentenzen*）⑤。阅读神学家邓斯·司各特和托马斯·阿奎那的著作。对阿奎那评价不高，对司各特评价高些。

1508 年 25 岁

2 月 6 日，经教皇尤利乌斯二世批准，德意志国王马克西米连一世在特兰特宣布采用“当选罗马皇帝”（Erwählter Römischer Kaiser）的称号。

---

① LW 48，332.

② LW 48，332.

③ LW 48，332.

④ LW 48，332.

⑤ 《神学语录》包括了基督教的主要神学观点，并提供了大量参考资料，共 4 部。自 12 世纪起就是教会最重要的神学著作，是中世纪大学神学院的教学材料，讲解这部著作是神学教师的必经路径。

从此德意志国王不需到罗马加冕。背景是：由于帝国议会提供的军队和资助未到位，马克西米连一世未能前往罗马加冕。

秋季，因施道皮茨的推荐，被奥古斯丁修会调到维滕堡大学，负责讲授亚里士多德的《尼各马可伦理学》。但对此兴趣不大，对神学更感兴趣，于是开始研究神学，导师是施道皮茨。维滕堡大学与奥古斯丁修会关系非常密切，施道皮茨时任维滕堡大学神学院院长。

该年，研读《圣经》。据路德 1538 年的回忆："30 年前没人阅读《圣经》，所有人都对《圣经》很陌生……最终我在一个图书馆发现了一本《圣经》，只要我在修道院，我就读《圣经》，一再阅读，反复阅读，得到了施道皮茨博士的赞赏。"①

1509 年 26 岁

4 月，沃尔姆斯帝国议会召开，皇帝马克西米连一世要求议会拨款，进攻威尼斯，被议会拒绝。

3 月 9 日，在维滕堡大学获得《圣经》学学士学位（Baccalaureus biblicus）。受到施道皮茨的推荐，在维滕堡大学开始部分神学教学工作。

3 月 17 日，致信埃森纳赫的神父约翰·布劳恩，解释不辞而别前往维滕堡的原因，表示自己"最不适合研究哲学，更喜欢神学"。②

9 月 9 日，德国奥古斯丁修会萨克森—图林根地区修会同意了和严守教规派修会联合的计划，并选举施道皮茨为萨克森—图林根地区修会的会长（Ordensgeneral）。背景是：奥古斯丁修会总会希望施道皮茨完成

① Albrecht Beutel (Hrsg.). *Luther Handbuch*. Tübingen: Mohr Siebeck, 2010, S. 258.

② Martin Luther. *The Letters of Martin Luther*, selected and translated by Margaret A. Currie. London: Macmillan and Co., 1908, p. 3.

将德意志萨克森—图林根地区修会和严守教规派修会联合起来的任务。

10 月 1 日，按照埃尔福特奥古斯丁修道院的要求，返回埃尔福特。

秋季，在埃尔福特大学获得语录讲师资格(Sententiarius)。

冬季学期，在埃尔福特大学讲授伦巴德的《神学语录》。阅读奥古斯丁的《上帝之城》《论三位一体》等著作，并做了批注(Randbemerkungen)。

在维滕堡大学获得的《圣经》学学士学位不被埃尔福特方面承认，引发争议，在导师纳廷的支持下，争议才得以平息。①

在埃尔福特首次亲眼看见一场剧烈的社会冲突。1509 年，埃尔福特发生了债务和税收问题引发的市民暴动，一部分人主张投靠美因茨大主教，一部分人主张投靠萨克森选侯；美因茨派组建了新的市政府。该年被称为埃尔福特的“疯狂年”②。冲突持续到 1510 年。路德站在老的市政府一边。

该年，汉斯·路德成为曼斯费尔德矿场的冶金师傅。

1510 年 27 岁

7 月，皇帝马克西米连一世发布诏令，委托美因茨大主教乌里尔·冯·格明根(Uriel von Gemmingen)组织一个由各地神学教授和学者组成的审查委员会，讨论是否焚毁犹太书籍。绝大多数学者赞同，只有希伯来语学者罗伊希林反对不加分别地焚烧犹太书籍。

4—7 月，夏季学期，在埃尔福特大学讲授伦巴德的《神学语录》。

8 月，埃尔福特再次发生骚乱，路德目睹了整个过程。骚乱的原因是一些埃尔福特大学学生支持前一年被推翻的议员，引起市民破坏大学

① 沃尔夫冈·兰德格拉夫：《马丁·路德》，周正安译，北京：新华出版社，1988 年，第 39 页。

② 沃尔夫冈·兰德格拉夫：《马丁·路德》，周正安译，北京：新华出版社，1988 年，第 43 页。

的行为。“大学生们在教学大楼修筑工事，对方便运来了两门大炮，把炮弹装上膛开火了。”①很多教授和大学生离开了埃尔福特，埃尔福特大学损失惨重。路德看到骚乱带来的巨大破坏，对民众的不信任“可能就是从此时开始的。‘疯狂年’的动乱确实影响了马丁·路德后来对革命的态度”②。他后来评价埃尔福特：“它缺的不是钱，而是智慧……人们不应该让农民参与统治。”③

1511 年 28 岁

2 月 13 日，霍亨佐伦家族的阿尔布莱希特(1490—1568 年)就职成为普鲁士条顿骑士团团长；之前于 1510 年 12 月当选。

5 月，法国国王路易十二世召集少数枢机主教在比萨召开公会议。这次会议不具备代表性，但却迫使罗马教会在次年召开拉特兰公会议，与之针锋相对。

7—8 月，伊拉斯谟出版《愚人颂》，讽刺了罗马教会的权威。

年底，皇帝马克西米连一世与教皇、西班牙、英国、威尼斯和瑞士组成新的“神圣同盟”，反对法国在意大利北部的扩张。

4—7 月，夏季学期，在埃尔福特大学讲授《神学语录》。

9 月 1 日，施道皮茨在耶拿与奥古斯丁修会严守教规派商谈奥古斯丁修会联合事宜，没有成功。背景是：施道皮茨和奥古斯丁修会总会希望达成修会内部严守教规派和教省的统一，但纽伦堡和埃尔福特等地区的严守教规派修会不愿意统一起来，由此爆发了争论。埃尔福特修道院

---

① 沃尔夫冈·兰德格拉夫：《马丁·路德》，周正安译，北京：新华出版社，1988 年，第 43 页。

② 沃尔夫冈·兰德格拉夫：《马丁·路德》，周正安译，北京：新华出版社，1988 年，第 44 页。

③ Andrea van Dülmen. *Luther-Chronik*, *Daten zu Leben und Werk*. München: Deutscher Taschenbuch Verlag, 1983, S. 18.

绝大部分修士强烈反对施道皮茨的联合计划，只有路德和约翰·朗等少数人支持施道皮茨。

大概在 9 月，与约翰·朗一起被奥古斯丁修会调到维滕堡新建的奥古斯丁修道院。① 从此，定居维滕堡，直至去世。

9 月，在维滕堡修道院的梨树下，与施道皮茨谈话。施道皮茨由于担任奥古斯丁修会和维滕堡大学的职务，过于忙碌，于是希望路德获得神学博士学位，并接替他在维滕堡大学的《圣经》教席。路德表示不愿意，施道皮茨说："上帝的教会有许多工作，很需要路德的事奉。"②

10 月初，施道皮茨选拔路德与修士约翰内斯·冯·梅欣（Johannes von Mecheln）③博士，前往罗马④，就德国奥古斯丁修会内部的争端，向教皇尤利乌斯二世提交一份上诉书。梅欣是正式代表，路德担任副手。他们步行过去，途径纽伦堡、乌尔姆、米兰、佛罗伦萨等城市。这对路德来说也是一次朝圣之旅。

11 月底，与梅欣抵达罗马。他们在罗马待了约四周，可能住在奥古斯丁修会总会所在地——圣阿哥斯蒂诺修道院（Sant' Agostino）。

12 月，与梅欣等人参与了奥古斯丁修会争端的谈判，但并没有解决分歧。拜访罗马的七座教堂，参观殉道者墓地，敬拜圣徒遗骨和遗

---

① Andrea van Dülmen. *Luther-Chronik, Daten zu Leben und Werk*. München: Deutscher Taschenbuch Verlag, 1983, S. 19.

② 柯特·艾伦：《九十五条及有关改教文献考》，王建屏、郑秀清译，香港：道声出版社，1989 年，第 34 页。

③ 约翰内斯·冯·梅欣：生卒年不详，尼德兰地区的神学家，奥古斯丁会修士，1507 年，入学维滕堡大学。1511 年 9 月，梅欣在维滕堡大学获得神学博士学位，并在 10 月被接纳为神学院评议会成员，约于 1513 年前往安特卫普担任奥古斯丁修道院院长。

④ 传统认为，路德是受到施道皮茨的反对派的派遣，从 1510 年年底至 1511 年年初前往罗马申诉。据最新的研究，这次旅行发生在 1511 年年底至 1512 年年初，由施道皮茨派去。参见 Volker Leppin und Gury Schneider-Ludorff (Hrsg.). *Das Luther-Lexikon*. Regensburg: Verlag Bückle & Böhm, 2014, S. 609. Volke Leppin. *Martin Luther*. Darmstadt: Philipp von Zabern, 2017, S. 57. Ulrich Köpf. *Martin Luther, Der Reformator und sein Werk*. Stuttgart: Reclam, 2015, S. 30.

物，并按照朝圣传统，跪着爬上了拉特兰宫的彼拉多台阶①。据说爬上去后，可以赦免罪过。当路德爬上去后，产生了疑问："谁知道，这是不是真的呢?"②由此开始怀疑天主教的得救方式。

参加多场弥撒活动，对罗马神父举行的弥撒表示不满。后来回忆罗马期间的经历："我曾去过罗马(时间不长)，主持了多场弥撒，也参加了多场弥撒……神父说：'这是饼，永远是饼；这是酒，永远是酒。'……我还在看福音时，旁边的神父就已完成了弥撒，对我喊道：'快点，快点'。"③

1511 年年底或 1512 年年初，与梅欣按照不同的路线返回德国。当时法国和教皇的军队正在意大利北部打仗，路上充满危险。

1512 年 29 岁

1512 年 5 月至 1517 年 3 月，罗马教会召开第五次拉特兰公会议，试图对教会进行改革，革除教会弊端，没有成功。

4 月至 9 月，神圣罗马帝国各等级在特里尔和科隆召开帝国议会，将帝国划分为 10 个行政区。

年初，回到德国。

5 月 2—8 日，在科隆参加奥古斯丁修会会议。施道皮茨放弃了联合教派的计划。

5 月 5 日，在科隆会议上被任命为维滕堡修道院副院长。

5 月，开始布道，并阅读了神秘主义的著作。

---

① 彼拉多台阶，又称为圣阶(Scala Sancta)。据中世纪的传说，耶稣通过罗马帝国耶路撒冷总督彼拉多宫殿前的台阶受审。326 年，君士坦丁大帝的母亲圣海伦娜将之带到罗马。从此，成为朝圣地点，信徒需跪着爬上去。

② Martin Brecht. *Martin Luther* (Band 1). Stuttgart: Calwer Verlag, 2013, S. 108.

③ WA 38, 211-212.

6月，回到维滕堡，被安排住在维滕堡奥古斯丁修道院侧面塔楼的一个房间。

9月22日，致信埃尔福特的奥古斯丁修会，告知自己即将被维滕堡大学授予神学博士学位，邀请他们参加神学博士学位授予典礼。埃尔福特奥古斯丁修会的人最终没有参加这次典礼，因为埃尔福特方面认为，路德应该在埃尔福特大学申请博士学位。①

10月4日，在维滕堡大学获得申请博士学位的资格。

10月9日，签收萨克森选侯腓特烈批准的约50古尔登，用于申请博士学位时的花费。因为路德没钱，于是施道皮茨向选侯申请了这笔资助。选侯答应资助的条件是，路德应终生负责维滕堡大学的《圣经》教席。②

10月18—19日，参加维滕堡大学神学院在城堡教堂举行的博士授予仪式，获神学博士学位，主持仪式的是时任维滕堡大学神学院院长安德烈·博登施泰因·冯·卡尔施塔特(Andreas Bodenstein von Karlstadt，约1477—1541)③教授。在仪式上，路德手按在《圣经》上起誓："只教导正确的教义并告发所有倡导谬误的人。"④

10月22日，成为维滕堡大学神学院评议会(Senat)成员，接替施道皮茨的位置。

10月25日，开始授课，讲解《创世记》。

---

① Martin Brecht. *Martin Luther* (Band 1). Stuttgart: Calwer Verlag, 2013, S. 129.

② 詹姆斯·基特尔森：《改教家路德》，李瑞萍等译，北京：中国社会科学出版社，2009年，第49页。

③ 安德烈·博登施泰因·冯·卡尔施塔特(约1477—1541年)：神学家和宗教改革家，法兰克尼亚地区的卡尔施塔特人，1499年进入埃尔福特大学学习，1505年，进入维滕堡大学学习，1510年获得博士学位，担任神学院教授。1512年，担任神学院院长。宗教改革开始后，很快成为路德的支持者。后因推进激进的宗教改革，与路德神学分歧严重，流亡到瑞士巴塞尔，1541年在当地去世。

④ 詹姆斯·基特尔森：《改教家路德》，李瑞萍等译，北京：中国社会科学出版社，2009年，第49页。

1513 年 30 岁

2 月 21 日，教皇尤利乌斯二世去世。3 月 11 日，来自美第奇家庭的教皇利奥十世(Leo X)继位。10 月，教皇利奥十世颁布命令，发行赎罪券，以筹集款项，继续修建圣彼得大教堂。

1513 年至 1514 年，德国南部的农民组织鞋会和“穷人康拉德”在施瓦本地区发动起义。

1513 年至 1514 年，科隆、吕贝克、布伦瑞克、沃尔姆斯、哥廷根等多个城市发生市民暴动。

7 月 8 日，为讲授《诗篇》，印制了经文。①

8 月 16 日，开始讲授拉丁语《诗篇》，1516 年讲完，后结集出版《〈诗篇〉讲解》(*Dictata super Psalterium*)。“《诗篇》中有大量关于‘义’(Gerechtigkeit)、‘审判’(Gericht)、‘判决’(Urteil)和上帝作为法官的表述，迫使路德首次努力将这些概念紧密联系起来进行思考。”②对《诗篇》的研读促使路德逐步形成新的称义观。

该年，为了研习《诗篇》，开始学习希腊语和希伯来语。③

该年至 1515 年，阅读法贝尔·斯塔普能西斯(Faber Stapulensis)④的著作，并作了批注。

大概在该年，被维滕堡市议会选任为城市教堂的布道人，每年的报酬为 8 古尔登 12 格罗森。⑤

---

① Georg Buchwald. *Luther-Klendarium*. Leipzig: M. Heinsius Nachfolger Eger & Sievers, 1929, S. 2.

② Ulrich Köpf. *Martin Luther, Der Reformator und sein Werk*. Stuttgart: Reclam, 2015, S. 42.

③ 詹姆斯·基特尔森:《改教家路德》，李瑞萍等译，北京:中国社会科学出版社，2009 年，第 51 页。

④ 法贝尔·斯塔普能西斯(1455—1536 年):法国神学家和人文主义者，16 世纪初批注了亚里士多德的重要著作，16 世纪 20 年代翻译了法语全本《圣经》。

⑤ Martin Brecht. *Martin Luther*(Band 1). Stuttgart: Calwer Verlag, 2013, S. 150.

1514 年 31 岁

5 月，为了反抗符腾堡贵族的苛捐杂税，当地的农民组织"穷人康拉德"在盖斯彼得和汉斯·福尔马的领导下发动起义。年内被符腾堡公爵镇压。

12 月，勃兰登堡的阿尔布莱希特(Albrecht von Brandenburg)①成为美因茨大主教，并担任神圣罗马帝国首相，成为七大选侯之一。在担任美因茨大主教前，阿尔布莱希特已经担任马格德堡主教和哈尔伯施塔特(Halberstadt)教区的管理人，而"教会法禁止任何人同时拥有三个职位，除非获得教皇特许"②。为了获得美因茨大主教的职位，阿尔布莱希特向奥格斯堡的富格尔家族贷款后，向教皇利奥十世支付了一大笔款项。阿尔布莱希特被教皇允许发行赎罪券以筹款，一半用来归还贷款，一半用于支持圣彼得大教堂的建造。

2 月，致信乔治·施帕拉丁(Gerorg Spalatin)③，讨论罗伊希林与科

① 勃兰登堡的阿尔布莱希特(1490—1545 年)：来自霍亨佐伦家族，勃兰登堡选侯约翰之子，选侯约阿西姆一世之弟。1513 年，成为马格德堡大主教，也是哈尔伯施塔特教区的管理人。1518 年，成为罗马教会的枢机主教。

② 卡尔·楚门：《路德的人生智慧：十架与自由》，王一译，上海：上海三联书店，2019 年，第 34 页。

③ 乔治·施帕拉丁(1484—1545 年)：原名乔治·布克哈特(Georg Burckhardt)，法兰克地区的施帕特(Spalt)人，1498 年就学于埃尔福特大学，次年获学士学位；1502 年就学于维滕堡大学，次年成为维滕堡大学的第一批硕士之一。1508 年成为教士，并进入萨克森选侯宫廷工作，开始作为家庭教师；1512 年，担任维滕堡大学图书馆馆长；1516 年担任选侯腓特烈的秘书；1517 年全权负责选侯的教会与大学事务；1518 年担任忏悔神父；1522 年担任宫廷牧师。他在 1513 年或 1514 年结识路德，是路德与选侯腓特烈之间的联络人，也是路德和宗教改革的重要支持者。1525 年，选侯腓特烈去世后，前往阿尔滕堡担任牧师，并参加了在施佩耶尔、奥格斯堡等地举行的帝国议会，发挥了重要作用。

隆大学神学家论战的事情①，认为罗伊希林有“正确和纯粹的信仰”②。背景是约翰·朗以施帕拉丁的名义咨询路德对罗伊希林事件的看法。

6 月 16 日，致信埃尔福特修道院院长，抗议修道院的导师纳廷控告路德 1512 年在维滕堡获得博士学位一事。背景是：埃尔福特方面宣称，路德 1509 年在埃尔福特大学获得语录讲师资格时，曾宣誓要在埃尔福特大学申请博士学位③，路德则否认曾有此誓言。

8 月 5 日，致信施帕拉丁，谴责攻击罗伊希林的人。

12 月 21 日，致信埃尔福特大学神学院，为自己在维滕堡大学获得博士学位进行辩护，因为自己在维滕堡大学取得了《圣经》学学士学位。

1515 年 32 岁

3 月，教皇利奥十世宣布，在德国的美因茨等主教区出售赎罪券 8 年。

秋季，人文主义者乌尔里希·冯·胡滕与约翰内斯·克罗图斯·卢比亚鲁斯(Johannes Crotus Rubianus)合著的《蒙昧者书简》(*Dunkelmännerbriefe*)匿名出版，讽刺经院神学家，支持希伯来语作品遭禁的罗伊希林。

4 月 8 日(复活节)之后，开始讲授《罗马书》(另一种说法认为，讲授《罗马书》开始于当年 11 月④)，持续到 1516 年 9 月。在讲解《罗马

① 1510 年，罗伊希林出具反对不加分别地焚烧犹太人著作的意见书后，1511 年受到攻击。罗伊希林则出版了《眼镜》(*Augenspiegel*)，将意见书公开出版。科隆的神学家审查该书后，要求罗伊希林撤回。罗伊希林由此陷入了与科隆神学家的论战。1513 年秋季，罗伊希林被告上宗教法庭。1514 年 3 月，被判无罪。1520 年，最终被教皇利奥十世判为有罪。

② Martin Luther. *Luther Deutsch* (Band 10), *Die Briefe*. herausgegeben von Kurt Aland. Göttingen: Vandenhoeck & Ruprecht, 1983, S. 12.

③ Ulrich Köpf. *Martin Luther, Der Reformator und sein Werk*. Stuttgart: Reclam, 2015, S. 35.

④ Georg Buchwald. *Luther-Klendarium*. Leipzig: M. Heinsius Nachfolger Eger & Sievers, 1929, S. 2.

书》时，开始注重从字面含义理解经文的方法。

4 月 29 日—5 月 1 日，在哥达参加奥古斯丁修会的会议，被选为图林根和迈森地区十个修会的副监督(Distriktsvikar)，任期 3 年。变得非常繁忙。

11 月 11 日，作关于如何阅读《圣经》的布道，强调读《圣经》，才能理解基督和感受到圣灵。①

12 月，忙于《诗篇》讲义的印刷工作。

1516 年 33 岁

年初，伊拉斯谟新译的希腊语《新约》(希腊语与拉丁语对照版)在巴塞尔出版。

1 月，西班牙国王费迪南二世去世，他的外孙、神圣罗马帝国皇帝马克西米连一世之孙查理继位为西班牙国王，称查理一世。

8 月，法国国王弗朗索瓦一世与教皇利奥十世签订《博洛尼亚和约》，法国国王获得了任免本国主教的权力。

该年，施道皮茨到纽伦堡多次布道，布道内容与保罗和奥古斯丁神学有关，如“上帝的爱”等。在该年或次年，在纽伦堡成立了讨论宗教改革思想的施道皮茨小组(Sodalitas Staupitziana)，成员包括拉撒路·施本格勒(Lazarus Spengler)②、文策尔·林克(Wencelas Link)③、克里斯

---

① WA 1，52.

② 拉撒路·施本格勒(1479—1534 年)：出身于纽伦堡商人家庭，1494 年就读于莱比锡大学，1496 年，肄业，回到纽伦堡；1505 年担任纽伦堡的官员秘书，1507 年担任纽伦堡议会秘书，直至去世。

③ 文策尔·林克(1483—1547 年)：萨克森的科尔迪茨(Colditz)人，奥古斯丁会修士，1503 年进入维滕堡大学，1511 年获得博士学位，并成为维滕堡奥古斯丁修道院的副院长。1516 年，前往慕尼黑的奥古斯丁修道院担任布道人。1520 年，接替施道比茨，担任奥古斯丁修会严守教规派的代理主教。1523 年，辞去代理主教职务，到阿尔滕堡担任牧师。1525 年至 1547 年，担任纽伦堡牧师。1547 年，在纽伦堡去世。

托夫·索伊尔(Christoph Scheurl)①、维利巴特·皮克海默(Willibald Pirckheimer)②、阿尔布莱希特·丢勒(Albrecht Dürer)③等人。

年初，阅读神秘主义者约翰内斯·陶勒(Johannes Tauler)④的布道著作，并作了批注。开始使用伊拉斯谟整理的希腊语《新约》版本。⑤

4 月至 6 月初，以奥古斯丁修会地区副监督的身份巡查德累斯顿、埃尔福特、哥达、朗恩萨尔查(Langensalza)、诺特豪森(Nordhausen)、艾斯莱本等地的修会。

4 月 8 日，致信从维滕堡调往梅明根的奥古斯丁会修士乔治·斯本莱(Georg Spenlein)⑥，告知他处理遗留物品的情况，并与他讨论灵魂与称义问题，信中提出“义已经通过基督大量免费地给予了我们”⑦。

4 月 15 日，致信埃尔福特一名叫乔治·莱费(George Leiffer)的基督徒，安慰他，建议他将十字架珍藏在心中，与基督的爱心和神圣意志相融合，“能将诅咒化为祝福，将苦难变为荣耀，十字架变为欢乐的王冠”。⑧

---

① 克里斯托夫·索伊尔(1481—1542 年)：纽伦堡人，1506 年获博洛尼亚法学博士学位，1507 年夏季学期担任维滕堡大学校长(当时校长的一个任期是一个学期)。1512 年，回到家乡纽伦堡，担任市政法律顾问。

② 维利巴特·皮克海默(1470—1530 年)：纽伦堡人文主义艺术家，1496 至 1523 年担任纽伦堡的市政参议。

③ 阿尔布莱希特·丢勒(1471—1528 年)：纽伦堡人，著名画家、版画家，德国文艺复兴的代表人物，代表作有《启示录》《骑士、死神和魔鬼》等，曾为路德的宣传册绘制版画插图。

④ 约翰内斯·陶勒(约 1300—1361 年)：斯特拉斯堡人，神父和神学家，多米尼克修会修士，14 世纪的神秘主义者，著有《陶勒布道集》等。

⑤ Martin Brecht. *Martin Luther*(Band 1). Stuttgart：Calwer Verlag，2013，S. 130.

⑥ 乔治·斯本莱(约 1486—1563 年)：籍贯不详，1512 年在维滕堡大学注册学习，后进入维滕堡奥古斯丁修道院成为修士，1516 年前往梅明根担任神父，后成为新教徒，在图林根地区的克罗伊茨堡等地担任牧师。

⑦ LW 48，12.

⑧ Martin Luther. *The Letters of Martin Luther*，selected and translated by Margaret A. Currie. London：Macmillan and Co.，1908，p. 7.

5 月 1 日，前往德累斯顿。致信美因茨奥古斯丁修道院院长约翰·贝尔肯(Johann Bercken)，感谢他照顾一名逃亡的修士。

5 月 29 日，前往哥达，巡视各地修道院。致信约翰·朗，调查修道院的消费情况。朗时任埃尔福特奥古斯丁修道院副院长。

6 月 8 日，致信施帕拉丁，告知已回到维滕堡，反对萨克森选侯腓特烈提议施道皮茨担任基姆希(Kimsche)主教，认为选侯“在世俗事务上非常明智，但在上帝和灵魂得救问题上却是七倍的盲目……没有比主教更卑鄙的职位，因为它意味着贪食与放荡，如同所多玛和罗马”。①

大概在 6 月 29 日，作关于第一条诫命的布道。② 关于十诫的布道直到 1517 年 2 月 24 日结束，1518 年出版。

7 月 2 日，开始关于十诫的系列布道，直到 1517 年 2 月 24 日，1518 年出版③，题为《十诫简释》(*Eine kurze Erklärung der zehn Gebote*)。

8 月 24 日，致信施帕拉丁，请他帮忙查找耶柔米著作《名人传》(*De viris illustribus*)中关于圣徒巴特洛缪的资料，为布道作准备。

8 月 30 日，致信约翰·朗，将 1515 年 5 月 1 日在哥达的布道寄给他，并告知在 5 至 6 月巡视各地教会的事情。

9 月 7 日，在维滕堡大学神学院讲完《罗马书》。

9 月 9 日，致信施帕拉丁，表示暂时还不想出版《诗篇》讲稿。

9 月 25 日，路德学生巴特洛缪·伯恩哈迪(Bartholomaeus Bernhardi)④在维滕堡大学神学院进行申请语录讲师资格的答辩，路德

---

① Martin Luther. *The Letters of Martin Luther*, selected and translated by Margaret A. Currie. London: Macmillan and Co., 1908, pp. 8-9.

② WA 1, 398.

③ Andrea van Dülmen. *Luther-Chronik*, *Daten zu Leben und Werk*. München: Deutscher Taschenbuch Verlag, 1983, S. 25.

④ 巴特罗缪·伯恩哈迪(1487—1551 年)：路德派神学家，生于奥地利的施林斯(Schlins)，1503 年就读于埃尔福特大学，1504 年转入维滕堡大学学习，1505 年获学士学位，1508 年获硕士学位，1509 年起在文学院任教，1512 年任文学院院长。后转向神学研究，成为路德的学生，1516 年获语录讲师资格，1518 年 10 月至 1519 年 4 月冬季担任维滕堡大学校长。1518 年还获任科姆堡神父，1521 年 5 月结婚，是最早结婚的一批修士之一。

为他准备了答辩论纲，即《没有恩典单凭人的力量和意志的问题》(Quaestio de viribus et voluntate hominis sine gratia disputata)，主题是“人不能依靠自己的力量称义”。同日，致信诺伊施塔特-奥尔拉奥的奥古斯丁修道院副院长米歇尔·德莱塞尔(Michael Dressel)，宣布解除他的职务，并安排新的选举。背景是：该地的修道院出现了一些混乱，修士们未能平安地生活在一起。

10月，维滕堡发生瘟疫。

10月中旬，致信约翰·朗，讨论他为巴特洛缪·伯恩哈迪9月答辩准备的论纲。

10月19日，致信施帕拉丁，表示不同意伊拉斯谟关于《圣经》解释的观点，批评伊拉斯谟承认太多人的意志，认为应强调上帝的恩典。

10月26日，致信约翰·朗，信中抱怨过度劳累：“我在修道院布道，在餐桌上朗读，每天布道，指导学生学业；此外，我还是修会的监督(管理11名修道院院长)、莱茨考鱼塘的检查员，必须代理赫尔茨堡人民在托尔高的事务，阐释保罗书信和《诗篇》，此外还要写信。”①在信中拒绝了约翰·朗建议他外出躲避瘟疫的建议。

10月27日，开始讲授《加拉太书》，直到1517年3月13日。

12月4日，整理出版一本14世纪的神秘主义著作《一本属灵的高贵的书》(*Ein geistlich edles Büchlein*)，即《德意志神学》(*Ein deutsch Theologia*)的第7—26章，并撰写了前言。

12月14日，致信施帕拉丁，汇报施道皮茨在科隆为萨克森选侯腓特烈寻找圣物的事情进展：圣乌尔苏拉修会的会长拒绝拿出殉道的十一童贞女像，请选侯提供教皇的命令；向施帕拉丁推荐约翰内斯·陶勒的神学著作。

12月31日，致信施帕拉丁，表示反对崇拜圣徒。

年底，委托施帕拉丁给伊拉斯谟写了一封信，表达对他的敬仰，同

① Martin Luther. *The Letters of Martin Luther*, selected and translated by Margaret A. Currie. London: Macmillan and Co., 1908, pp. 10-11.

时请他注意："在解释保罗的使徒书信尤其是保罗的致罗马人书时，伊拉斯谟对辩护的理解不正确，对原罪的注意太少：如果读圣奥古斯丁的著作，他也许会有所收获。"①这封信没有透露路德的名字，也没有引起伊拉斯谟的注意。

1517 年 34 岁

1 月 22 日，约翰内斯·台策尔(Johannes Tetzel)②被美因茨大主教阿尔布莱希特任命为赎罪券销售员。台策尔售卖赎罪券非常成功。由于萨克森选侯禁止在其领地出售赎罪券，台策尔来到临近萨克森的勃兰登堡的尤特博格(Jüterbog)出售赎罪券，该地距维滕堡约 30 公里。③

1 月，伊拉斯谟将新译的希腊语《新约》献给教皇利奥十世，获得肯定。

3 月，第五次拉特兰公会议在罗马闭幕，没有实现对罗马教会买卖圣职等弊端的改革。

7 月，帝国议会在美因茨召开。

1 月 27 日，致信纽伦堡市政顾问克里斯托夫·索伊尔，请他赞美基督，而不要赞美路德。

---

① 约翰·赫伊津哈：《伊拉斯谟传：伊拉斯谟与宗教改革》，何道宽译，桂林：广西师范大学出版社，2008 年，第 142-143 页。

② 约翰内斯·台策尔(约 1465—1519 年)：萨克森皮尔纳人，多米尼克修会修士，1482 年就学于莱比锡大学，1587 年获学士学位；1502 年担任格洛高修道院院长。1516 年，在罗马教廷使节的安排下，在迈森教区售卖赎罪券。1517 年，开始为美因茨大主教出售赎罪券。1518 年，获神学博士学位。1519 年在莱比锡去世。台策尔非常善于出售赎罪券，他在民众中宣扬："钱币在钱箱中叮当一击，灵魂就立时飞出炼狱。"路德在《九十五条论纲》中专门对这句话进行了批判，认为这"只是宣言人意的教导"。参见马丁·路德：《路德文集》(第一卷)，路德文集中文版编辑委员会编，上海：上海三联书店，2005 年，第 18 页。

③ Volker Leppin. *Die fremde Reformation*：*Luthers mystische Wurzeln*. München：C. H. Beck，2016，S. 55.

2 月 8 日，致信约翰·朗，表达对亚里士多德哲学的反对，呼吁埃尔福特大学反对经院神学和亚里士多德的学说。埃尔福特大学未积极回应。

2 月 24 日，作关于《马太福音》11:28 等经文的布道，批判赎罪券使人放弃真正的忏悔，将对罪恶的恐惧变成对惩罚的恐惧。①

3 月 1 日，将《七首忏悔诗篇》（*Die Sieben Bußpsalmen*）翻译为德语，并完成注释，这是路德的第一部著作，也是路德翻译《圣经》的开始。②致信约翰·朗，表示正在阅读伊拉斯谟的著作，感觉“心离他越来越远”③，提醒朗不要盲目阅读他的著作，开始讨论自由意志与上帝恩典的问题，“将一些事情归因于人的自由意志的人，与只知道来源于上帝恩典的人看待这些事情是不一样的”。④ 但赞同伊拉斯谟对修士的批评。

5 月 6 日，致信纽伦堡市政顾问克里斯托夫·索伊尔，将卡尔施塔特于 4 月 26 日发表的《一百五十一条论纲》寄往纽伦堡，称赞卡尔施塔特写出了最好的理论。⑤

5 月 18 日，致信约翰·朗，提及奥古斯丁神学在维滕堡大学里日益兴盛，亚里士多德的学说和伦巴德的《神学语录》在衰落，对此表示高兴。

8 月，发表《驳经院神学论纲》（Disputatio contra scholasticam theologiam），批判了亚里士多德的学说，反对以理性解释信仰。将论纲寄往埃尔福特、科隆、海德堡，都没得到回应。

8 月 6 日，致信约翰·朗，给他传达施道皮茨的消息，即施道皮茨希望他尽快获得神学教师资格。

---

① Andrea van Dülmen. *Luther-Chronik, Daten zu Leben und Werk*. München: Deutscher Taschenbuch Verlag, 1983, S. 28.

② Werner Besch. *Luther und die deutsche Sprache*. Berlin: Erich Schmidt Verlag, 2014, S. 41.

③ Martin Luther. *The Letters of Martin Luther*, selected and translated by Margaret A. Currie. London: Macmillan and Co., 1908, p. 13.

④ Martin Luther. *The Letters of Martin Luther*, selected and translated by Margaret A. Currie. London: Macmillan and Co., 1908, p. 14.

⑤ 《一百五十一条论纲》运用了奥古斯丁的自由意志、恩典等理论。

9 月 4 日，路德的学生弗兰茨·君特(Franz Günther)①为申请《圣经》学学士学位进行辩论，辩论的材料就是《驳经院神学论纲》。同日，致信约翰·朗，将论纲和对十诫的解释寄给他，并表示愿意就论纲内容进行辩论。

9 月 11 日，致信纽伦堡市政顾问克里斯托夫·索伊尔，寄去《驳经院神学论纲》，并请他"引导我们博学的和有思想的埃克②注意到它，我知道他会在里面发现什么缺点"③。

10 月 30 日，印出《关于赎罪券效能的论纲》(*Disputatio pro declaratione virtutis indulgentiarum*)，原文为拉丁语，共 95 条，故也称《九十五条论纲》(*95 Thesen*)。该论纲批判了罗马教廷的赎罪券买卖和善功得救的理念，认为教皇只能赦免自己施加或教会法律规定的惩罚，第 5 条："教宗④除赦宥凭自己的权力或根据教规所加之于人的刑罚以外，他无意也无权免除其他任何刑罚。"⑤论纲强调赎罪的重点在于忏悔，而不是行善功，包括购买赎罪券，如第 36 条："每一个真诚悔改的基督徒，即使不靠赎罪券，也有权获得罪咎和刑罚的总赦。"⑥论纲批判赎罪券不仅没

---

① 弗兰茨·君特(？—1528 年)：诺特豪森人，1512 年毕业于埃尔福特大学，获文学学士学位，1516 年，毕业于维滕堡大学，获文学硕士学位。1517 年，在维滕堡获得《圣经》学士学位，1519 年，被聘为尤特博格牧师。因支持路德，被迫离开，后担任洛绍(Lochau)牧师，1528 年去世。

② 约翰内斯·埃克(Johannes Eck，1486—1543 年)：天主教著名神学家，施瓦本地区的埃格(Egg)人，原名约翰内斯·迈尔，后根据出生地，改称约翰内斯·埃克。1498—1499 年就读于海德堡大学；1499—1501 年在图宾根大学学习，获硕士学位；1510 年，在弗莱堡大学获神学博士学位，并成为因戈斯塔特大学神学教授。宗教改革爆发后，成为路德的重要论敌。

③ Martin Luther. *The Letters of Martin Luther*, selected and translated by Margaret A. Currie. London: Macmillan and Co., 1908, p. 17.

④ 教宗是对罗马教会首领教皇(Papst)的另一译名，强调其作为教会首脑的身份；"教皇"这一译名则体现其同时作为教会首领和世俗君主的特征。中世纪的罗马教会首领同时也是教皇国的君主，故本书采用"教皇"这一译名。

⑤ 马丁·路德：《路德文集》(第一卷)，路德文集中文版编辑委员会编，上海：上海三联书店，2005 年，第 16 页。

⑥ 马丁·路德：《路德文集》(第一卷)，路德文集中文版编辑委员会编，上海：上海三联书店，2005 年，第 18 页。

让人悔改，反而让人憎恨惩罚，如第 40 条："真正痛悔的基督徒甘愿为自己的罪受罚。但赎罪券的宽宏却免除了这些惩罚，并使人恨恶惩罚，至少制造了这样的机会。"①论纲尤其反对信徒为了买赎罪券，而不去真正地济贫行善，如第 45 条："基督徒须知，遇见贫者扬长而去，却把钱花在赎罪券上，这种人购买的不是教宗的赦免，而是上帝的愤怒。"②

10 月 31 日，致信美因茨大主教阿尔布莱希特，谴责赎罪券，并附上了《九十五条论纲》，但没有得到回应，这导致论纲后来被公开发表。这一天被认为宗教改革的爆发日。传统认为，路德在 10 月 31 日将《九十五条论纲》钉在维滕堡城堡教堂大门上。但这个说法在路德生前未见记载，最早来自梅兰西顿在路德去世几个月后为维滕堡出版的拉丁语《路德文集》所写的序言。③ 因此，这个说法目前仍充满争议。

约于 11 月 6 日，致信萨克森选侯腓特烈，调解选侯与施道皮茨之间的一点误会，劝选侯不要增加赋税。

11 月上旬，致信施帕拉丁，解释他不将《九十五条论纲》寄给王侯宫廷的原因："我不愿我们显赫的王侯或宫廷中的任何人事先得到我的论纲，以免那些已读过，并认为受到其污染的人，认为我发表这些论纲是奉王侯之命或得王侯之助"，以对抗马格德堡主教(即兼任此职的美因茨大主教阿尔布莱希特)。④ 宗教改革爆发后，由于萨克森选侯腓特烈不方便公开支持路德，也不会见路德，由施帕拉丁担任选侯与路德之间的联系人。

---

① 马丁·路德：《路德文集》(第一卷)，路德文集中文版编辑委员会编，上海：上海三联书店，2005 年，第 19 页。

② 马丁·路德：《路德文集》(第一卷)，路德文集中文版编辑委员会编，上海：上海三联书店，2005 年，第 19 页。

③ Ulrich Köpf. *Martin Luther*, *Der Reformator und sein Werk*. Stuttgart: Reclam, 2015, S. 13. 柯特·艾伦：《九十五条及有关改教文献考》，王建屏、郑秀清译，香港：道声出版社，1989 年，第 35 页。

④ 柯特·艾伦：《九十五条及有关改教文献考》，王建屏、郑秀清译，香港：道声出版社，1989 年，第 54 页。

书信结尾开始以 Eleutherius 来署名。① Eleutherius 来自希腊语，是“自由人”的意思。有解释认为，或许他想表达的是，他已经是一个自由的人。“他将自己从对赎罪券不符合《圣经》的困惑中解放出来，成为基督里的自由人，不再被人的规矩（如赎罪券）所束缚，只臣服于基督。”②使用这一签名直到 1519 年 1 月 24 日。

11 月 11 日，将《九十五条论纲》寄给埃尔福特奥古斯丁修道院和约翰·朗。致信纽伦堡市政顾问克里斯托夫·索伊尔，对施道皮茨在纽伦堡受欢迎感到高兴。

11 月底，美因茨大主教阿尔布莱希特收到路德来信和《九十五条论纲》，在 12 月 1 日，就此向美因茨大学征求意见。后续是：12 月 17 日，美因茨大学向阿尔布莱希特出具对论纲的意见，批评路德“未完全认可教皇在赎罪券上的权力”。③ 阿尔布莱希特在收到意见之前，已经将《九十五条论纲》事件报告给罗马教廷，希望教廷干预此事。

大概从 12 月 11 日起，开始使用玫瑰纹章作为印章。④

12 月 20 日，致信施帕拉丁，回复他关于耶稣复活时，除了圣母玛利亚，是否有其他妇女出现在墓地的神学问题，信中给予肯定答复。

12 月，《九十五条论纲》在纽伦堡、莱比锡和巴塞尔等地印刷，并被纽伦堡市议员卡斯帕·吕策尔（Caspar Nützel）翻译为德语，很快传播开来，“在 14 天里传遍整个德国”⑤，并在整个欧洲传播。如伊拉斯谟在该月已读到该论纲，并在次年 3 月将论纲寄给了英国的托马斯·莫

---

① Jürgen Udolph. *Martinus Luder-Eleutherius-Martin Luther：Warum änderte Martin Luther seinen Namen?* Heidelberg：Universitätsverlag Winter GmbH，2016，S. 53.

② LW 48，55.

③ Andrea van Dülmen. *Luther-Chronik，Daten zu Leben und Werk*. München：Deutscher Taschenbuch Verlag，1983，S. 31-32.

④ 另有观点认为开始于 1516 年 6 月，但证据不足，这里仍采用开始于 1517 年的观点。参见：Dietrich Korsch，Luther's Seal as an Elementary Interpretation of His Theology，in *Harvesting Martin Luther's Reflections on Theology，Ethics，and the Church*，edited by Timothy J. Wengert. Cambridge：William B. Eerdmans Publishing Company，2003，p. 60.

⑤ WA 51，540.

尔(Thomas More)①。

年底，托马斯·闵采尔(Thomas Müntzer)②来到维滕堡学习，直至1519年4月，可能在此期间与路德认识。

该年，开始讲授《希伯来书》，次年3月27日结束。该年下半年，开始使用Martin Luther作为名字，之前使用的是Martin Luder。③ Luder是低地德语(Niederdeutsch)的写法，Luther是高地德语(Hochdeutsch)的写法。

1518年35岁

7—9月，皇帝马克西米连一世在奥格斯堡召开帝国议会，教皇代表托马斯·卡耶坦(Thomas Cajetan)④和各地诸侯与会。会议讨论了征收土耳其战争税、路德引发的宗教改革等问题。卡耶坦呼吁筹集款项和兵力，支援匈牙利和克罗地亚人抵抗土耳其人；此时德国各界对罗马教会有很多不满，没有支持卡耶坦的提议。

8月27日，皇帝马克西米连一世与4名选侯(勃兰登堡边境伯爵、美因茨大主教、科隆大主教、普法尔茨伯爵)签订条约，让他们在选举

① 托马斯·莫尔(1477—1535年)：英国人文主义者、政治家和空想社会主义者。1516年出版《乌托邦》。1521年受封爵士。1523年参与亨利八世与路德关于圣礼的辩论。1529—1532年担任英国大法官。1535年因反对亨利八世成为教会首脑，被处死。1935年，被罗马教会封为圣徒。

② 托马斯·闵采尔(约1490—1525年)：斯托尔堡(Stolberg)人，德国农民起义领袖，曾在莱比锡大学和奥德河畔的法兰克福大学学习，获硕士学位。1525年，在德国农民战争中，战败被杀。

③ Jürgen Udolph. *Martinus Luder-Eleutherius-Martin Luther: Warum änderte Martin Luther seinen Namen?* Heidelberg: Universitätsverlag Winter GmbH, 2016, S. 137.

④ 托马斯·卡耶坦(1469—1534年)：原名雅各布·德·维奥(Jacopo de Vio)，出身于意大利那不勒斯王国的低级贵族家庭，多米尼克修会修士，曾任神学和哲学教授，对托马斯·阿奎那的哲学有比较深入的研究。曾任教皇尤利乌斯二世的顾问。1508年至1518年担任多米尼克修会会长，1517年成为枢机主教，1519年任意大利加埃塔大主教。

德意志国王时，选举他的孙子西班牙国王查理，查理则回报以大量金钱报酬。萨克森选侯腓特烈拒绝参与贿选。①

1 月 18 日，致信施帕拉丁，批评伊拉斯谟，认为他距离对基督的正确知识非常远，介绍了自己的读经和解经方法：先祷告、再通读《圣经》，可借助奥古斯丁和安波罗修的解释。向施帕拉丁推荐奥古斯丁和安波罗修的著作，并赞扬了卡尔施塔特对奥古斯丁著作的注释。

2 月 3 日，教皇利奥十世委托奥古斯丁修会总会长加布里·维讷图斯(Gabriel Venetus)，让路德放弃他的激进观点。之后，维纳图斯将这个任务交给施道皮茨。施道皮茨决定将于 4 月在海德堡召开的德国奥古斯丁修会会议上进行辩论。

2 月 13 日，将《关于赎罪券效能辩论的解释》(*Resolutiones disputationum de indulgenitarum virtute*)寄给勃兰登堡主教②希罗尼姆斯·舒尔策(Hieronymus Scultetus/Schultze)③，并征求他的建议。从年初开始撰写此文，目的是回应外界对《九十五条论纲》的曲解。该文还批评了教会的弊端，认为教会应该改革。舒尔策收到该文后，让路德停止发表意见，保持冷静。

2 月 15 日，致信施帕拉丁，继续批判赎罪券，同时希望得到萨克森选侯的保护。

2 月 22 日，致信施帕拉丁，担心宗教改革使得勃兰登堡选侯与萨克森选侯之间产生敌意，同时认为辩证法对神学研究有害。

3 月 5 日，致信纽伦堡市政顾问克里斯托夫·索伊尔，对《九十五

① G. R. 波特编：《新编剑桥世界近代史》(第一卷)，中国社会科学院世界历史研究所组译，北京：中国社会科学出版社，1999 年，第 299 页。

② 维滕堡属于勃兰登堡主教区管辖。

③ 希罗尼姆斯·舒尔策(约 1465—1522 年)：西里西亚的格罗高(Glogau)人，曾就学于莱比锡大学和意大利费拉拉大学，1504 年担任科特布斯神父、勃兰登堡选侯约阿希姆一世的顾问，1507 年至 1521 年，担任勃兰登堡主教。宗教改革爆发后，成为路德的反对者。1521 年，担任哈维尔堡主教，1522 年，在魏茨施托克去世。

条论纲》的广泛传播表示惊讶，认为论纲“并不是教化民众的正确工具。因为有几点我自己都表示怀疑，如果我能预见到如今的传播态势，有一些我会换一种方式表达，并且表达得更准确或者删掉”。① 在信中还感谢了丢勒在该年 1 月送过来的铜版画等礼物。

3 月 21 日，致信约翰・朗，抱怨敌人在疯狂地反对他，表示会去海德堡参加辩论。收到台策尔的论纲。

3 月 24 日，完成反驳约翰内斯・埃克的文章《路德反驳埃克〈方尖碑〉的星标》(Asterisci Lutheri adversus obeliscos Eckii)。该月，通过文策尔・林克得到约翰内斯・埃克在 2 月写完的文章《方尖碑》(Obelisci)。该文批判路德为“异教徒”“波希米亚的毒药”②，让路德非常痛苦，于是写此文反驳。同日，致信茨维考的布道人约翰・希尔维乌斯・埃格拉努斯(Johann Sylvius Egranus)，反驳埃克在《方尖碑》中对自己的谩骂，认为这是一种来自怒火的嫉妒。

3 月 31 日，致信施道比茨，承认自己名声恶劣，但不明白：“即使经院神学中，也有很多流派，他们的首领在建立一个新的神学体系，为什么我没有这样的自由呢?”③

3 月下旬，雷宁(Lehnin)修道院院长瓦伦提乌斯・亨纳肯(Valentius Henneken)受勃兰登堡主教希罗尼姆斯・舒尔策的委派，前来拜访，请路德推迟出版《关于赎罪券效能辩论的解释》。路德表示将听从这个建议。④ 后续是：该文推迟至 8 月 21 日发表。

3 月，出版《关于赎罪和恩典的布道》(*Ein Sermon von dem Ablaß und Gnade*)，首次用德语向民众阐述他对赎罪券问题的见解，并批驳了台策尔的异端指控。

① Andrea van Dülmen. *Luther-Chronik*, *Daten zu Leben und Werk*. München: Deutscher Taschenbuch Verlag, 1983, S. 31.

② Daniela Blum. *Der Katholischer Luther*. Paderborn: Verlag Ferdinand Schöningh, 2016, S. 122.

③ Martin Luther. *The Letters of Martin Luther*, selected and translated by Margaret A. Currie. London: Macmillan and Co., 1908, p. 26.

④ WA Br. 1, 161-162.

4 月 1 日，致信施帕拉丁，推荐他阅读关于耶稣受难日和复活节的文献。

4 月 2 日，耶稣受难节，出版《关于基督受难的两次布道》(*duo sermones de passione Christi*)。①

大概在 4 月 3 日，出版《关于忏悔的布道》(*Sermo de poenitentia*)，认为真正的忏悔“来自上帝的恩典”②。

4 月 9 日，步行前往海德堡，由学生莱昂哈德·拜尔(Leonhard Beier)③等人陪同。

4 月 18 日，到达维尔茨堡，住在洛亨茨(Lorenz)主教处。与埃尔福特的约翰·朗等修士相会。

4 月 20 日，与约翰·朗等人乘坐马车继续前往海德堡。

大概在 4 月 21 日，到达海德堡。普法尔茨伯爵沃尔夫冈热情接待了路德。沃尔夫冈 1516 年曾在维滕堡大学学习。

4 月 25 日，施道皮茨在海德堡组织召开德国奥古斯丁修会会议。施道皮茨再次当选为代理主教，约翰·朗接任路德的地区修会监督职务。

4 月 26 日，按照施道皮茨的安排，参加海德堡辩论；发表《海德堡论纲》(Heidelberger Disputation)，提出了“十字架神学”(theolgia crucis)，反对“荣耀神学”(theologia gloriae)。在《海德堡论纲》第 20 条中，认为真正的神学家是“那通过苦难和十字架来认识上帝外显之事物的人”。④ 在对该条论纲的解释中认为：“真正的神学与对上帝的认识是在被钉十字架的基督身上，正如《约翰福音》所言：‘若不藉着我，没

① WA 1，335.

② Martin Luther. *Martin Luther Lateinisch-Deutsche Studienausgabe* (Band 2), herausgegeben und eingeleitet von Johannes Schilling. Leipzig：Evangelische Verlagsanstalt, 2006, S. 45.

③ 莱昂哈特·拜尔(约 1495—1552 年)：1514 年进入维滕堡的奥古斯丁修道院，是路德的学生。1525 年，担任古本(Guben)的布道人，在当地推动宗教改革，1532 年，接替豪斯曼担任茨维考的牧师。1542 年，曾担任萨克森选侯的随军牧师，1547 年，施马卡尔登战争后，担任科特布斯的牧师。

④ WA 1，362.

有人能到父那里去。'"①当时很多海德堡大学的神学教授参加了辩论会。海德堡辩论让路德的神学观点在奥古斯丁修会内部和海德堡广泛流传，并得到很多青年神学家的赞同，如马丁·布塞尔(Martin Bucer)②、沃尔夫冈·卡皮托(Wolfgang Capito)③、约翰·布伦茨(Johann Brenz)④等。布塞尔在给朋友的信中评论了路德的表现："路德回答问题时极有风度，聆听时也相当有耐心。他提出的论点，带有使徒保罗的洞见。伊拉斯谟所暗示的，他公然无讳地讲了出来。"⑤

大概在 5 月 1 日，离开海德堡。

5 月 7 日，到达埃尔福特。

5 月 8 日晚上，本计划在埃尔福特拜访老师约多库斯·特鲁特菲特(Jodocus Trutfetter)⑥，没有受到接见。

---

① WA 1，362.

② 马丁·布塞尔(1491—1551 年)：阿尔萨斯地区的施莱施塔特(Schlestadt)人，多米尼克修会修士。当时正在海德堡大学学习，本是伊拉斯谟的信徒，在海德堡会议中转变为路德的信徒。1521 年脱离了修会，1523 年担任斯特拉斯堡的牧师，推动了当地的宗教改革，成为当地的宗教改革领袖。布塞尔与路德在圣餐问题上产生了分歧，倾向茨温利的圣餐象征论，曾努力调和两派的观点。1538 年，担任黑森伯爵菲利普的顾问。1549 年，因拒绝皇帝查理五世打败新教后颁布的《奥格斯堡临时敕令》，被迫逃往英国剑桥，1551 年在剑桥去世。

③ 沃尔夫冈·卡皮托(1478—1541 年)：阿尔萨斯地区的哈格瑙(Hagenau)人，本笃修会修士，曾在弗莱堡大学学习医学、法律和神学。1515 年至 1520 年，在巴塞尔大学担任神学教授。1520 年，成为美因茨的神父和美因茨大主教的顾问，曾努力调和路德与大主教的关系。1523 年，前往斯特拉斯堡，推动了当地的宗教改革。1541 年，在斯特拉斯堡去世。

④ 约翰·布伦茨(1499—1570 年)：斯图加特地区人，1514—1518 年，就读于海德堡大学，获硕士学位。后来成为施瓦本和符腾堡的宗教改革家。布伦茨是路德的支持者，1522 年，布伦茨在施瓦本地区推动宗教改革运动，参与新教教会的组织。1534 年起，领导了符腾堡地区的宗教改革。1547 年施马卡尔登战争中，新教战败。1548 年，布伦茨被迫逃亡。1553 年，返回符腾堡。1570 年，在斯图加特去世。

⑤ 詹姆斯·基特尔森：《改教家路德》，李瑞萍等译，北京：中国社会科学出版社，2009 年，第 70 页。

⑥ 约多库斯·特鲁特菲特(1460—1519 年)：埃森纳赫人，经院哲学家和神学家。1504 年获埃尔福特大学神学博士学位，长期在埃尔福特大学任教，曾编撰关于逻辑学和自然哲学方面的书籍，马丁·路德就读埃尔福特大学时期的哲学老师。1506 年至 1510 年曾在维滕堡大学任教。

5月9日，写信回复了特鲁特菲特之前对他的批评，认为"如果不清除教会法、经院神学、哲学、逻辑学等人们现有的东西，教会不可能改革"。① 同日，卡尔施塔特在阅读了埃克攻击路德的《方尖碑》后，在路德不知情的情况下，发表《四百零六条论纲》，为路德的文章进行辩护。8月，埃克回复了卡尔施塔特的论纲，并约卡尔施塔特进行辩论。这成为1519年莱比锡辩论的来源。

5月15日，回到维滕堡。

5月16日，作关于绝罚效力的布道②，批评绝罚的滥用，后撰写《关于绝罚效力的布道》(*Sermo de virtute excommunicationis*)，8月下旬出版。

5月18日，致信施帕拉丁，叙述了海德堡会议的过程，请求在维滕堡大学设立希腊语和希伯来语教席。

5月19日，致信埃克，将《路德反驳埃克〈方尖碑〉的星标》寄给他。

5月30日，致信施道比茨，讨论悔改(poenitentia)和赎罪券问题，认为忏悔依靠的是"上帝的恩典"③，还表示对成为公众人物感到不幸；寄给他《关于赎罪券效能辩论的解释》，并请他将该文交给教皇利奥十世。致信教皇利奥十世，解释提出《九十五条论纲》的原因在于一些教士滥用职权。

6月4日，整理出版14世纪的《德意志神学》完整版，并为之撰写前言，对神秘主义作出高度评价，并称赞了德意志民族语言——德语，"感谢上帝，我从德意志语言中听到和找到我的上帝"。④

6月15日，致信纽伦堡市政顾问克里斯托夫·索伊尔，对与埃克的和解不乐观。背景是：索伊尔试图调解路德与埃克的关系。

6月，撰写《布道的自由：关于教皇的赎罪券与恩典》(*Eine Freiheit des Sermons päpstlichen Ablaß und Gnade balangend*)，继续批判罗马教会

① Lyndal Roper. *Der Menschen Martin Luther*, *die Biographie*. Frankfurt a. M.: S. Fischer, 2016, S. 142.

② WA 1, 634.

③ LW 48, 67.

④ 马丁·路德：《路德文集》(第一卷)，路德文集中文版编辑委员会编，上海：上海三联书店，2005年，第63页。

的赎罪券。由于多米尼克修会控告路德是异端，教皇利奥十世授权组织一个特别法庭，处理路德一案，以神学家西尔维斯特·普利里亚斯(Silvester Prierias)①对《九十五条论纲》的审查为基础。

7 月 10 日，致信文策尔·林克，表示面对威胁，“必须像使徒一样时时准备失去一切，甚至生命”。② 同日，曼斯费尔德伯爵阿尔布莱希特(Albrecht von Mansfeld)提醒路德，由于可能有人跟踪，不要离开维滕堡。③

7 月 25 日，与约翰·朗拜访德累斯顿的奥古斯丁修道院，与希罗尼姆斯·艾姆泽等人会面。艾姆泽时任萨克森公爵乔治的秘书，曾在埃尔福特大学任教，路德上过他的课。

8 月 5 日，皇帝马克西米连一世在奥格斯堡帝国议会上宣布路德为异端，并致信教皇利奥十世，要求镇压路德的错误学说。

8 月 7 日，通过卡耶坦收到教皇传唤路德在 60 天内到罗马接受审判的传票。

8 月 8 日，致信施帕拉丁和萨克森选侯腓特烈，请求选侯介入审判事件，主张应由德意志的法官进行审判。撰写《对普利里亚斯〈对话〉的回复》(*Ad dialogum Silvestri Priratis responsio*)。背景是：7 月上旬，普利里亚斯攻击路德，发表《关于教皇权力，反驳路德论纲的对话》，主要观点有：教皇是教会的首脑和中心，关于信仰和教规的论述都没有错误；罗马教会有权规定信仰和生活；对教皇和教会的质疑都是异端等。④

8 月 22 日，出版《对〈诗篇〉第 109(110)首的解释》(*Auslegung des 109. /110. Psalms*)。

8 月 25 日，与抵达维滕堡的梅兰希顿会面。背景是：梅兰希顿在罗伊希林的推荐下，获得萨克森选侯腓特烈的任命，担任维滕堡大学希

---

① 西尔维斯特·普利里亚斯(1456—1523 年)：意大利神学家，多米尼克修会修士，长期为教皇服务。

② Martin Luther. *The Letters of Martin Luther*, selected and translated by Margaret A. Currie. London: Macmillan and Co., 1908, p. 31.

③ Martin Brecht. *Martin Luther* (Band 1). Stuttgart: Calwer Verlag, 2013, S. 232.

④ Martin Brecht. *Martin Luther* (Band 1). Stuttgart: Calwer Verlag, 2013, S. 234.

腊语教授。该日，奥古斯丁修会总会命令格哈尔特·赫科尔(Gehard Hecker)抓捕路德。赫科尔是路德在埃尔福特学习时的老师，他没有采取行动，后皈依新教。①

8月28日，致信施帕拉丁，希望萨克森选侯腓特烈发布文件拒绝路德进入他的领地，然后以此为借口，避开罗马教皇的传票。选侯腓特烈拒绝了这个要求，以其他办法避开了传票。

8月28日或29日，听梅兰西顿的就职演讲。

8月31日，致信施帕拉丁，对梅兰希顿的演讲高度评价，担心梅兰希顿的身体，能否适应维滕堡的粗糙饮食以及薪水过低等问题。

9月1日，致信施道皮茨，谈及曾在维滕堡作了一场关于绝罚效力的布道，认为"这对我们的民族非常必要，因为教会代表对我们的折磨非常厉害"②。在信中提及自己被激烈攻击，但坚信自己教导的是真理。

9月2日，致信施帕拉丁，担心萨克森选侯腓特烈因为《九十五条论纲》的争议受到伤害，谈及教学改革，希望将伦理学(主要是亚里士多德伦理学)变为选修课，并称赞梅兰希顿的教学；还提及土耳其战争税，谴责了罗马教会的贪婪。

9月3日，教皇利奥十世决定授予萨克森选侯腓特烈金玫瑰③，希望他支持对路德的镇压。

9月下旬，萨克森选侯腓特烈与卡耶坦会谈，得到不会逮捕路德的保证后，命令路德前往奥格斯堡接受审讯。

9月26日，动身前往奥格斯堡，认为有生命危险，"将成为父母的耻辱"。④

10月3日或4日，到达纽伦堡。与当地支持派会面，结识纽伦堡议会秘书施本格勒等人。

---

① WA Br. 5, 51.

② Martin Luther. *Luther Deutsch*(Band 10), *Die Briefe*, herausgegeben von Kurt Aland. Göttingen: Vandenhoeck & Ruprecht, 1983, S. 43.

③ 金玫瑰是罗马教会对有功绩的信徒的一种奖励，通常在四旬节的第四个星期日授予。

④ WA TR 2, 595.

10月5日，从纽伦堡出发，文策尔·林克作为法律顾问陪同前往。

10月7日，到达奥格斯堡，住在加尔默罗修会(Karmeliterkloster)圣安娜修道院。院长约翰内斯·弗洛施(Johannes Frosch)①是维滕堡大学的神学硕士，支持路德。

10月9日，卡耶坦派部下劝说路德回归天主教，放弃观点，遭到拒绝。

10月10日，致信施帕拉丁，提及在旅途中因为胃痛而失去意识，现已康复。

10月11日，致信梅兰希顿，谈到“宁愿死……也不愿意放弃自由的研究”②，对德国在信仰上必须臣服意大利感到不满。

10月12—14日，在奥格斯堡富商富格尔家中接受卡耶坦的审讯，拒绝收回观点。

10月14日，向卡耶坦提交书面辩护，认为教皇不是教会最高的权威，也会犯错；公会议和《圣经》的权威高于教皇的权威。③ 卡耶坦不满意路德的辩护，但表示可转交罗马。施道皮茨奉命劝说路德，没有成功，只能遵从教会命令，将路德逐出奥古斯丁修会。同日，致信卡尔施塔特，谈到自己也许很快会死去，被烧死、被驱逐和被迫害。

10月15日，卡尔·冯·米尔提茨(Karl von Miltitz)④被任命为教皇特使，前往德国处理路德问题，并将授予萨克森选侯腓特烈的金玫瑰带往德国。他于11月中旬从罗马出发，月底抵达奥格斯堡，与卡耶坦会合。

10月16日，在律师的帮助下，公证了一份给教皇的申诉书《经卡

---

① 约翰内斯·弗洛施(约1485—1533年)，路德派神学家，早年在埃尔福特大学学习，并加入了加尔默罗修会。1514年到维滕堡大学学习，1516年获神学硕士学位，后前往奥格斯堡修道院工作，1518年获维滕堡博士学位，1522年，在奥格斯堡推行宗教改革。

② Martin Luther. *The Letters of Martin Luther*, selected and translated by Margaret A. Currie. London: Macmillan and Co., 1908, p. 33.

③ Martin Brecht. *Martin Luther* (Band 1). Stuttgart: Calwer Verlag, 2013, S. 245-246.

④ 卡尔·冯·米尔提茨(约1490—1529年)：出身于萨克森的低级贵族，曾在科隆和博洛尼亚学习。

耶坦向教皇的呼吁》(Appellatio a Caietano Papam)。

10 月 17 日，致信卡耶坦，提及施道皮茨劝他让步，表示不再考虑赎罪券问题。

10 月 18 日，致信卡耶坦，认为教义争端应由公会议来审判。

10 月 20 日晚上，在克里斯托夫·朗根曼特(Christoph Langenmantel)①的帮助下，从奥格斯堡北边的小门骑马逃离。

10 月，在奥格斯堡期间，与埃克会面，讨论了辩论的安排。

10 月 22 日，到达纽伦堡。拜访纽伦堡市政参议皮克海默。同日，路德朋友约翰内斯·弗洛施按照路德安排，将申诉书《经卡耶坦向教皇的呼吁》钉在奥格斯堡教堂的大门上。

10 月 25 日，卡耶坦致信萨克森选侯腓特烈，告知他与路德在奥格斯堡的会面失败，要求选侯将路德交给罗马教会或逐出萨克森。②

10 月 31 日，回到维滕堡。致信施帕拉丁，说明了向公会议申诉的计划。

10 月，巴塞尔出版商约翰内斯·弗罗本(Johannes Froben)出版卡皮托编辑的第一部拉丁语《路德文集》。

11 月初，将在奥格斯堡期间受审的经历写下来，即《奥格斯堡记录》(*Acta Augustana*)。11 月 12 日，付印。

11 月 9 日，教皇利奥十世颁发《自此以后》(Cum Postquam)谕令，阐述教会关于教皇有权发行赎罪券和赎罪券有效的观点，批驳路德。

11 月 15 日，致信埃克，建议在埃尔福特或莱比锡举行辩论。后续是：12 月 4 日，埃克选择在莱比锡大学进行辩论，并请求萨克森公爵乔治批准。

11 月 19 日，致信萨克森选侯腓特烈，讲述了在奥格斯堡审判的经历，并表示想要离开维滕堡，以免牵连选侯。背景是：萨克森选侯收到卡耶坦在 10 月 25 日的来信后，要求路德发表意见。

---

① 克里斯托夫·朗根曼特(1488—1538 年)：1500 年，就学于因戈斯塔特大学，1506 年，就学于图宾根大学，约在 1510 年担任奥格斯堡教会的财政官员。后加入加尔默罗修会。

② Martin Brecht. *Martin Luther*(Band 1). Stuttgart：Calwer Verlag，2013，S. 251.

11 月 25 日，担心会被罗马教廷定罪，并准备离开维滕堡而流亡。致信施帕拉丁，请他将奥格斯堡审判的记录文件交给萨克森选侯审阅。致信施道皮茨，告知他奥格斯堡审判后，教皇代表卡耶坦建议萨克森选侯将自己押到罗马或从领地驱逐；表示一旦教廷下令绝罚，自己将会流亡，并就此征求施道皮茨的建议。致信克里斯托夫·朗根曼特，谈及已顺利回到维滕堡，感谢他在奥格斯堡的帮助。

12 月 1 日，决定离开维滕堡，并在当晚举行了告别宴会。当晚收到施帕拉丁劝他不要离开的信后，决定暂不离开。

12 月 2 日，致信施帕拉丁，感谢萨克森选侯的支持，表示将做留和走两手准备，同时很犹豫，因为“留下来缺少演讲和写作的自由，离开则意味着付出所有，为基督献身”。①

12 月 7 日，萨克森选侯腓特烈正式拒绝了卡耶坦引渡路德的请求：“‘到目前为止，没有可靠和无懈可击的证据可以说明马丁的学说是渎神的、非基督的和异端邪说。’他之所以会保护路德，最主要是因为担心他的大学。”②路德是维滕堡大学的教授。

12 月 9 日，收到来自纽伦堡的消息，获知教皇特使卡尔·冯·米尔提茨负有逮捕路德，并押到罗马的使命。③ 致信施帕拉丁，介绍维滕堡大学的教学改革：取消了关于托马斯·阿奎那的亚里士多德《物理学》和《逻辑学》研究的课程，增加了关于古罗马奥维德《变形记》的课程。

12 月 10 日，发表《向公会议呼吁》(Appellatio ad Concilium)，呼吁召开教会的公会议。

12 月 11 日，出版《神圣主祷文的解释和说明》(*Auslegung und Deutung des heil. Vaterunsers*)。

12 月 14 日，致信罗伊希林，对他表示支持，表明自己也在与罗马

① Martin Luther. *Luther Deutsch*(Band 10), *Die Briefe*, herausgegeben von Kurt Aland. Göttingen: Vandenhoeck & Ruprecht, 1983, S. 52.

② Andrea van Dülmen. *Luther-Chronik*, *Daten zu Leben und Werk*. München: Deutscher Taschenbuch Verlag, 1983, S. 42.

③ Martin Brecht. *Martin Luther* (Band 1). Stuttgart: Calwer Verlag, 2013, S. 256.

教会斗争，批判“几百年来，《圣经》上的道理不止被压制，更确切地说，是被消灭了”。① 背景是：罗伊希林正在被罗马教会起诉；后于 1520 年被判为有罪。

12 月 18 日，致信文策尔·林克，批判统治罗马教会的教皇是敌基督。

12 月 21 日，致信施帕拉丁，表示将一直待在维滕堡，直到教皇作出判决；针对施帕拉丁询问是否可在《圣经》中找到针对土耳其战争的依据，表示否定。②

12 月 28 日，教皇特使米尔提茨拜访萨克森选侯腓特烈，与选侯谈判，希望他能交出路德。

12 月 29 日，致信萨克森选侯腓特烈，希望选侯不要答应将自己送到罗马送审。

12 月 31 日，萨克森公爵乔治同意埃克在莱比锡大学进行辩论的申请。埃克在年底发表辩论的主题为“忏悔、功德库、炼狱和赎罪券”等 12 个题目。③

该年，还出版《关于三重义的布道》(*Sermon de triplici iustitia*)，将人的罪分为三种：刑事犯罪、原罪、行为犯罪；与三种罪相对应的三种义为：法律的义、基督的义、行为的义。还出版《论罪的赦免》(*De remissione peccatorum*)、《关于圣米歇尔的布道》(*Sermo die S. Michaelis*)。

该年末或 1519 年初，开始第二次讲解《诗篇》，并重新研究《罗马书》。在研习《罗马书》的过程中，对 1：17 的经文“因为上帝的义正在这福音上显明出来；这义是本于信，以至于信。如经上所记，‘义人必因信得生’”有所困扰，继而有所感悟，由此，重新发现了“因信称义”(sola fide)的教义，即基督所传的福音，是上帝向人所施的无条件的恩典，是人用任何善功都无法取得的，从而完成了“宗教改革的突破”

---

① Martin Luther. *Luther Deutsch*(Band 10), *Die Briefe*, herausgegeben von Kurt Aland. Göttingen：Vandenhoeck & Ruprecht, 1983, S. 54.

② WA Br. 1, 282.

③ 詹姆斯·基特尔森：《改教家路德》，李瑞萍等译，北京：中国社会科学出版社，2009 年，第 92 页。

(Reformatorischer Durchbruch)。这一神学突破的具体时间很难确认①，但与研习《诗篇》和《罗马书》有着深刻的关联。1545 年，在拉丁语版著作

① 学术界对路德神学突破的时间充满争议：汉斯·李叶认为，路德悟道后不久"就在他有关赞美诗的讲课中表述了自己对圣经新的认识，所以人们也可以推断，……时间一定在 1512—1513 年的冬春之际，兴许在 1513 年的春天。"他还认为这是"宗教改革运动的诞辰"。（参见汉斯·李叶：《路德传》，华君、舒柱译，北京：商务印书馆，1989 年，第 42 页。海因里希·伯默认为是 1513 年 4 月或 5 月；乌拉斯·萨利瓦拉(Uuras Saarnivaara)则认为最迟发生在 1518 年至 1519 年的冬天；戈登·鲁普(Gordon Rupp)认为发生于 1517 年教会争端的开端之前。[参见 LW 34, 326.)马丁·布莱希特则认为发生在 1518 年 5 月，标志是路德在 1518 年 5 月给施道皮茨信中对赎罪券效能的解释。[参见 Martin Brecht. *Martin Luther* (Band 1). Stuttgart: Calwer Verlag, 2013, S. 216.]还有很多人认为，发生在 1514 年至 1515 年某个时间。(参见格拉汉姆·汤姆凌：《真理的教师：路德和他的世界》，张之璐译，北京：北京大学出版社，2004 年，第 85 页。)多数学者认为这是一个长期的过程，但对完成神学突破的时间意见不一。如海科·奥伯曼认为，路德在 1513 年至 1519 年完成了神学突破的整个过程。(参见 Heiko A. Oberman. *Martin Luther. Menschen zwischen Gott und Teufel*. Berlin: Severin und Siedler, 1981, S. 205.)福尔科·乐平认为，这一过程开始于路德研读《新约》的 1515 年，"决定性的神学发现发生在 1518 年"。(参见 Volker Leppin. *Martin Luther*. Darmstadt: Philipp von Zabern Verlag, 2017, S. 113-114.)詹姆斯·基特尔森认为：1518 年末或 1519 年初，"路德突然认识到，自己四年来的教导都整合起来了……他自觉地突然认识到这一点，发生在米尔蒂茨开始其使命及皇帝离世之后相对平静的这段时期……这一信念多年以来，一直在形成过程之中"。(参见詹姆斯·基特尔森：《改教家路德》，李瑞萍等译，北京：中国社会科学出版社，2009 年，第 90 页。)乌尔里希·科普夫认为，路德的新思想出现在第一次讲解《诗篇》第 70-71 篇时(1513 年至 1516 年之间)，在讲解完《罗马书》《加拉太书》和《希伯来书》(1518 年 3 月)后，确定了新思想的形成。(参见 Ulrich Köpf. *Martin Luther, Der Reformator und sein Werk*. Stuttgart: Reclam, 2015, S. 42-43.)海因茨·席林则认为神学突破应发生在 1520 年第二次《诗篇》讲解的时候。(参见 Heinz Schilling. *Martin Luther, Rebell in einer Zeit des Umbruchs*. München: Verlag C. H. Beck, 2012, S. 151.)国内学者如张仕颖认为，路德悟道大概完成于 1515 年讲解《罗马书》等经文时。参见张仕颖：《马丁·路德称义哲学思想》，北京：人民出版社，2012 年，第 114-115 页。而按照路德本人的回忆，讲解完《希伯来书》的时间是 1518 年 3 月；路德在回忆神学突破的前一段提及米尔提茨的建议是徒劳的，而米尔提茨在 1518 年 10 月 25 日被任命为教皇特使，12 月才抵达德国。路德开始第二轮《诗篇》讲解的时间则是 1518 年或 1519 年(参见 WA 54, 185)。综合路德本人的回忆和相关研究，本书认为路德的神学突破是一个长期的过程，始于研读 1513 年《诗篇》《罗马书》等经文；路德回忆中提及的"那一年"是 1518 年末或 1519 年，本书采用 1518 年末或 1519 年初是路德完成神学突破时间的观点。

序言中，路德回忆了重新发现“因信称义”的过程。这始于对《罗马书》中“上帝的义正在这福音上显明出来”这句经文感到的困扰，按照他的回忆：

> 卡尔·冯·米尔提茨及其建议都被认为是徒劳的……
>
> 同时，在那一年，我已经开始回头研读《诗篇》。我在大学讲解圣保罗的书信《罗马书》《加拉太书》和《希伯来书》之后，自信已有足够的技巧。我怀着极大的热情从《罗马书》中理解保罗。我一直没有灰心，直到第1章(17节)中“上帝的义在此显明出来”这句话挡住了我的路。因为我讨厌“上帝的义”这个词。按照所有教师的用法和传统，我已被教导要从哲学上理解他们所称呼的形式之义或主动之义，由此上帝是正义的，要惩罚不义的罪人。
>
> 作为一名修士，我无可指责，但是我的良心极度不安，感觉在上帝面前是一个罪人。我不相信上帝会因我的赎罪而得到安慰。是的，我并不爱上帝，反而恨这位惩罚罪人的公义的上帝。……我日夜沉思，从上下文仔细理解这句话，“这义是本于信，如经上所记，义人必因信得生”。我开始理解，上帝的义就是人通过上帝的恩典获得义，即通过信仰。意思就是：上帝的义通过福音显明出来，即仁慈的上帝通过我们的信仰赋予的被动的义，如经上所说：“义人必因信得生。”此刻，我感觉自己得到了重生，通过敞开的大门进入了天堂。①

完成神学突破的地点在维滕堡奥古斯丁修道院的塔楼。后于1532年6至7月的桌边谈话中回忆：“圣灵在塔楼的下水沟上(auff diser cloaca auff dem thorm)赐予了我这项本领。”②这个神学突破后来被称为

---

① LW 34，336-337.

② WA TR 3，228. 关于cloaca(下水沟)，有学者认为这是厕所的意思，参见埃里克·埃里克森：《青年路德》，舒跃育、张继元等译，上海：上海人民出版社，2021年，第286页。有的学者则提出反对，因为这句话是在餐桌上提出来的，只是“被强烈贬低的尘世生活的比喻”。参见Volker Leppin. *Martin Luther*. Darmstadt：Philipp von Zabern Verlag，2017，S. 109.

“塔楼体验”(Turmerlebnis)。

该年，在路德的影响下，纽伦堡的施道皮茨小组改为马丁小组(Sodalitas Martiniana)。

1519 年 36 岁

1 月 1 日，乌尔里希·茨温利(Ulrich Zwingli)①就任苏黎世教堂的布道人，开始宣扬宗教改革的思想。

1 月 12 日，皇帝马克西米连一世在奥地利的威尔斯去世。1 月 24 日，萨克森选侯腓特烈获知此事。按照帝国传统，在选举新国王之前，他将与普法尔茨伯爵担任帝国摄政。罗马教廷反对选举马克西米连一世的孙子西班牙国王查理一世为国王。由于萨克森选侯在选举国王的问题上举足轻重，罗马教廷改变了对待路德的严厉态度，转向温和。

3 月至 5 月，符腾堡公爵乌尔里希被施瓦本同盟驱逐。

6 月 11 日至 7 月 14 日，神圣罗马帝国的七大选侯在美茵河畔的法兰克福召开会议，选举德意志国王，候选人有西班牙国王(皇帝马克西米连一世之孙)查理一世和法国国王弗朗索瓦一世。会议期间，七大选侯还讨论通过了《选举条约》(Wahlkapitulation)，确定“德国不能成为皇帝众多领地中的一个附属。……未经审讯，皇帝不能剥夺任何一个德国人的法律权利。这一权威性的条款由智者腓特烈提出。”②

6 月 28 日，查理当选为德意志国王，即查理五世。在选举前，当弗朗索瓦一世明显处于下风时，罗马教廷曾推动萨克森选侯腓特烈担任

① 乌尔里希·茨温利(1484—1531 年)：瑞士宗教改革家，1484 年生于圣加仑的维德豪斯(Wildhaus)的农民家庭，1498 年进入维也纳大学学习，1502 年转入巴塞尔大学，1506 年获硕士学位；1506 年至 1516 年，担任格拉鲁斯的神父，曾作为随军神父，参加过 1513 年和 1515 年的两次战役。1516 至 1518 年担任施维茨的艾因西德勒的神父。茨温利后来在圣餐礼教义上与路德争议不断。1531 年在与天主教州的战争中去世。

② Berhard Lohse. *Martin Luther, Eine Einführung in sein Leben und sein Werk*. München：Verlag C. H. Beck，1981，S. 14-15.

候选人，遭到选侯拒绝。①

1519 年 9 月—1522 年 9 月，在西班牙王室的支持下，麦哲伦(1480—1521 年)的船队完成了首次环球航行。

1 月 4 日，按照萨克森选侯命令，前往阿尔滕堡会见教皇特使米尔提茨。

1 月 5 日，在阿尔滕堡与米尔提茨开始会谈。路德同意四点：(1)如果对手保持沉默，他也“将保持沉默”。(2)愿意向教皇承认“表达过于尖锐”。(3)愿意“公开承认他对赎罪券的抨击过于猛烈”。(4)愿意这件事交由萨尔茨堡大主教来处理，条件是保留向公会议上诉的权利。②

1 月 6 日，结束与米尔提茨的会谈，双方同意不再讨论赎罪券。米尔提茨向教皇提议，由一名德国主教来审理路德案件。

1 月 5 日或 6 日，致信萨克森选侯腓特烈，详述与米尔提茨的谈判情况：米尔提茨没有要求自己公开认错，表示愿意保持沉默，担心教皇不审判就定罪。

1 月 7 日，致信埃克，谈及与莱比锡大学的谈判，担心莱比锡辩论落空。

1 月 10 日，回到维滕堡。

1 月 13—19 日之间的某日，致信萨克森选侯腓特烈，希望能得到公正的审判，表示在没有《圣经》依据的前提下，不会认错；并拒绝罗马教廷颁布的新的赎罪券谕令。

1 月 13 日，致信纽伦堡市政顾问克里斯托夫·索伊尔，表示希望结束赎罪券纷争。

1 月 16 日，作关于《约翰福音》2:1—11 等经文的布道，经文的主

① Martin Brecht. *Martin Luther* (Band 1). Stuttgart: Calwer Verlag, 2013, S. 261.

② 詹姆斯·基特尔森：《改教家路德》，李瑞萍等译，北京：中国社会科学出版社，2009 年，第 88 页。

题是“迦拿的婚筵”。该布道对婚姻给予高度评价，认为婚姻是上帝赐予男女的礼物，仍视之为圣礼。一名听众将之记录下来，并在路德不知情的情况下出版。路德对这个版本并不满意，于是进行了修订，修订版《论婚姻地位的布道》(*Sermon von dem ehelichen Stand*)在 5 月出版。①

1 月 24 日，应施帕拉丁来信要求，寄给他关于忏悔的讲义。

1 月底，收到埃克论纲的副本。

2 月 1 日，莱比锡大学邀请埃克与卡尔施塔特进行学术论辩。

2 月 3 日，致信约翰·朗，祝贺他在海德堡大学获得博士学位；表示将认真对待与埃克的论辩。

2 月 7 日，寄出反对埃克论纲的《关于约翰内斯·埃克博士和马丁·路德神父在莱比锡大学辩论的论纲》(Disputatio D. Iohannis Eccii et P. Martini Luther in studio Lipsen future)，否定罗马教会的至高地位。致信施帕拉丁，请求他完成维滕堡大学的教学改革，并提及埃克即将在莱比锡与卡尔施塔特进行的辩论，批评埃克“爱慕虚荣”，希望他看到路德文章后能严肃对待此事。②

2 月 12 日，致信施帕拉丁，按萨克森选侯腓特烈的要求，将对《约翰福音》6:37 经文的讲解寄给他；谈及正在用德语对《主祷文》进行解释。该月，完成《为单纯的平信徒用德语解释的主祷文》(*Auslegung deutsch des Vaterunsers für die einfältigen Laien*)，4 月 5 日将该文寄给印刷厂。

2 月 18 日，致信埃克，批评他论纲的虚伪，以及他应确定辩论时间。③

2 月 19 日，致信萨克森公爵乔治，请公爵允许他参加在莱比锡大学举行的辩论。公爵的回复是，路德是否参加辩论，由埃克决定。④

① LW 44，5.

② LW 48，107.

③ WA Br. 1，340.

④ Martin Brecht. *Martin Luther* (Band 1). Stuttgart：Calwer Verlag，2013，S. 289.

2 月 20 日，致信纽伦堡市政官员克里斯托夫·索伊尔，谈到以后“必须最严肃地继续反对罗马教皇和天主教的荣耀”。① 致信施道皮茨，讲述了与教皇特使米尔提茨的会谈，提及在巴塞尔出版的文集，以及莱比锡辩论正在筹备中，但自己被拒绝参加。致信纽伦堡市政参议皮克海默，感谢他寄来的埃克的论纲，并将反驳的论纲寄给他。

2 月 23 日，与巴特洛缪·伯恩哈迪(时任维滕堡大学校长)和卡尔施塔特、彼得·布克哈特、尼克劳斯·冯·阿姆斯多夫(Nikolaus von Amsdorf)②联名致信萨克森选侯腓特烈，建议取消大学中的阿奎那神学课程和亚里士多德伦理学。

2 月底，出版《关于由其赞助人出版并被批判的几篇文章的说明》(*Unterricht auf etliche Artikel, die ihm von seinen Abgönnern aufgelegt und zugemessen werden*)，表示要服从罗马教会，但更强调因信称义。

2 月或 3 月，出版《关于两种义的布道》(*Sermo de duplici iustitia*)，该布道阐释了《腓利比书》2:5—6 的经文“你们当以耶稣基督的心为心。他本有上帝的形象”，将义分为外在的义(基督的义)和基督徒自身的义，基督徒通过与基督的合一，将基督的义变为自身的义，因此而实现“因信称义”。

3 月 3 日，致信教皇利奥十世，坦承已经很难撤回自己的著作，因为“在文学学者的努力下，我们德意志民族的文化正在苏醒”③；表示将讨论停止赎罪券问题，结束纷争，并出版一本讨论如何尊敬教会的小

① Martin Luther. *The Letters of Martin Luther*, selected and translated by Margaret A. Currie. London: Macmillan and Co., 1908, p. 42.

② 尼克劳斯·冯·阿姆斯多夫(1483—1565 年)：萨克森托尔高人，施道皮茨的外甥，神学家和宗教改革家。1500 年就学于莱比锡大学，1502 年获学士学位，同年进入维滕堡大学学习，是该校的首批学生。1511 年获神学硕士学位，在维滕堡大学教授神学和哲学。在 1513 年和 1522 年两次担任维滕堡大学校长。1516 年开始成为路德的信徒。1524 年被路德派往马格德堡进行宗教改革，1542 年被立为瑙姆堡主教，1547 年，新教在施马卡尔登战争中失败后，被驱逐，1565 年在埃森纳赫去世。

③ Martin Luther. *The Letters of Martin Luther*, selected and translated by Margaret A. Currie. London: Macmillan and Co., 1908, p. 43.

册子。

3 月 5 日，致信施帕拉丁，表示愿意遵守 1 月初与米尔提茨达成的协议；谈及大学改革，不是为了照顾教师，而是为了对学生有益。①

3 月 13 日，致信萨克森选侯腓特烈，谈及与米尔提茨的协议，他将保持沉默，前提是对方也保持沉默。致信施帕拉丁，提及维滕堡大学的教学改革，应取消关于亚里士多德的课程；提及每天晚上给人讲解十诫和主祷文，并给《加拉太书》作注解；谈及正在写一篇关于基督受难的文章；为了与埃克辩论，正在研究教皇谕令，表示怀疑教皇是敌基督，认为教会法令“不顾《圣经》的教导，仅仅来自独裁的欲望而被制定出来”。② 信中最后评论埃克是一个诡辩家。

3 月 22 日，出版《〈诗篇〉释义》(*Operationes in Psalmos*)第一部分，1521 年出版完整版。

3 月 28 日，致信伊拉斯谟，向他表示敬意，寻求他的帮助，请他承认自己是个“信奉基督的小兄弟”③。信中还提及梅兰希顿工作非常投入，有损健康，请伊拉斯谟致信梅兰希顿，让他保重身体。伊拉斯谟在 4 月写了这封信。

3 月，撰写《关于思考耶稣神圣受难的布道》(*Ein Sermon von der Betrachtung des heiligen Leidens Christi*)，主张在思考耶稣受难一事时，应认识到上帝的愤怒和自身的罪，而不能将耶稣受难迁怒到犹太人。该文在 4 月 5 日发表。撰写《〈加拉太书〉注释》(*In epistolam Pauli ad Galatas commentarius*)，特别注重经文中所体现的“因信称义”的教义，文中提出“基督徒既是义人，同时又是罪人”的思想。该注释在 5 月出版。

4 月 5 日，致信埃克，因为仍未获得参加莱比锡辩论的许可。

4 月 14 日，伊拉斯谟致信萨克森选侯腓特烈，请求他保护教会中

① WA Br. 1，356.

② LW 48，114.

③ LW 48，119.

的人文主义研究，并赞扬了马丁·路德。施帕拉丁很快发表这封信，这封信后来还被翻译为德语，7 月底已传遍德国，成为对宗教改革的重要支持。

4 月 28 日，致信萨克森公爵乔治，再次请求参加莱比锡辩论。公爵在 5 月 7 日的回复是，维持 3 月 4 日的意见，即路德参加莱比锡辩论，要得到埃克的允许。

5 月 5 日，尤特博格的方济各会修士伯恩哈特·达彭(Bernhard Dappen)在著作中反对"路德宗信徒"(Lutheranern)弗兰茨·君特和托马斯·闵采尔①的"异端学说"。这是"路德宗信徒"这一用法首次被使用。②

5 月 8 日，致信施帕拉丁，谈及维滕堡大学增设希伯来语教席的问题；提及来维滕堡大学求学的学生迅速增加，城市已很难容纳。背景是：随着宗教改革的展开，路德在帝国的名气越来越大，吸引了很多学生。

大概在 5 月 15 日，致信萨克森选侯腓特烈，请求加建奥古斯丁修道院。

5 月 16 日，发表《马丁·路德修士就埃克博士的指控进行的论争和解释》(Disputatio et excusatio F. Martini Luther adversus criminuationes D. Iohannis Eccii.)。

5 月 17 日，致信教皇特使米尔提茨，拒绝他安排的新的审讯。背景是：米尔提茨与卡耶坦商议，让特里尔大主教理查德·冯·格莱芬克劳(Richard von Greiffenklau)审讯路德，并在 5 月 3 日向路德提出了这个计划。

5 月 22 日，致信施帕拉丁，对伊拉斯谟支持自己的信件感到高兴，讨论了维滕堡大学希伯来语教授等问题。

---

① 闵采尔自 1519 年 4 月担任尤特博格的布道人。

② Andrea van Dülmen. *Luther-Chronik*, *Daten zu Leben und Werk*. München: Deutscher Taschenbuch Verlag, 1983, S. 46.

5 月 30 日，致信马丁·格拉泽(Martin Glaser)①，因为路德逃离奥格斯堡时骑走了他的马，向他表示歉意，谈及正在讲授《诗篇》，最后表示"整个世界都在变动，无论是自然，还是道德，只有上帝知道结果如何。我预言将出现谋杀和战争"。② 同日，伊拉斯谟给路德回信，介绍了路德著作在鲁汶的影响，一些人甚至以为路德的著作是在伊拉斯谟的帮助下完成的，因此攻击伊拉斯谟。伊拉斯谟试图保持中立的状态，他在信中表示："我申明不认识你，从来没有读过你的书，因此既说不上同意，也说不上反对其中的任何思想。"③伊拉斯谟还建议路德："强烈反对滥用教皇权威的人而不是反对教皇本人，这样做显然是更加明智的。"④

6 月 6 日，出版《路德关于教皇权力的十三条论纲》(*Resolutio Lutheriana super propositione sua decima tertia de potestate Papae*)，认为教皇的权力没有《圣经》依据，是人建立的制度。背景是：路德仍未获得参加莱比锡辩论的正式许可，于是撰写这篇论纲。⑤

6 月 24 日，与梅兰希顿、卡尔施塔特、阿姆斯多夫与约翰内斯·阿格里科拉(Johannes Agricola)⑥等人出发，前往莱比锡。阿格里科拉

---

① 马丁·格拉泽(？—1553 年)：曾和路德一起在维滕堡奥古斯丁修会修行，1517—1518 年担任巴伐利亚兰兆(Ranzau)修道院的院长，1524 年，脱离罗马教会，在法兰克尼亚地区担任牧师，约于 1553 年去世。

② Martin Luther. *The Letters of Martin Luther*, selected and translated by Margaret A. Currie. London: Macmillan and Co., 1908, p. 47.

③ 约翰·赫伊津哈：《伊拉斯谟传：伊拉斯谟与宗教改革》，何道宽译，桂林：广西师范大学出版社，2008 年，第 239 页。

④ 约翰·赫伊津哈：《伊拉斯谟传：伊拉斯谟与宗教改革》，何道宽译，桂林：广西师范大学出版社，2008 年，第 240 页。

⑤ Andrea van Dülmen. *Luther-Chronik, Daten zu Leben und Werk*, München: Deutscher Taschenbuch Verlag, 1983, S. 47.

⑥ 约翰内斯·阿格里科拉(约 1494—1566 年)：艾斯莱本人，原名 Bauer，后改为与 Bauer(农民)同义的拉丁语名字 Agricola。1515 年进入维滕堡大学学习，是马丁·路德的同乡和学生。1519 年，在路德参加莱比锡辩论时，担任路德秘书。1525 年，担任艾斯莱本的牧师和拉丁学校校长。1540 年 8 月，前往柏林，担任宫廷牧师。1566 年，在柏林去世。

担任路德的秘书。有 200 名维滕堡大学学生沿途武装护卫。抵达莱比锡后，宿于印刷商梅西奥尔 · 洛特(Melchior Lotter)家中。该年，在路德建议下，洛特让他的儿子小梅西奥尔 · 洛特(Melchior Lotter der Jüngere)在维滕堡开设了一家印刷分厂，地点设在画家卢卡斯 · 克拉纳赫(Lucas Cranach)①家中。② 洛特家的印刷厂出版了很多路德著作。

6 月 26 日，埃克与卡尔施塔特在萨克森公爵官员面前约定辩论规则。埃克方面主张口头辩论，不记录；在卡尔施塔特的坚持下，对方同意记录，但不公开。埃尔福特大学担任辩论的裁判。

6 月 27 日，莱比锡辩论正式开始。辩论地点在萨克森公爵的宫殿普莱森堡(Pleißenburg)。

6 月 27 日至 28 日，卡尔施塔特与埃克进行辩论，主题是自由意志与恩典。

6 月 29 日，应维滕堡大学名誉校长波莫瑞王子巴尼姆(Barnim)③请求，在城堡教堂作关于《马太福音》16：13—19 经文的布道，主题是“人如何才能称义？”路德的答案是：“不能来自自身或来自自由意志。人应怀疑自己，相信恩典，恩典让人与神的形象相似。”④

6 月 30 日至 7 月 3 日，卡尔施塔特与埃克进行辩论，主题是关于自由意志与恩典。

7 月 4 日，在莱比锡签署辩论文件。该日至 7 日，与埃克进行辩

① 卢卡斯 · 克拉纳赫(1472—1553 年)：法兰克尼亚地区的克罗纳赫(Kronach)人，宗教改革时期的著名画家。1505 年，受萨克森选侯腓特烈邀请，成为选侯的宫廷画家，居住在维滕堡，与路德、梅兰希顿等人为邻，并成为好朋友，为他们绘画了很多肖像，为路德的德语版《圣经》画了插图。1552 年，前往魏玛。1553 年，在魏玛去世。

② Volker Leppin und Gury Schneider-Ludorff (Hrsg.). *Das Luther-Lexikon*. Regensburg：Verlag Bückle & Böhm，2014，S. 394.

③ 巴尼姆(1501—1573 年)：1519 年在维滕堡大学就读，并担任名誉校长。1523 年至 1569 年担任波莫瑞公爵，即巴尼姆十一世。他是路德的支持者，于 1534 年在波莫瑞领地推动宗教改革。

④ Martin Brecht. *Martin Luther* (Band 1). Stuttgart：Calwer Verlag，2013，S. 303.

论，主题为教皇的权威问题。埃克认为教皇是基督教会的首领，路德则认为耶稣才是基督教会的元首，教皇和公会议都可能犯错误。路德还认为胡斯的一些观点是正确的。而胡斯在 1415 年康斯坦茨公会议上已被判为异端，并被处以火刑。埃克由此达到了目的，按照当时的看法：路德赞同异端的观点，则本身也成了异端。

据参加莱比锡辩论的人对路德的描述是："马丁中等身材，操劳和学习使他非常消瘦，你几乎可以通过他的皮肤历数骨头。他具有男人的风范，正值盛年，声音高昂清晰……作为一个渴望在神学上开辟新路和希望被看作受教于上帝的人，他在反驳中多少显得过于激烈和犀利。"①

7 月 8 日至 9 日，与埃克辩论，主题为炼狱。埃克坚持教会传统的炼狱观，路德则认为炼狱没有《圣经》依据。

7 月 10 日，向公证人提交书面的解释。

7 月 11 日，与埃克辩论，主题是赎罪券问题。埃克为赎罪券辩护，路德则批判赎罪券的功效。

7 月 12 日至 13 日，与埃克辩论，主题是忏悔。

7 月 14 日至 15 日，卡尔施塔特与埃克辩论。莱比锡辩论结束。

大概在 7 月 16 日或 17 日，在格里玛(Grimma)会见施道皮茨和文策尔·林克。

7 月 19 日，回到维滕堡。

8 月 11 日，给梅兰西顿寄去《〈诗篇〉释义》。

8 月 18 日，与卡尔施塔特致信萨克森选侯腓特烈，否认埃克的异端指控。致信施帕拉丁，请他将联名信转交选侯，并请选侯决定是否将该信发给埃克。背景是：埃克在 7 月致信选侯，控告路德是异端。

8 月 26 日，致信米劳的布道人托马斯·费希尔(Thomas Fischer)，谈到如何对待轻视福音的人：应公开辩论，应公开讲出轻视的原因，否则就闭嘴。

---

① 詹姆斯·基特尔森：《改教家路德》，李瑞萍等译，北京：中国社会科学出版社，2009 年，第 101 页。

8 月 30 日，科隆大学谴责路德。

9 月 3 日，致信约翰·朗，对埃尔福特大学推迟对莱比锡辩论作出裁决感到惊讶。

9 月 22 日，将《十四篇安慰》(*Tessaradecas consolatoria*)手稿寄给施帕拉丁，请他翻译为德语，再献给生病的萨克森选侯腓特烈，以安慰他。

9 月 26 日，教皇特使米尔提茨致信路德，邀请他 10 月 9 日到里本韦达(Liebenwerda)举行会谈。该日，米尔提茨代表教皇将金玫瑰赐给萨克森选侯腓特烈，请他严厉镇压路德事件。选侯收下了金玫瑰，但没有采取措施。

9 月底，发表《对山羊艾姆泽的补充》(Zusatz zum Emerschen Steinbock)，反驳艾姆泽的文章。背景是：8 月中旬，艾姆泽发表文章报道了莱比锡辩论并批判了路德反对教皇权威的观点。

10 月 1 日，致信萨克森选侯腓特烈，将米尔提茨 9 月 26 日给他的信件转呈选侯，请求选侯批准他参加会谈。

10 月 3 日，致信施道皮茨，将《〈加拉太书〉注释》寄给他，表明目前对《加拉太书》的兴趣下降了，对《诗篇》的注释很有进展；谈及波希米亚的两名教士寄给他两本胡斯的著作；还从法国来信中获知，伊拉斯谟担心“路德将由于其正直，走向毁灭”。①

大概在 10 月 8 日，前往里本韦达。

10 月 9 日，与教皇特使米尔提茨在里本韦达再次会面，米尔提茨表示将他的案件交给特里尔大主教处理，但后来遭到失败。

10 月 11 日，返回维滕堡。

10 月 13 日，致信施帕拉丁，表示不会接受米尔提茨让他去特里尔受审的安排。

10 月 14 日，致信塔尔曼斯费尔德(Thalmansfeld)牧师马丁·泽里

① Martin Luther. *Luther Deutsch*(Band 10), *Die Briefe*, herausgegeben von Kurt Aland. Göttingen: Vandenhoeck & Ruprecht, 1983, S. 67.

格曼(Martin Seligmann)，表示：在瘟疫期间，一般人可以逃离，但神职人员必须坚守。

10 月 15 日，致信萨克森选侯腓特烈，表示拒绝前往特里尔受审。

大概在 10 月 15 日，将《关于预备死亡的布道》(*Ein Sermon von der Bereitung zum Sterben*)的手稿寄给施帕拉丁。该文指出，应通过思考耶稣被钉在十字架这件事来理解死亡，战胜对死亡的恐惧要依赖圣礼。背景是：施帕拉丁的朋友、萨克森选侯腓特烈的随从马可·塞哈特十分忧惧死亡，于是在 1519 年 5 月，通过施帕拉丁向路德求助。

10 月中旬，出版《关于忏悔礼的布道》(*Ein Sermon von dem Sakrament der Buße*)，认为真正的圣礼有三种：洗礼、圣餐礼和忏悔礼。忏悔礼可以免除惩罚和罪疚，免除惩罚可由教会决定，免除罪疚只能由上帝施行，关键是信心。

10 月 16 日，致信约翰·朗，谈及埃尔福特对莱比锡辩论的判决不会偏向埃克。

10 月，在讲授《诗篇》时，提出“首先关注的是语法意义，这是神学所在”①。这确立了直接通过文本字面含义来解释《圣经》的方法。

11 月 1 日，致信施帕拉丁，让他赠书给马可·塞哈特，感谢他的赠款；提及正在撰写批驳埃克的信件。

11 月 4 日，将一些布道词寄给安哈尔特-德绍侯爵夫人玛格丽特。

11 月 7 日，撰写《教会布道书》。致信施帕拉丁，希望维滕堡大学能够聘请刚离开鲁汶大学的马太·阿德里安尼(Matthäus Adriani)②担任希伯来语教授。

11 月 9 日，出版《关于神圣庄严的洗礼的布道》(*Ein Sermon von dem heiligen hochwürdigen Sakrament der Taufe*)，认为在洗礼的本意是“浸入水中”，目的是使罪人浸死后在上帝的恩典下复活。关于洗礼应注意三

---

① WA 5，27.

② 马太·阿德里安尼，生卒年份不详，出身于西班牙犹太人家庭，后皈依基督教，成为希伯来语学者，1517 年在伊拉斯谟的推荐下，前往鲁汶大学任教，1519 年离职。

件事：表记、意义和信心。①

11 月 20 日，致信施帕拉丁，谈及艾姆泽发表了攻击性文章，表示在等到埃克的文章后，将一起回复。

11 月 29 日，普鲁士的条顿骑士团军事首领威廉·冯·茵森堡伯爵(Wilhelm von Isenburg，1460—1535 年)退休返回莱茵地区的故土时，途经维滕堡，拜访路德。同日，致信施帕拉丁，提及《关于基督圣体的圣餐礼布道》(*Sermon vom Sakrament des Leichnams Christi*)正在印刷。该文指出，圣礼都必须注意记号、意义和信心。圣餐礼是一个神圣的标记，人在圣餐礼中与基督连接在一起，“进入基督及所有圣徒的团契中”②。圣餐礼使人获得安慰和力量。路德主张，在圣餐礼中，饼和酒都应该给平信徒。罗马教会的做法是，平信徒只领饼，不领酒，“不给杯是为了防止把基督洒在地上，这从神学上讲是灾难。”③

11 月，出版《关于高利贷的小布道》(*Kleiner Sermon von dem Wucher*)，反对高利贷现象，认为它违背了上帝的道和道德准则。出版《关于真正基督圣体的庄严圣餐礼和兄弟会的布道》(*Sermon von dem hochwürdigen Sakrament des heiligen wahren Leichnams Christi und von den Brüdenschaften*)，赞同平信徒领饼和酒两种形式的圣餐。④

12 月 7 日，致信施帕拉丁，谈及约翰·赫斯(Johann Heß)⑤从意大

① 马丁·路德：《九十五条——改教运动初期文献六篇》，邓肇明译，香港：道声出版社，2004 年，第 74 页。

② 马丁·路德：《九十五条——改教运动初期文献六篇》，邓肇明译，香港：道声出版社，2004 年，第 114 页。

③ 卡尔·楚门：《路德的人生智慧：十架与自由》，王一译，上海：上海三联书店，2019 年，第 181 页。

④ 在天主教的圣餐礼中，只有神父等神职人员领饼和酒两种形式的圣餐，信徒则只领取饼这一种形式的圣餐。

⑤ 约翰·赫斯(1490—1547 年)：纽伦堡人，1505 年至 1510 年就读于莱比锡大学，后就读于维滕堡大学，1512 年获硕士学位，并成为路德的追随者。1513 年，前往布雷斯劳，担任主教秘书。1518 年前往意大利。1519 年，获得意大利费拉拉大学博士学位。1523 年，回到布雷斯劳，推动西里西亚地区的宗教改革。1547 年，在布雷斯劳去世。

利带来一些神秘主义神学的信息。

12 月中旬，致信施帕拉丁，谈及施道皮茨在萨尔茨堡状态很好，很受尊敬。

12 月 18 日，致信约翰·朗，提及正在修改《关于高利贷的小布道》［增订版于 1520 年出版，题为《关于高利贷的布道》，也被称为《关于高利贷的大布道》(*Großer Sermon von dem Wucher*)］；对埃尔福特大学对莱比锡辩论暂不表态表示高兴。后续是：埃尔福特大学方面不愿对莱比锡辩论作出裁决，此事不了了之。同日，致信施帕拉丁，针对关于圣礼的问题，回复：认为只存在三项圣礼(洗礼、忏悔礼、圣餐礼)。

12 月 23 日，致信帝国宫廷驻雷根斯堡的代表托马斯·福克斯(Thomas Fuchs)，建议城市议会和主教以和平的方式达成协议。背景是：雷根斯堡主教要求获得教堂所有收入的三分之一，遭到城市议会的反对。托马斯·福克斯咨询路德的意见。因此，路德回了这封信。

12 月 25 日，致信施帕拉丁，谈及遭到艾姆泽的攻击，以及埃克对艾姆泽的支持。

12 月 31 日，致信施帕拉丁，请他向萨克森选侯转交科姆堡城市议会抱怨赋税太重的请愿书，同时请他向该城民众传达君主的善意。

该年，还出版《马丁·路德对圣保罗〈加拉太书〉的评论》(*In epistolam Pauli ad Galatas M. Lutheri commentarius*)、《关于祈祷时理解〈主祷文〉的简要阐述》(*Eine kurze Form, das Paternoster zu verstehen und zu beten*)、《人应如何忏悔的简要指导》(*Eine kurze Unterweisung, wie man beichten soll*)、《前后〈主祷文〉简洁清晰的解释》(*Eine kurze und gute Auslegung des Vaterunsers vor sich und hinter sich*)、《关于在十字架周祷告和游行的布道》(*Sermon von dem Gebet und Prozession ind er Kreuzwoche*)、《关于律法和信仰的论纲》(*Disputatio de lege et fide*)、《关于人意志的自然力量的神学问题》(*Quaestio theologica de naturali potentia voluntatis hominis*)、《在得出结论时，哲学著作是否有用》(*Conclusiones tractantes, an libri philosophorum sint utiles aut inutiles ad theologiam*)。

1520 年 37 岁

10 月 23 日，查理五世在亚琛由科隆大主教赫尔曼五世加冕为“当选罗马皇帝”。

11 月 4 日，丹麦国王克里斯蒂安二世①登基为瑞典国王；11 月 8 日至 9 日，克里斯蒂安二世杀掉了很多反对与丹麦联合的瑞典政敌，史称“斯德哥尔摩惨案”。这引发了古斯塔夫·瓦萨领导的瑞典独立运动。1523 年，瑞典独立，古斯塔夫·瓦萨称为瑞典国王古斯塔夫一世，丹麦主导的卡尔玛共主联邦解体。

1 月 14 日，致信施帕拉丁，讲述了自己的家世和求学经历，否认与胡斯派联系；同时表示“敌人越强大，我越要嘲笑他。我立场坚定，在这件事上没有丝毫害怕”。② 背景是：1519 年 12 月底，萨克森公爵乔治致信萨克森选侯腓特烈，控告路德是一个胡斯派。

1 月 15 日，致信皇帝查理五世，为自己的著作进行辩护，请求查理五世对“神圣真理的事业”进行保护。③

1 月 18 日，致信施帕拉丁，谈及纽伦堡议会秘书施本格勒发表了支持路德圣礼观的文章。

1 月 26 日，致信约翰·朗，提及《〈诗篇〉第二版讲义》即将出版；肯定了伊拉斯谟在给美因茨大主教信件中对自己的称赞；给他寄去《对马丁·路德博士关于圣礼布道中一些文章的歪曲》(*Verklärung D. Martin Luthers etlicher Artikel in seinem Sermon von dem Heiligen Sakrament*)。背景

① 克里斯蒂安二世(1481—1559 年)：丹麦、挪威国王(1513—1523 年)和瑞典国王(1520—1521 年)，1523 年被丹麦贵族推翻，流亡到荷兰等地。1531 年，克里斯蒂安率军再次争夺王位，失败后投降，被监禁起来，直至 1559 年去世。

② Martin Luther. *Luther Deutsch*(Band 10), *Die Briefe*, herausgegeben von Kurt Aland. Göttingen: Vandenhoeck & Ruprecht, 1983, S. 72.

③ Martin Luther. *The Letters of Martin Luther*, selected and translated by Margaret A. Currie. London: Macmillan and Co., 1908, p. 49.

是：路德 1519 年发表《关于基督圣体的圣餐礼布道》，主张平信徒领两种形式的圣餐，由此被罗马教会攻击为胡斯派异端，于是写此文为自己辩护。

1 月 31 日，致信施帕拉丁，推荐送信人雅各布·葛洛布（Jokob Gropp）担任洛绍的牧师。

2 月 3 日，发表《关于注入和获得的信仰的论纲》（Disputatio de fide infusa et acquisita）。

2 月 4 日，致信梅泽堡主教阿道夫（Adolph），批评他对自己的评判。

2 月 5 日，致信施帕拉丁，让他建议卡尔施塔特在面对埃克的攻击时，不要谩骂。《十四篇安慰》出版。

2 月 11 日，出版《回复盖有施托尔彭官方印章的便条》（*Antwort auf die Zettel, so unter des Offizials zu Stolpen Siegel ist ausgangen*），批判萨克森的施托尔彭人对自己的攻击。

2 月 14 日，致信施帕拉丁，谈及读了胡斯著作后，认为自己“已经讲授和坚持了胡斯的所有教导，但是至今没有意识到这点”。①

大概在 2 月 16 日，致信施帕拉丁，认为福音的传播一定伴随着不安、愤怒和分裂等；表示自己无所畏惧。

2 月 24 日，致信施帕拉丁，批判“教皇是真正的敌基督。”②

2 月 26 日，致信施帕拉丁，表示计划撰写《论善功》（*Von den guten Werken*）。背景是：路德被敌人指责只强调因信称义而忽略了善功，会导致违法和不道德行为的增长。③

2 月，卡耶坦在罗马组织委员会审查路德著作。后判路德有罪。④

---

① Martin Luther. *Luther Deutsch*（Band 10），*Die Briefe*，herausgegeben von Kurt Aland. Göttingen：Vandenhoeck & Ruprecht，1983，S. 73.

② Martin Luther. *Luther Deutsch*（Band 10），*Die Briefe*，herausgegeben von Kurt Aland. Göttingen：Vandenhoeck & Ruprecht，1983，S. 75.

③ LW 44，17.

④ 詹姆斯·基特尔森：《改教家路德》，李瑞萍等译，北京：中国社会科学出版社，2009 年，第 104 页。

3月2日，致信施帕拉丁，寄了一些讽刺埃克的作品给他。

3月15日，奥古斯丁修会总会长文内图斯批评施道皮茨作为路德上级未能阻止路德的行为，要求他约束路德。①

3月19日，致信施帕拉丁，讨论维滕堡大学聘请希伯来语教授的问题。

3月25日，致信施帕拉丁，谈及正在写关于善功的文章，并认为“这将成为迄今为止，发表的最好的文章”②。发表《忏悔的理由》(Confitendi ratio)，强调虔诚信仰对忏悔的作用。

3月29日，致信萨克森亲王约翰③，表示会将《论善功》献给他。

4月8日，作关于耶稣遗言的布道(Sermo de Testamento Christi)，尤其强调了耶稣在最后的晚餐上说的话：“你们拿着吃，这是我的身体(Accipite，hoc est corpus meum)。④”

4月16日，致信施帕拉丁，建议聘请马太·阿德里安尼为维滕堡大学希伯来语教授。建议后来被采纳。

4月30日，致信卡皮托，认为如果与敌人战斗，一定是公开论战。⑤

5月1日，致信施帕拉丁，讨论维滕堡大学的情况，学生数量在增加，但城市无法提供足够的住宿，新进的阿德里安尼教授也面临缺乏住宿的问题；提及收到施道皮茨从纽伦堡的来信，施道皮茨最终肯定了路德的宗教改革事业。

5月7日，致信萨克森选侯腓特烈，请他解决维滕堡奥古斯丁修道院里关于神父份地(Pfarrhufe)的争论，希望能租金平等，以避免争端。

---

① Martin Brecht. *Martin Luther* (Band 1). Stuttgart：Calwer Verlag，2013，S. 371.

② Martin Luther. *Luther Deutsch*(Band 10)，*Die Briefe*，herausgegeben von Kurt Aland. Göttingen：Vandenhoeck & Ruprecht，1983，S. 75.

③ 约翰亲王(1468—1532年)：萨克森选侯腓特烈的弟弟，自1486年起与其兄共同治理选侯领地，1513年单独治理图林根领地，驻地在魏玛。

④ WA 9，445.

⑤ WA Br. 2，93.

5 月 8 日至 20 日，撰写《论罗马教皇制度，反对莱比锡的著名天主教徒》(*Von dem Papstum zu Rom wider den hochberühmten Romanisten zu Leipzig*)。该文针对的是圣方济各会修士奥古斯丁·冯·阿尔维尔特(Augustin von Alveldt)。该月，阿尔维尔特用拉丁语写了一篇反驳路德的论文《论教皇之管辖权》，目的在于"以神圣的《圣经》法规为依据，证明教皇的管辖权是上帝设立的，可由所有学者审查，并必须被承认"。①路德让助手反驳后，阿尔维尔特又用德语发表类似文章，再次激怒路德。路德在 5 月完成此文，重申在与埃克辩论中的立场：教皇是人设立的制度，而不是上帝设立的制度。该文将教会划分为属灵教会和属世教会："我们用不同的名字称呼两个教会：一个是自然的、基本的、本质的、真正的，我们称之为属灵的、内在的基督教会；另一个是人为的、外在的，我们称之为属世的、外在的基督教会。我们并不是要将教会分为两半，而是如同我称呼一个人，按灵魂说他是属灵的，按肉体说他是属肉体的，如同保罗说的内在的人与外在的人一样。(《罗马书》7:22)教会就灵性说是有同一个信仰的团体，但按肉体说，无法聚集在一处，乃各团体在各地方聚集。"②该文在 6 月 26 日出版。

5 月 13 日，致信施帕拉丁，谈及完成《论善功》。该文并不否认善功的重要性，而认为信仰是所有善功的源流。该文在 5 月出版，至年底出版 8 版。

5 月 17 日，闵采尔受路德推荐，开始担任茨维考的布道人。在茨维考期间，闵采尔思想越来越激进，希望将宗教改革扩展到社会领域。

大概在 6 月 7 日，致信施帕拉丁，说如果教皇不改革，就诉诸贵族；计划写一封致德意志民族内信仰基督教的贵族的公开信。

6 月 15 日，教皇利奥十世颁布谕令《主啊！求你起来》(Exsurge Domine)，谴责路德的异端观点，威胁绝罚路德，禁止路德继续布道；限令路德 60 天内收回言论，涉及路德著作中的 41 个观点。背景是：该

① WA 6, 277.

② WA 6, 296-297.

年 3 月，约翰内斯·埃克前往罗马，参与起草这封教皇谕令，5 月提交给教皇。约翰内斯·埃克和阿里安德(Aleander)作为教廷大使受命将谕令带到德国实施。同日，致信艾能堡的神父乔治，教他如何布道。

6 月 20 日，完成《为改善基督徒各阶层状况，致德意志民族基督教贵族书》(*An den christlichen Adel deutscher Nation von des christlichen Standes Besserung*)，一般简称为《致德意志民族基督教贵族书》。该文是在罗马教会未响应其改革的情况下，路德决定诉诸德意志的贵族阶层而撰写的第一份改革纲领。该文批判了罗马教皇的特权和保卫罗马教皇的三道城墙："第一道墙是属灵权力高于世俗权力，第二道墙是只有教皇才拥有解释《圣经》的权力，第三道墙是只有教皇拥有召集宗教会议的权力"①，并提出了很多改革建议：抑制教皇的权力、准许教士自由结婚、改良神学教育等。这篇文献非常重要，从中可以看出他在与罗马教会决裂前数周的思想状况，以及此时对德意志贵族阶层所寄予的巨大希望，呼吁德意志基督教贵族起来反抗罗马教廷。该文还提出了"信徒皆为祭司"的原则："所有基督徒都是真正的属灵阶层，在他们中间，除了职责(ampts)不同以外，没有别的不同。"②该文在 7 月 20 日出版。

6 月 21 日，将《致德意志民族基督教贵族书》寄给阿姆斯多夫，请其加以校阅和建议。致信埃尔福特大学教授尤斯图斯·约纳斯(Justus Jonas)③，谈及埃克在罗马攻击自己的活动。

6 月 23 日，致信阿姆斯多夫，解释为什么要求助于贵族阶层，因

① WA 6，406.

② WA 6，407.

③ 尤斯图斯·约纳斯(1493—1555 年)：1493 年 6 月 5 日出生于图林根的诺特豪森(Nordhausen)，宗教改革家。1506—1510 年就读于埃尔福特大学，获硕士学位。1511 年到维滕堡大学学习法律；1518 年担任埃尔福特大学法学系教授，1519 年担任埃尔福特大学校长。1521 年，转任维滕堡城堡教堂教长，转向神学。1523—1533 年任维滕堡大学神学院院长。1526 年和 1530 年曾两次担任维滕堡大学校长。他将很多路德和梅兰希顿的拉丁语著作翻译成德语。曾帮助路德翻译《圣经》。1530 年，参与奥格斯堡会议，参与起草《奥格斯堡信条》。1541 年，到哈勒传教。1555 年在艾斯菲尔德(Eisfeld)去世。

为牧师对拯救教会的职责“漠不关心”，同时“不知道如何赢得知识阶层的赞同；这是过去很长时间我热切渴望获得的，现在却是我所鄙弃的”。同时表示自己即使成功了，也可能成为“宫廷小丑”。①

6 月 25 日，致信施帕拉丁，讨论梅兰西顿的教学和婚姻，认为应增加他的薪水。

7 月 10 日，致信施帕拉丁，表示将不会与罗马和解：“我将永不与她和解，就让她随心所愿地定我的罪，或烧死我！但是，如果火把被我拿在手里，我将公开地烧掉整部教会法典。”②

7 月 14 日，致信施帕拉丁，请他让萨克森选侯批评维滕堡大学校长彼得·布克哈德（Peter Burckhard），因为大学没有处理好 7 月 13 日维滕堡大学学生与市民的一场冲突。布克哈德后来离开维滕堡大学，前往巴伐利亚的因戈斯塔特大学工作，并成为路德的反对者。

7 月 15 日，针对维滕堡的冲突作了一场布道，不偏袒冲突中的任何一方，赞扬神圣的世俗权力没有被冲突所毁灭。

7 月 20 日，将与埃克辩论的论纲寄给文策尔·林克。

7 月 27 日，主持讨论神学信条《关于信仰与仪式的十六条结论》（Conclusiones XⅥ de fide et ceremoniis）。

7 月 28 日，致信格哈尔度斯·李斯特乌斯（Gerhardus Listrius），赞扬梅兰希顿关于《罗马书》的第一次讲座，“《圣经》在千年来从未如此纯粹并清楚地讲解过”。③

7 月 29 日，致信约翰·朗，寄去《关于〈新约〉的布道：主题是神圣的弥撒》（*Ein Sermon von dem neuen Testament, das ist von der heiligen Messe*）。该文认为弥撒不是人给上帝的献祭，而是基督为了信徒将自己

① Martin Luther. *The Letters of Martin Luther*, selected and translated by Margaret A. Currie. London: Macmillan and Co., 1908, pp. 53-54.

② Martin Luther. *The Letters of Martin Luther*, selected and translated by Margaret A. Currie. London: Macmillan and Co., 1908, p. 54.

③ Martin Luther. *Luther Deutsch* (Band 10), *Die Briefe*, herausgegeben von Kurt Aland. Göttingen: Vandenhoeck & Ruprecht, 1983, S. 78.

献祭给了上帝。

8 月 5 日，开始撰写《教会被掳于巴比伦》(*De captivitate Babylonica ecclesiae praeludium*)。该文以是否有《圣经》依据和上帝设立的记号为标准，依次考查了罗马教会设定的七项圣礼，批判了罗马教会的圣礼制度；该文的前半部分主张保留三项圣礼(洗礼、圣餐礼和忏悔礼)，到了文章的最后，认为只有洗礼和圣餐礼是真正的圣礼。该文成为路德的教会改革纲领，在 8 月 31 日出版。

8 月 14 日，致信施帕拉丁，向他推荐弗兰茨·君特担任洛绍的牧师。24 日，再次写信推荐。君特后获得此职。

8 月 18 日，致信约翰·朗，表示《致德意志民族基督教贵族书》的确很激烈，但也让很多人高兴，也没有让王侯宫廷不悦，认为“教皇是敌基督的化身”。① 背景是：约翰·朗致信路德，希望路德不要出版该文；路德收到来信时，该文已出版。

8 月 19 日，致信文策尔·林克，谈及外界批评《致德意志民族基督教贵族书》一文言辞激烈，认为这些批评不值一驳，也不会被记住，“未来世代的评价会更好一些”。②

8 月 23 日，致信施帕拉丁，提及计划为《致德意志民族基督教贵族书》第二版补充材料(第二版在 8 月底出版)；请他修改应萨克森选侯腓特烈要求撰写的呈给皇帝查理五世的《提议或抗议》(Erbieten/Oblatio sive protestatio)，表示自己的心愿就是“上帝的福音和真理战胜一些人错误的信仰、法律和秩序”③，请求以公开辩论的形式进行审判，该文在 8 月底公开发表。

8 月 30 日，致信皇帝查理五世，介绍自己的案件，请求皇帝保护和给予公正的审判，并保证“如果自己被发现是不信神的或是一个异端，将不要求得到保护”④。随信呈递《提议或抗议》。

---

① Martin Luther. *The Letters of Martin Luther*, selected and translated by Margaret A. Currie. London: Macmillan and Co., 1908, p. 56.

② LW 48, 170.

③ WA 6, 480.

④ LW 48, 178.

9月28日，致信君特·冯·布劳(Günter von Bünau)，提及埃克已将教皇谕令带回德国。

9月底至10月中旬，在教皇谕令的作用下，德国科隆、美因茨、莱比锡、梅泽堡等地方开始焚烧路德著作，引起了抵制活动。

10月1日，致信布拉肯海姆的布道人康拉德·萨姆(Konrad Sam)，鼓励他坚定信仰，提及埃克在莱比锡大力宣传教皇的谕令。①

10月3日，致信施帕拉丁，表示不想按照米尔提茨的要求，再向教皇写道歉信，因为埃克在宣传教皇的谕令。② 背景是：米尔提茨请施道皮茨和林克在9月向路德转达了这项要求。

10月6日，致信维滕堡大学教授赫尔曼·图里希(Hermann Tulich)，将刚出版的《教会被掳于巴比伦》赠予他；在信中批判教皇权力如同巴比伦王国，奴役教会；主张必须宣讲在圣餐礼中将饼和酒两种形式的圣餐分给普通信徒的教义。③

10月8日，在罗马教廷大使阿里安德的主导下，比利时的鲁汶公开烧毁路德著作。伊拉斯谟对此表示反对。

10月10日，收到埃克带来的罗马教廷6月15日发布的谕令《主啊！求你起来》。

10月11日，前往利希滕贝格(Lichtenberg)，下午6点与教皇特使米尔提茨会谈。米尔提茨让路德给教皇写一封道歉和辩解信，路德同意了。梅兰希顿也在场。撰写《论埃克草拟的新诏令和谎言》(*Von den neuen Eckischen Bullen und Lügen*)，驳斥埃克参与起草的教皇谕令《主啊！求你起来》。致信施帕拉丁，谈及收到的教皇谕令，告诉施帕拉丁，“谕令和埃克在莱比锡都受人轻视”④，并将教皇的谕令寄给他，

① WA Br. 2，188.

② WA Br. 2，190.

③ Martin Luther. *The Letters of Martin Luther*，selected and translated by Margaret A. Currie. London：Macmillan and Co.，1908，p. 57.

④ Martin Luther. *Luther Deutsch*(Band 10)，*Die Briefe*，herausgegeben von Kurt Aland. Göttingen：Vandenhoeck & Ruprecht，1983，S. 79.

让他“见识一下罗马的暴行”①。

10 月 12 日，返回维滕堡。

10 月 13 日，按照教皇特使米尔提茨的建议，致信教皇利奥十世，对教皇表示绝无恶意，但仍然坚持自己的理念，谴责罗马教廷“比昔日的巴比伦或所多玛都更加腐败……彻底的堕落、绝望和臭名昭彰地不虔不义，正是它今日的写照”。② 随信将《论基督徒的自由》（*Von der Freiheit eines Christenmenschen*）寄给教皇。该文主要讨论了基督徒的自由与责任，文中写道：“基督徒是全然自由的众人之主，不受任何人管辖；基督徒是全然忠顺的众人之仆，受所有人管辖。”③该文坚持“因信称义”：“唯独信心使人称义、使人得自由、使人得救。”④；否定行为称义，认为：“善行并不造就义人，义人却行善。”⑤将《圣经》分为“诫命和应许”：诫命就是《旧约》，“旨在教人认识自己，人藉律法便可认清自己无能为善，对自己产生绝望。”⑥应许就是《新约》，凭借信心可以“满足其诫命的要求，成全律法所命”⑦。这封信和这篇文章均在 11 月公开发表。

10 月中旬，埃尔福特大学学生将教皇谕令的复制件丢入水中。

10 月 15 日，比利时列日焚烧路德的书籍。

---

① Martin Luther. *Luther Deutsch*（Band 10），*Die Briefe*，herausgegeben von Kurt Aland. Göttingen：Vandenhoeck & Ruprecht，1983，S. 80.

② 马丁·路德：《路德文集》（第一卷），路德文集中文版编辑委员会编，上海：上海三联书店，2005 年，第 393 页。

③ 马丁·路德：《路德文集》（第一卷），路德文集中文版编辑委员会编，上海：上海三联书店，2005 年，第 401 页。

④ 马丁·路德：《路德文集》（第一卷），路德文集中文版编辑委员会编，上海：上海三联书店，2005 年，第 404 页。

⑤ 马丁·路德：《路德文集》（第一卷），路德文集中文版编辑委员会编，上海：上海三联书店，2005 年，第 415 页。

⑥ 马丁·路德：《路德文集》（第一卷），路德文集中文版编辑委员会编，上海：上海三联书店，2005 年，第 404 页。

⑦ 马丁·路德：《路德文集》（第一卷），路德文集中文版编辑委员会编，上海：上海三联书店，2005 年，第 405 页。

10 月 30 日，致信萨克森选侯约翰之子约翰 · 腓特烈（Johann Friedrich）亲王，感谢他的支持；表示将不管教皇谕令，继续布道，讲授和写作。

10 月 29 日，萨克森选侯腓特烈与皇帝查理五世在科隆会面。查理五世答应，路德在接受审问前，不应被谴责。① 这是查理五世在亚琛加冕后，两人再次会面，教廷大使阿里安德也参加了会面。

10 月底，完成《反对敌基督的谕令》（*Wider die Bulle des Endchrists*），认为教皇的谕令是对基督的亵渎，对自己的著作被焚烧感到愤怒。

11 月 4 日，致信施帕拉丁，建议他不要信任世俗诸侯。② 同日，教廷大使阿里安德拜访正在科隆的萨克森选侯腓特烈，向他提出，焚烧路德所有著作，并将路德交给罗马教廷。③ 后续是：萨克森选侯腓特烈在 11 月 5 日与伊拉斯谟在科隆会面，商议如何处理路德。伊拉斯谟对路德与罗马教会的行为都不赞同，但赞同路德对教会的批判，同时担心教会出现分裂。11 月 6 日，萨克森选侯腓特烈拒绝了阿里安德的要求。

11 月 12 日，意大利博洛尼亚烧毁路德的著作。教廷大使阿里安德在科隆焚烧路德的著作。

11 月 17 日，致信纽伦堡议会秘书施本格勒，回复他询问关于与伊拉斯谟有分歧的传言，表示“永远不会对伊拉斯谟产生任何不满或不喜欢他。他不想让我引用他的任何文字，完全没有问题”④。这实际上承认了与伊拉斯谟的分歧与疏远。

11 月 26 日，与父母参加梅兰西顿的婚礼。

11 月 28 日，致信约翰 · 朗，决定坚持向教皇申诉。皇帝查理五世致信萨克森选侯腓特烈，要求他带路德参加沃尔姆斯帝国议会。⑤

---

① Martin Brecht. *Martin Luther*（Band 1）. Stuttgart：Calwer Verlag，2013，S. 397.

② WA Br. 2，210.

③ Andrea van Dülmen. *Luther-Chronik*，*Daten zu Leben und Werk*. München：Deutscher Taschenbuch Verlag，1983，S. 65.

④ LW 48，184-185.

⑤ Andrea van Dülmen. *Luther-Chronik*，*Daten zu Leben und Werk*. München：Deutscher Taschenbuch Verlag，1983，S. 67.

12 月 1 日，出版《肯定最近被利奥十世谕令所谴责的马丁·路德的真实性》（*Assertio omnium articulorum Martini Lutheri per bullam Leonis X. novissimam dammatorum*），驳斥罗马教会的攻击。

12 月 3 日，撰写《〈圣母颂〉德语版及其解释》（*Das Magnificat verdeutschet und ausgelegt*）①。

12 月 10 日，上午 9 点，维滕堡的大学生和信徒举行游行，路德在维滕堡的埃斯特城门外烧毁教皇谕令和教会法。这标志着路德与罗马教会的彻底决裂。

12 月 11 日，在课堂讲解《诗篇》前，特意以德语发表演讲，解释焚烧教皇谕令的原因。后整理成文《为什么马丁·路德博士要烧掉教皇及其追随者的书》（*Warum des Papstes und seiner Jünger Bücher von D. Martin Luther verbrannt sind*），于 12 月 27 日寄往纽伦堡出版。该文将焚书的原因追溯到《使徒行传》19：19 中焚烧邪书的传统，并认为自己作为受洗的基督徒和发过誓的《圣经》博士，有责任清除或阻止错误的、反基督教的学说。②

12 月 15 日，致信施帕拉丁，谈及美因茨大主教和方济各会等反对自己的势力。

12 月 20 日，萨克森选侯腓特烈致信皇帝查理五世，拒绝将路德带到沃尔姆斯帝国议会，除非皇帝颁发一个安全通行证。

12 月 25 日，出版《在圣诞节上午作的关于基督圣餐的布道》（*Sermon von der Geburt Christi, gepredigt am Christtag früh*）。

12 月 29 日，收到施帕拉丁的信，信中询问如果皇帝传召，路德将会怎么办。回信表示将会参加沃尔姆斯帝国议会。

该年，还出版《关于绝罚的布道》（*Ein Sermon von dem Bann*）和《关于绝罚的论纲》（*Disputatio de excommunicatione*），否定罗马教会施加绝罚的权力。出版论纲《善功是否有益于称义的问题》（*Quaestio, utrum*

① WA 7，538.

② WA 7，162.

opera faciant ad iustificationem)，否定通过善功称义："信仰和称义不来自善功，而善功来自信仰和称义。"①还发表《关于十诫、信仰和主祷文的简明形式》(*Eine kurze Form der zehn Gebote, eine kurze Form des Vaterunsers*)、《关于割礼的论纲》(*Disputatio de circuncisione*)、《马丁·路德博士再次向利奥十世呼吁召开公会议》(*Appellatio D. Martin Lutheri ad Concilium a Leone X denuo repetita*)、《再次呼吁召开基督教的自由的公会议》(*Appellation oder Berufung an ein christlich frei Concilium-verneuert und repetiert*)、《关于恩典象征的循环问题》(*Quaestio circularis de signis gratiae*)、《〈语录四书〉第二部中关于圣餐礼的论纲》(*De sacramentis disputatio in distinctionem 2. Libri 4. Sententiarum*)。

该年发表的《教会被掳于巴比伦》《致德意志民族基督教贵族书》和《论基督徒的自由》被称为"宗教改革的三大著作"。②

1521 年 38 岁

1 月，皇帝查理五世回到德国，着手处理宗教问题。

1 月 27 日至 5 月 25 日，皇帝查理五世召开沃尔姆斯帝国议会。会议成立了第二届帝国执政府，由查理五世的弟弟费迪南领导；讨论了马丁·路德的宗教问题。会议代表向皇帝呈递《向沃尔姆斯帝国议会提交的冤情陈述》，提出了反对将世俗案件提交罗马审理、德国的教会职务只授予给德国人、反对首岁所得税和赎罪券等主张。4 月 28 日，查理五世与弟弟费迪南签订《沃尔姆斯条约》，费迪南继任奥地利大公，即费迪南一世。

4 月，皇帝查理五世与法国国王弗朗索瓦一世之间爆发第一次战

① Martin Luther. *Martin Luther Lateinisch-Deutsche Studienausgabe* (Band 2), herausgegeben und eingeleitet von Johannes Schilling. Leipzig: Evangelische Verlagsanstalt, 2006, S. 99.

② 托马斯·马丁·林赛：《宗教改革史》(上卷)，孔祥民等译，北京：商务印书馆，2016 年，第 241 页。

争，战争持续到 1525 年。

4 月，德国奥古斯丁修会在艾斯莱本召开会议，施道皮茨厌倦了宗教改革的巨大争议，辞去严守教规派代理主教职务，职务由文策尔·林克接任。

5 月 26 日，奥地利大公费迪南一世与匈牙利国王拉约什二世的姐姐安娜结婚。

6 月，英国国王亨利八世发表《为七项圣礼辩护》，攻击路德的圣礼学说，托马斯·莫尔参与了该文的撰写，原文为拉丁语。路德著作在英国开始被查禁。10 月 11 日，亨利八世被教皇利奥十世授予“信仰捍卫者”的称号。次年 6 月，《为七项圣礼辩护》德语版出版。

8 月，土耳其军队攻陷贝尔格莱德。法国巴黎高等法院查禁路德著作。

11 月，闵采尔在波希米亚发表《布拉格宣言》，主张进行暴力革命，建立人间的天国。

12 月 1 日，教皇利奥十世去世。

1 月 3 日，被教皇利奥十世正式处以绝罚，开除教籍。

1 月 5 日，萨克森选侯腓特烈抵达沃尔姆斯。

1 月 6 日，出版《在神圣三王日作的关于基督王国和希律王国的布道》(*Sermon gepredigt an der heil. Drei Könige Tag von dem Reich Christi und Herodis*)。

1 月 14 日，发表《致莱比锡的山羊》(An den Bock zu Leipzig)，批判萨克森公爵秘书艾姆泽，将之比喻为顽固的山羊。背景是：1520 年 10 月在莱比锡出版了一本攻击路德的小册子，作者是多米尼克修士托马斯·拉迪努斯(Thomas Rahdinus)，路德误以为艾姆泽所写。① 同日，致信施道皮茨，告知焚烧教皇谕令、他的敌人的行动以及自己的肖像和著作在鲁汶、科隆和美因茨被焚烧的事情。致信文策尔·林克，谈及沃

① WA 7, 259.

尔姆斯帝国议会对他的邀请已经撤回。

1 月 16 日，致信施帕拉丁，告知对胡滕的态度：“反对为了福音使用暴力，抛洒鲜血。”①背景是：胡滕在 1520 年表示愿意给路德提供武力支持。

1 月 21 日，致信施帕拉丁，谈及《马丁・路德博士所有文章被罗马教会谕令不正义地禁止的理由和原因》(*Grund und Ursach aller Artikel D. Martin Luthers, so durch römische Bulle unrechtlich verdammt sind*)已经出版。该文反驳了 1520 年教皇谕令对他的指责，其中阐述了“唯信《圣经》”的主张：“没有人有义务相信《圣经》之外的东西。”②

1 月 22 日，致信施帕拉丁，请他建议萨克森选侯腓特烈，让卡尔施塔特担任教长的职务，让阿姆斯多夫接替卡尔施塔特在万圣会(Allerheiligenstift)③的副主教职务。④

1 月 25 日，致信萨克森选侯腓特烈，请选侯要求皇帝保证他的安全，并安排由博学的基督徒进行审理。

1 月 27 日，沃尔姆斯帝国议会开幕。

1 月 29 日，致信施帕拉丁，撤回对卡尔施塔特担任教长职务的推荐。

2 月 3 日，出版《对忏悔人的禁书课》(*Ein Unterricht der Beichtkinder über die verbotenen Bücher*)。背景是：1520 年 6 月 15 日，教皇颁布威胁绝罚路德的谕令后，路德的很多著作被禁被焚，包括论圣礼的《教会被掳于巴比伦》。很多信徒面临被教会要求忏悔的问题，路德于是撰写此文，反对强制忏悔，提醒所有的高级教士和忏悔神父应该“遵循神圣的福音，对民众不要采取暴力，而应友好温和地治理”。⑤ 致信施帕拉丁，

---

① Martin Luther. *Luther Deutsch*(Band 10), *Die Briefe*, herausgegeben von Kurt Aland. Göttingen: Vandenhoeck & Ruprecht, 1983, S. 81.

② WA 7, 453.

③ 万圣会负责维滕堡的圣物收藏。

④ WA Br. 2, 252.

⑤ WA 7, 297.

谈及施道皮茨被教皇指控为路德派。

2 月 9 日，写信鼓励施道皮茨。背景是：教皇控诉施道皮茨是路德的支持者，施道皮茨表示接受。

2 月 17 日，致信施帕拉丁，建议聘请马太·奥罗加卢斯（Matthäus Aurogallus）①接任阿德里安尼离职后空缺的希伯来语教授职位。背景是：1520 年秋，阿德里安尼与路德关系闹翻，于 1521 年初离职。建议后被采纳。

2 月 21 日，致信施道皮茨，表示对罗马教会的失望。背景是：在沃尔姆斯帝国议会上，教会代表不断对皇帝和路德施加压力。

3 月 3 日，致信萨克森选侯腓特烈，将刚出版的《降临节布道集》献给他。

3 月 6 日，致信约翰·朗，谈及自己著作在迈森和梅泽尔堡被焚毁，对被开除教籍感到高兴。致信施帕拉丁，谈及已完成驳斥艾姆泽的文章。

3 月 7 日，致信施帕拉丁，谈及丹麦国王克里斯蒂安二世等贵族对新教较为友好。致信文策尔·林克，谈及萨克森选侯从沃尔姆斯写信安慰自己，并将《〈诗篇〉释义》寄给林克。

3 月 10 日，致信萨克森亲王约翰·腓特烈，认为统治者应该敬畏上帝，并将《〈圣母颂〉德语版及其解释》献给他。同日，皇帝查理五世颁布敕令，没收被认为是异端的路德著作。

3 月 19 日，致信施帕拉丁，谈及对皇帝查理五世来信的回复，表示愿意前往沃尔姆斯接受审讯。背景是：3 月 6 日，皇帝查理五世致信路德，传唤他到沃尔姆斯接受审讯，并提供了安全通行证。

3 月 21 日，完成《诗篇》讲授。

3 月 28 日，作关于领受基督圣体的圣餐礼的布道，后整理成文《在

① 加马太奥罗加卢斯（1490—1543 年）：原名马太·哥特汉（Matthäus Goldhahn），捷克希伯来语学者，1512—1515 年在莱比锡大学学习希伯来语，获学士学位。1519 年，前往维滕堡居住。

圣周四作的关于庄严领受神圣的真正的基督圣体的布道》(*Sermon von der würdigen Empfahnung des wahren Leichnams Christi, gethan am Gründonnerstag*)。

3 月 29 日，致信约翰·朗，许诺在下周前往沃尔姆斯，经过埃尔福特时，会去拜访他。撰写《对莱比锡的山羊艾姆蔑视基督和圣灵的矫揉造作的书的回应，穆勒及其同伙也考虑在内》(*Über das überchristlich, übergeistlich und überkünstlich Buch Bocks Emsers zu Leipzig Antwort. Darin auch Murners, seines Gesellen, gedacht wird*)，批判艾姆泽和穆勒在《圣经》解释方面的攻击。

3 月 31 日，致信萨克森亲王约翰·腓特烈，回答他关于善功和基督睡眠的问题。关于善行，认为上帝所看的不是外在的行为，而是内在的动机；关于耶稣睡眠问题，认为福音书只提到了一次基督的睡眠①，已经足够彰显耶稣的人性。

4 月 1 日，完成《马丁·路德对安布罗西乌斯·卡塔利卢斯硕士为西尔维斯特·普利里亚斯辩护的杰出著作的回复》(*Ad librum eximii Magistri Nostri Magistri Ambrosii Catharini, defensoris Silvestri Prieratis acerrimi, responsio martini lutheri*)，批判罗马教会是敌基督的教会。背景是：意大利法学家卡塔利卢斯在 2 月发表了批判路德的著作。

4 月 2 日，在阿姆斯多夫和纽伦堡修士约翰·佩岑施泰勒(Johann Petzensteiner)等人的陪同下，前往沃尔姆斯。在旅途中，心脏病曾发作。②

4 月 6 日，到达埃尔福特。

4 月 7 日，在埃尔福特奥古斯丁修道院作关于《约翰福音》20:19 等经文的布道。③ 后整理成文《前往沃尔姆斯途中在埃尔福特作的布道》(Ein Sermon auf dem Hinwege gen Worms zu Erfurt gethan)。

4 月 14 日，到达法兰克福；致信乔治·施帕拉丁，告知即将到达

---

① 参见《新约·马太福音》8:24 的经文："海里忽然起了暴风，甚至船被波浪掩盖。耶稣却睡着了。"

② Volker Leppin und Gury Schneider-Ludorff (Hrsg.). *Das Luther-Lexikon*. Regensburg: Verlag Bückle & Böhm, 2014, S. 368.

③ WA 7, 803.

沃尔姆斯。之前施帕拉丁派人来提醒路德，请他注意胡斯的命运。

4 月 16 日上午 10 点，到达沃尔姆斯城郊，受到市民夹道欢迎。

4 月 17 日下午 6 点，举行第一次审问，皇帝查理五世、萨克森选侯腓特烈等贵族以及教皇代表阿里安德等参加审问。审判大厅的桌子上摆有路德的著作。审判官员约翰·冯·埃克(Johann von Eck)①用拉丁语和德语问了路德两个问题：(1)桌上的著作是不是路德写的；(2)是否愿意公开宣布书里的内容是错误的。路德用拉丁语和德语做了回答：对第一个问题，路德承认这些书都是自己写的；对第二个问题没有当场回答，表示需要思考一下。同日，致信约翰·库斯皮念(Johann Cuspinian)②，告知第一次审问的情况，表示不会公开认错。

4 月 18 日下午 6 点，举行第二次审问。审判官员重复了前一天的问题。路德表示："除非用圣经的明证或清晰的理性说服我(我不能唯独信任教宗和议会的权威，因为众所周知，他们经常犯错并且彼此矛盾)，因我被自己所援引的圣经所束缚，我的良心受上帝之道所左右，我不能够也不愿意撤销任何东西，由于违心之事既不安全，也不适当。"③据记载，路德最后说道："我别无选择，这是我的立场(Ich kan nicht anderst, hie stehe ich)"④。但这一说法存在争议。⑤ 随后，路德

---

① 约翰·冯·埃克(？—1524 年)：出身于特里尔的贵族家庭，1502 年至 1505 年在意大利博洛尼亚大学和锡耶纳大学学习，获法学博士学位。1506 年起在特里尔大学任教。埃克对宗教改革非常反对。1521 年担任特里尔大主教的顾问。后前往埃斯林根的帝国最高法院担任特里尔大主教的代表，1524 年在埃斯林根去世。他的名字与路德的论敌埃克很类似。

② 约翰·库斯皮念(1473—1529 年)：法兰克尼亚地区的施维福尔特(Schweinfurt)人，人文主义者、科学家、外交家。曾就读于莱比锡大学，1500 年任维也纳大学校长。早期同情宗教改革，在 16 世纪 20 年代维滕堡发生混乱以及农民战争爆发后，开始怀疑宗教改革。1529 年在维也纳去世。

③ 马丁·路德：《路德文集》(第一卷)，路德文集中文版编辑委员会编，上海：上海三联书店，2005 年，第 597 页。

④ WA 7, 838.

⑤ Heinrich Boehmer. *Der Junge Luther*. Leipzig: Koehler & Amelang, 1954, S. 338.

被护送离开现场。审判过程后收录于《沃尔姆斯帝国议会对马丁·路德博士的审理记录》(*Verhandlungen mit D. Martin Luther auf dem Reichstage zu Worms*)。

4 月 19 日，皇帝查理五世向帝国议会送来亲笔信，宣布自己忠于家族的天主教信仰，将维护罗马教会，反对异端路德，但维护之前的安全诺言，让路德回到出发地，禁止路德沿途宣讲教义。

4 月 20 日，帝国议会要求成立委员会审理。

4 月 23—24 日，再次接受委员会审问，坚持之前的看法。

4 月 24 日，在特里尔大主教理查德·冯·格莱芬克劳的安排下，约翰·冯·埃克和约翰内斯·科赫劳斯(Johannes Cochläus)①访问路德，希望路德改变想法，没有成功。

4 月 25 日上午，与巴登伯爵首相希罗尼姆斯·维乌斯(Hieronymus Vehus)和奥格斯堡市秘书兼皇帝顾问康拉德·波伊廷格进行会谈。晚上，接到约翰·冯·埃克和皇帝秘书通知：在 21 日内回到家中，沿途不能传道和写作。路德表示同意。② 同日，路德获知萨克森选侯腓特烈将会安排他去一个安全的地方。③

4 月 26 日，上午 10 点，离开沃尔姆斯。

4 月 28 日，到达弗里堡(Fiedberg)，致信画家卢卡斯·克拉纳赫，抱怨皇帝审问他的方式，告知自己将被藏起来一段时间。向皇帝查理五世和萨克森选侯等帝国诸侯发出公开信，表示将继续坚持在会议中的立

---

① 约翰内斯·科赫劳斯(1479—1552 年)：原名约翰内斯·多本耐科(Johannes Dobeneck)，法兰克尼亚地区的文德施坦因(Wendelstein)人，人文主义者、天主教神学家。1504 年前往科隆大学学习，1505 年获学士学位，1507 年获硕士学位。1510 年担任纽伦堡圣洛伦茨拉丁学校的校长。1517 年在意大利费拉拉大学获神学博士学位。1518 年，成为教士。1528 年任萨克森公爵乔治的宫廷牧师。1539 年，乔治公爵去世后，他前往布雷斯劳担任神父。他积极反对宗教改革，是路德的重要论敌。

② Andrea van Dülmen. *Luther-Chronik*, *Daten zu Leben und Werk*. München: Deutscher Taschenbuch Verlag, 1983, S. 78.

③ Martin Brecht. *Martin Luther* (Band 1). Stuttgart: Calwer Verlag, 2013, S. 448.

场，除非《圣经》证明他错，否则他不会认错。

4 月 30 日，皇帝查理五世通知帝国议会，他作为教会的保护者将对路德采取行动。议会表示同意。

5 月 1 日，在赫尔斯菲尔德(Hersfeld)布道。在当地受到本尼迪克修道院①和市议会的热烈欢迎。

5 月 2 日，在赫尔斯菲尔德布道。然后，前往埃森纳赫，晚上到达。

5 月 3 日，在埃森纳赫布道。有神父进行了抗议，因为皇帝禁止路德在回程中布道。让舒尔夫、尤斯图斯·约纳斯和苏阿文(Suaven)先行回去。在阿姆斯多夫、约翰·佩岑施泰勒陪同下，从埃森纳赫到达家乡莫拉，拜访亲戚。致信曼斯费尔德伯爵阿尔布莱希特，介绍了自己在沃尔姆斯帝国议会受审的经过，表示自己不是要攻击权威，而是针对"错误的信条"②。

5 月 4 日，上午，在莫拉布道。阿姆斯多夫、约翰·佩岑施泰勒陪同路德出发前往瓦尔特斯坦因。傍晚，在靠近阿尔滕斯坦因(Altenstein)城堡时，被萨克森选侯腓特烈派去的人假装劫持。晚上 11 点，打扮成骑士到达埃森纳赫附近的瓦特堡。阿姆斯多夫和佩岑施泰勒独自回家。

在城堡化名为骑士容克·约克(Junker Jörg)，着骑士服装，蓄发须，有两名仆人为他服务。路德在城堡的消息对外严格保密。路德失踪后，公众以为路德已经遇难。丢勒曾在该年的日记中写道："噢，上帝！路德死了，今后谁会将神圣的福音给我们讲解得如此清楚呢?"③

5 月 8 日，致信梅兰希顿，让他保持沉默，不必告知他人关于自己的消息。

---

① 当时的修道院长是克拉夫特·米勒(Kraft Myle)。他在路德影响下，后来进行了宗教改革，允许修士离开修道院。

② Martin Luther. *The Letters of Martin Luther*, selected and translated by Margaret A. Currie. London: Macmillan and Co., 1908, p. 70.

③ Martin Brecht. *Martin Luther* (Band 1). Stuttgart: Calwer Verlag, 2013, S. 450.

5 月 12 日，致信梅兰西顿，勉励他要坚强，认为《沃尔姆斯敕令》不会有什么效果，提及身体正遭受便秘之苦。致信阿姆斯多夫，认为寄送邮件不安全，撕毁了部分文稿。致信阿格里科拉（路德与外界的联系人），询问维滕堡布道的情况。

5 月 14 日，致信施帕拉丁，叙述了被“劫”到瓦特堡的详细经过，提及正在修订《〈圣母颂〉德语版及其解释》；请维滕堡的朋友送一份拉丁语《降临节证道集》过来，计划将之翻译成德语。同日，“在一个银矿坑道里发现路德被匕首刺穿的尸体”的谣言传到沃尔姆斯。① 该月，路德被抓或被杀的谣言传遍德国。

5 月 25 日，沃尔姆斯帝国议会闭幕。

5 月 26 日，完成《〈诗篇〉第 67/68 首的德语解释》（*Deutsche Auslegung des 67/68. Psalm*）。致信梅兰西顿，谈及已完成《诗篇》的德语解释和布道集，提到计划用德语撰写《使徒书信》和福音书的讲义，关心维滕堡的布道问题。同日，皇帝查理五世发布《沃尔姆斯敕令》，“宣布路德被放逐，命令每个可以抓获他的人把他拘留起来交给皇帝，并且禁止阅读和传布他的著作”。②

6 月，致信安慰维滕堡的民众，为自己辩护，推崇上帝的恩典和《圣经》；并将《诗篇》第 36 首的讲义献给维滕堡民众。该讲义在 8 月 12 日公开出版，题为《大卫〈诗篇〉第 36 首：教诲和安慰基督徒反对罪恶渎神的伪君子的温床》（*Der sechs und dreissigist Psalm David, einen christlichen Menschen zu lehren und trösten widder die Mütterei der bösen und freveln Gleißler*）。

6 月 1 日，致信骑士弗兰茨·冯·济金根（Franz von Sickingen）③，

① 托马斯·马丁·林赛：《宗教改革史》（上卷），孔祥民等译，北京：商务印书馆，2016 年，第 297 页。

② 马克斯·布劳巴赫等著：《德意志史》（第二卷上册），陆世澄、王昭仁译，北京：商务印书馆，1998 年，第 64 页。

③ 弗兰茨·冯·济金根（1481—1523 年）：出身于莱茵地区的贵族骑士家庭，支持路德的宗教改革，1522 至 1523 年，发动反对特里尔主教的叛乱，失败后，于 1523 年 5 月 7 日去世。

感谢他在沃尔姆斯帝国议会召开期间提出为自己提供保护，将完成的《论教皇是否有权要求忏悔》(*Von der Beicht*, *ob die der Papst macht habe zu gebieten*)献给他。该文主要是反对罗马教会传统的信徒向神父忏悔的方式，主张任何一名基督徒都可向另一名基督徒忏悔。

6 月 8 日，致信约纳斯，将《路德对鲁汶大学经院学者拉托姆斯煽风点火式论证的反驳》(*Rationis Latomianae pro incendiariis Lovaniensis scholae sophistis redditae Lutheriana confutatio*)寄给他。背景是：鲁汶大学的教师拉托姆斯(Latomus)①写了一篇攻击路德教义的文章，批判路德对善功、忏悔礼、自由意志等教义的观点，路德于是写了该文进行反驳。

6 月 10 日，致信施帕拉丁，请他将完成的《〈圣母颂〉德语版及其解释》修订版和《论教皇是否有权要求忏悔》寄给印刷厂。完成为圣诞节准备的《使徒书信》讲义。

7 月 13 日，致信梅兰西顿，谈及写作布道集的进展等情况，鼓励他坚定地献身福音事业，并肯定了世俗权力的必要性和神圣性。

7 月 15 日，致信施帕拉丁，对他告知的维滕堡的好消息表示高兴②，请他多关心梅兰希顿，谈及路德在瓦特堡的“谣言”已经四处传遍。

大概在 7 月 15 日，致信阿姆斯多夫，祝贺他获得萨克森施默勒的一份圣职，讨论驳斥埃姆泽的事情。

7 月 31 日，致信施帕拉丁，将《圣诞节布道集》的部分手稿寄给他，提及当地发生瘟疫。

7 月，出版《受上帝最有学识的迈森代理主教希罗尼姆斯·艾姆泽所迫，路德博士反驳其错误》(*Ein Widerspruch D. Luthers seines Irrthums*, *erzwungen durch den allerhochgelehrtesten Priester Gottes*, *Herrn Hieronymo*

① 拉托姆斯(约 1475—1544 年)：原名雅各布斯·玛颂(Jacobus Masson)，曾在巴黎大学学习，1510 年到鲁汶大学任教。

② 施帕拉丁告知路德的消息应该是，在萨克森选侯腓特烈的支持下，维滕堡大学有了一些发展，如任命新教师等。参见 LW 48，271。

Emser, Vicarien zu Meißen)。

8 月 1 日，致信梅兰西顿，表示反对修士独身、反对罗马教会禁止圣餐礼时平信徒同时领饼和酒的做法。

8 月 3 日，致信梅兰西顿，赞同卡尔施塔特关于反对独身誓言的著作。

8 月 6 日，致信施帕拉丁，讨论卡尔施塔特关于独身誓言的著作，希望它更清晰，安排印刷梅兰希顿的《防御》(包括路德的德语翻译)，抱怨自己的《〈圣母颂〉德语版及其解释》的修订版还没有被印刷出来以及关于《诗篇》第 119 首的讲义丢失了。

8 月 15 日，致信施帕拉丁，讨论卡尔施塔特关于独身誓言的著作，希望它能有更恰当的《圣经》依据；将《布道集》后半部分寄过去，猜测《证道集》的前半部分已经开始印刷，希望《布道集》按季节分成四个部分出版。

9 月 9 日，致信梅兰西顿，继续讨论修士独身问题。致信施帕拉丁，批评伊拉斯谟"远离恩典的知识"①，还批评了美因茨大主教的顾问卡皮托试图调和大主教与路德的关系；在信中还关心维滕堡的宗教改革情况，请施帕拉丁让维滕堡市政府邀请梅兰希顿担任平民布道人，用德语给平民讲道，以"恢复早期教会的形式和方法"②，可以弥补自己不在维滕堡的不足。致信阿姆斯多夫，认为卡尔施塔特关于反对独身誓言的论证很容易被驳斥；将《关于誓言的论纲》(Themata de votis)的第一部分寄给阿姆斯多夫。该文主张修士可以结婚，在 10 月 8 日出版。

9 月 17 日，致信施帕拉丁，讲述萨克森亲王约翰在 9 月曾莅临瓦特堡，两人未相见，亲王通过城堡主要求路德对《路加福音》17:11—19 经文中涉及麻风病人的段落进行解释；现已完成该经文解释，寄给施帕拉丁《关于十个大麻风病人的福音的德语翻译和解释》(*Evangelium von*

① LW 48, 306.

② LW 48, 308.

den zehn Aussätzigen verdeutscht und ausgelegt）的手稿。该文在 11 月 8 日出版。

9 月底，卡皮托来到维滕堡，请求萨克森选侯、施帕拉丁等阻止路德攻击美因茨大主教阿尔布莱希特的圣物展览。背景是：9 月 15 日，美因茨大主教在哈勒的教堂举办圣徒遗物节，宣称凡是参观圣徒遗物的人，都会得到赦免；并发行新的赎罪券。

10 月 7 日，致信施帕拉丁，表示会批评美因茨大主教举办的圣徒展览，并提醒他，如果维滕堡发生瘟疫，一定要让梅兰希顿撤离。

11 月 1 日，致信斯特拉斯堡教会秘书尼克劳斯·戈贝尔（Nikolaus Gerbel）①，详述了自己的写作状况，已完成批评美因茨大主教的《反对哈勒的偶像崇拜》（*Wider den Abgott zu Halle*）；提到“我为德国人民而生，我渴望侍奉他们”②，最后祝贺他结婚。致信施帕拉丁，谈及自己被很多魔鬼打扰。③ 致信维滕堡的教会人员，将《论废除私人弥撒》（*De abroganda missa privata*）寄给他们。

11 月 10 日，写完《论弥撒的滥用》（*Vom Mißbrauch der Messe*），指出传统的弥撒建立在错误的教会观上，主张“信徒皆为祭司”④，反对将弥撒作为献祭；并将手稿寄给施帕拉丁，请他尽快出版。

11 月 11 日，致信施帕拉丁，拒绝了萨克森选侯腓特烈提出的不批评美因茨大主教或不写干扰公共和平的作品的要求，认为上帝的永恒和平更为重要。随信寄出《论废除私人弥撒》。

11 月 19 日，将《瓦特堡布道集》题词献给曼斯费尔德伯爵阿尔布莱

① 尼克劳斯·戈贝尔（约 1485—1560 年）：巴登地区的普福茨海姆人，曾就读于维也纳大学、科隆大学和图宾根大学，1514 年获博洛尼亚大学教会法博士学位。1515 年，参与伊拉斯谟的希腊语《新约》的编辑工作，后定居于斯特拉斯堡，担任教会法律顾问、秘书、斯特拉斯堡大学教授等职务，积极支持路德。1560 年，在斯特拉斯堡去世。

② Martin Luther. *The Letters of Martin Luther*, selected and translated by Margaret A. Currie. London: Macmillan and Co., 1908, p. 86.

③ WA Br. 2, 399.

④ LW 36, 138.

希。

11 月 20 日，撰写《降临节布道集》(*Adventspostille*)。同日，萨克森选侯腓特烈让维滕堡大学师生撤离维滕堡，因为当地在秋季和冬季发生了瘟疫。

11 月 21 日，致信父亲汉斯·路德，表示已从修道的誓言中解脱出来，对 1505 年违背父亲的意志当修士表示后悔。这封信同时作为《论修道誓言》(*De votis monasticis*)的题词，信中回忆当初“被从天而降的恐怖所召唤，而不是出自自己的自由意志和愿望成为修士”①，认为上帝的诫命高于修道誓言，“当孝敬父母”是上帝的诫命，人应该遵从，“除非父母的权威与耶稣的权威或召唤相违背”②。

针对维滕堡有些修士走出修道院的情况③，撰写《论修道誓言》，宣称有关独身的誓言已经无效，鼓励修士、修女离开修道院。该文分为五个部分：(1)独身誓言不是上帝的话语所命令的。(2)独身誓言与信心相违背。(3)强迫且永久的独身誓言是违背基督徒自由的。(4)独身誓言违背了上帝的第一条诫命。(5)独身誓言违背了常识。该文认为修道誓言没有上帝话语的依据：“修道誓言中最危险的事情在于它没有《圣经》的权威和榜样。”④该文重点批判了一些人藉修道得救的思想：“那些发修道誓言的人相信他们会因此生活得很好，获得拯救，被免掉罪，并获得大量善功，他们难道不是渎神的犹太人，背叛了信仰，亵渎并否认了信仰吗？”⑤该文在 1522 年初出版。

11 月 22 日，致信施帕拉丁，谴责修道誓言，认为“上帝的道在修道院没有被探讨，而那里只有人类纯粹的谎言”⑥，希望萨克森选侯废

① LW 48，332.

② LW 48，335.

③ 1521 年 11 月 12 日，维滕堡奥古斯丁修道院 15 名修士离开修道院，“开始过市民生活”。参见：沃尔夫冈·兰德格拉夫：《马丁·路德》，周正安译，北京：新华出版社，1988 年，第 132 页。

④ LW 44，252.

⑤ LW 44，280.

⑥ LW 48，338.

除万圣会。随信寄出《论修道誓言》和《瓦特堡布道集》两本书的题词信。萨克森选侯腓特烈拒绝了路德的建议，没有解散万圣会。

12 月 1 日，致信美因茨大主教阿尔布莱希特，继续反对赎罪券，反对哈勒的偶像崇拜，并请他放过结婚的教士。12 月 21 日，大主教回信，表示早已取消赎罪券。①

12 月 2 日，离开瓦特堡，秘密前往维滕堡。

12 月 3 日，途经莱比锡。萨克森公爵乔治派人追捕，没有成功。②该日，抵达维滕堡。同日，维滕堡的学生和市民冲进教堂，驱逐教士。

12 月 5 日，致信施帕拉丁，对维滕堡的见闻感到高兴，同时表示反对暴乱；批评他未将寄给他的《论弥撒的滥用》手稿出版。施帕拉丁未出版的原因是担心这篇文章会“加剧维滕堡的革命”③。该文大概在 1522 年 1 月中旬发表。

大概在 12 月 12 日，回到瓦特堡。致信施帕拉丁，同意推迟发表《反对哈勒的偶像崇拜》，并请他转交给梅兰希顿，让他删除尖锐的话语；并寄给施帕拉丁《对所有基督徒的真诚告诫：遵守规矩，不要暴乱》(*Eine treue Vermahnung zu allen Christen*, *sich zu hüten vor Aufruhr und Empörung*)，希望尽快发表。该文旨在反对暴力，主张和平宣道，告诫信徒不能参与暴乱，并反对将新教徒称为“路德宗”：“我要请求的第一件事就是人们不应该使用我的名字，不应该称他们自己是路德宗，而应称他们是基督徒。路德是什么？那些教导并不是我的。我也没有为任何人被钉十字架……人们怎么能用我败坏的名字来称呼基督的儿女？”④。该文在 1522 年 1 月 19 日出版。

12 月 18 日，致信约翰·朗，批评修士离开修道院时缺乏秩序，第一次提及他在将《新约》从希腊语翻译成德语。“在路德的时代，已经有

① WA Br. 2，421.

② 詹姆斯·基特尔森：《改教家路德》，李瑞萍等译，北京：中国社会科学出版社，2009 年，第 125 页。

③ LW 36，130.

④ WA 8，685.

14 种高地德文译本，4 种低地德文译本和 1 种尼德兰文译本。但是路德根本不同于前人，他工作的价值在于，并非把拉丁文圣经简单地译成德文，而是使译文忠实于希腊文和希伯来文的原文。”①同日，致信文策尔·林克，提及修道院改革，应给修士们自由，“不驱逐任何人，也不强迫任何人留下来”。② 林克时任德国奥古斯丁修会严格教规派代理主教。

12 月 25 日，卡尔施塔特在维滕堡推行饼和酒两种形式的圣餐，改革传统的礼拜仪式。

12 月 27 日，三名“茨维考的先知”（Zwickauer Propheten）来到维滕堡。这三人是尼克劳斯·斯托希（Nikolaus Storch）、马库斯·托马俄（Makus Thomae）、托马斯·德莱西瑟（Thomas Drechsel），其中托马俄在维滕堡学习过，是梅兰希顿的学生。“他们宣称自己被圣灵带领，有从上帝直接来的启示异象，并且把这些异象与政治和社会激进主义结合起来。”③“茨维考的先知”提出“世界末日”的主张，引发了民众的紧张情绪。

该年，还撰有《对处于高度不安中的人的安慰》（*Tröstung für eine Person in hohen Anfechtungen*）、《关于教导三种美好生活知识的布道》（*Sermon von dreierlei gutem Leben, das Gewissen zu unterrichten*）。

1522 年 39 岁

1 月 9 日，来自尼德兰地区的哈德良六世（Adrian Ⅵ，1459—1523 年）继任为教皇，统治至 1523 年 9 月 14 日。哈德良六世曾是皇帝查理

① 沃尔夫冈·兰德格拉夫：《马丁·路德》，周正安译，北京：新华出版社，1988 年，第 129 页。

② Martin Luther. *The Letters of Martin Luther*, selected and translated by Margaret A. Currie. London: Macmillan and Co., 1908, p. 95.

③ 卡尔·楚门：《路德的人生智慧：十架与自由》，王一译，上海：上海三联书店，2019 年，第 48 页。

五世的私人教师。

1 月 13 日，匈牙利兼波希米亚国王拉约什二世与皇帝查理五世的三妹玛丽结婚。哈布斯堡家族与匈牙利实现了双重联姻。按照协议，如果拉约什二世无嗣，匈牙利王位将由费迪南继承。

3 月 27 日至 4 月 30 日，纽伦堡帝国议会召开。议会向罗马教廷代表表达了对教会腐败的不满。

4 月，茨温利发表《饮食的选择和自由》，反对斋期禁食的规定。

6—12 月，土耳其大军围攻圣约翰骑士团统治的罗德岛。12 月 21 日，骑士团投降，撤回欧洲。

8 月，莱茵地区骑士发动暴动，济金根组织骑士成立“兄弟同盟”。9 月，济金根和胡滕领导骑士进攻特里尔大主教理查德·冯·格莱芬克劳的领地，失败。次年 5 月骑士暴动彻底失败，济金根负伤去世；胡滕逃往瑞士。

11 月 18 日至次年 2 月 9 日，纽伦堡帝国议会再次召开。普鲁士条顿骑士团团长阿尔布莱希特在纽伦堡参加帝国议会期间，在宗教改革家安德烈·奥西安德(Andreas Osiander)①的影响下，开始接受新教的思想。②

该年，巴塞尔和普福茨海姆的新教徒开始用德语举行礼拜仪式。

该年至 1524 年，西班牙贵族伊格纳修斯·罗耀拉(Ignatius Loyola)③开始撰写《精神的操练》(*Exercitia spiritia*)，该书被称为“反宗

---

① 安德烈·奥西安德(1496/1498—1552 年)：法兰克尼亚地区的贡岑豪森(Gunzenhausen)人，早年毕业于因戈斯塔特大学。1520 年成为牧师，并担任纽伦堡奥古斯丁修会的希伯来语教师，后受路德的宗教改革思想影响，1522 年成为布道人，1533 年参与起草《勃兰登堡—纽伦堡教会条例》，1548 年成为科尼斯堡大学教授。

② Volker Leppin und Gury Schneider-Ludorff (Hrsg.). *Das Luther-Lexikon*. Regensburg: Verlag Bückle & Böhm, 2015, S. 48.

③ 伊格纳修斯·罗耀拉(1491—1556 年)：耶稣会创始人，出身于西班牙贵族家庭。1521 年在与法国的战争中，腿部受伤严重，不能再作战，转而开始修道，学习神学，决心成为“圣母的骑士”。1534 年创立耶稣会，致力于反对宗教改革的事业。

教改革的灵魂"①，于1548年出版。

1月13日，致信阿姆斯多夫，讨论末世论、灵魂等问题，否认炼狱，谈及正翻译《圣经》等。致信梅兰希顿，反对"茨维考的先知"否定婴儿洗礼的观点，谈及自己回维滕堡的计划，让梅兰希顿为他准备住处。致信美因茨大主教阿尔布莱希特的顾问卡皮托，批评阿尔布莱希特的专制统治。

1月17日，致信卡皮托，指责他不能批评美因茨大主教阿尔布莱希特的错误。致信施帕拉丁，告诉他，鉴于维滕堡圣餐礼改革造成的混乱局面，决定回维滕堡。背景是：1月，维滕堡发生改革，在卡尔施塔特的推动下，维滕堡议会通过了禁止乞讨、挂圣像等规定，并制定了新的弥撒制度。1月6日，维滕堡的奥古斯丁修道院解散。1月11日，维滕堡发生破坏圣像的动乱。

大概在1月22日，致信施帕拉丁，批评他不理解教会的含义。致信萨克森选侯腓特烈，表示即将回维滕堡。

2月20日之前，完成《降临节布道集》。

2月24日，致信萨克森选侯腓特烈，讨论选侯热衷收集圣物问题，将维滕堡的动荡局势比喻为选侯必须承担的十字架；并请选侯抱有信心，不要恐惧，提醒他要明智、谨慎。背景是：维滕堡发生的动乱让选侯十分担心。

3月1日，离开瓦特堡，前往维滕堡。《圣诞节布道集》完成印刷。

3月5日，到达博纳(Borna)。致信萨克森选侯腓特烈，表示将回到维滕堡，原因是激进的宗教改革损害了福音，并担忧萨克森选侯"会因此陷于被动和困境之中"②。选侯之前写信劝阻路德回维滕堡，这是回信。

① 托马斯·马丁·林赛：《宗教改革史》(下卷)，刘林海等译，北京：商务印书馆，2016年，第533页。

② 马丁·路德：《路德劝慰书信》，西奥多·泰伯特选编、英译，孙为鲲译，上海：上海三联书店，2017年，第367页。

3 月 6 日，回到维滕堡。

3 月 7 日，致信萨克森选侯腓特烈，解释回维滕堡的原因：(1)维滕堡教会的紧急请求。(2)路德不在时，撒旦入侵了维滕堡。(3)担心会发生真的叛乱。撒旦即魔鬼，“在路德的思想世界里，魔鬼及其手下真的是以实体存在的”①。

3 月 9—16 日，在维滕堡连续用德语布道 8 场，平息了维滕堡的暴乱。

3 月 9 日，四旬斋节的第一个星期日，布道，主题是“一个基督徒主要关心的事情”，强调信上帝、爱邻人和忍耐。

3 月 10 日，布道，主题是“必须的事情”，指出传统的弥撒“是一桩坏事，是上帝所不喜悦的，因为弥撒是被认为献祭和有功德的行为，所以弥撒必须废除”②。但路德反对通过暴力的方式废除弥撒。

3 月 11 日，布道，主题是“非必需，上帝给予自由的事情”，指出是否结婚，是否修道都是人可自由决定的事情；反对偶像崇拜，但不反对制作偶像。

3 月 12 日，布道，主题是“论圣像与饮食”，理解一些人为了信仰陈列圣像，但反对将之视为善功；认为基督徒在饮食上拥有自由。

3 月 13 日，布道，主题是“论圣餐礼”，反对将接触圣饼作为好基督徒的证明；反对罗马教会的圣餐仪式，主张同时领饼和酒，但不强制实行；真正的信仰最为重要，必须“注重道，实行道，宣讲道”。③ 致信施帕拉丁，祝贺他成为宫廷布道人。

3 月 14 日，布道，主题是“论圣餐礼”，认为领受圣餐应出于信仰，表面上的领受是没有用的。“最配领受圣餐的人，就是那些常被死亡和

---

① 卡尔·楚门：《路德的人生智慧：十架与自由》，王一译，上海：上海三联书店，2019 年，第 146 页。

② 马丁·路德：《路德选集》，徐庆誉、汤清等译，北京：宗教文化出版社，2010 年，第 275 页。

③ 马丁·路德：《路德选集》，徐庆誉、汤清等译，北京：宗教文化出版社，2010 年，第 285 页。

魔鬼所困扰的人。”①因为上帝设立圣餐就是为了安慰人。

3 月 15 日，布道，主题是“论圣礼的果实：爱”，认为基督徒应有爱，“这是最主要的事，也是基督徒唯一的本分”。②

3 月 16 日，布道，主题是“论忏悔礼”，区分了三种忏悔：一是罪行公开，被教会指出后的忏悔；二是向上帝忏悔；三是按照教皇要求，向别人忏悔。主张应恢复第一种公开忏悔，继续第二种向上帝忏悔，反对第三种私人忏悔。

3 月 17 日，致信茨维考牧师尼科劳斯·豪斯曼（Nikolaus Hausmann）③，批评“茨维考的先知”在欺骗人，并表示“谴责宗教圣像，但是以道的形式；它们不应被烧毁……如果民众被教导后，知道在上帝面前，圣像没有任何意义，这些圣像会自己消亡”④。

3 月 18 日，致信萨克森亲王约翰·腓特烈，认为人应该接受两种形式的圣餐。致信尼克劳斯·戈贝尔，谈及自己正遭受生命危险。⑤

3 月 19 日，致信文策尔·林克，谈及德国一些地方发生暴乱，对当前的局势感到忧虑，“整个民族都被激发起来了，睁大了眼睛。这不能通过暴力镇压”。⑥ 信中希望林克也能劝一些王侯，“要谦逊，不能用暴力去统治和对待人民”。⑦

---

① 马丁·路德：《路德选集》，徐庆誉、汤清等译，北京：宗教文化出版社，2010 年，第 287 页。

② 马丁·路德：《路德选集》，徐庆誉、汤清等译，北京：宗教文化出版社，2010 年，第 288 页。

③ 尼科劳斯·豪斯曼（约 1479—1538 年）：萨克森弗莱堡人，就学于莱比锡大学，1503 年获硕士学位。1519 年担任施雷堡（Schneeberg）的牧师。1521 年，担任茨维考的牧师，卷入“茨维考先知”的斗争。1532 年，受路德推荐，担任德绍牧师，推动安哈尔特的宗教改革。1538 年，回到萨克森的弗莱堡担任牧师。不久，在布道时中风，后去世。

④ LW 48，401.

⑤ WA Br. 2，475.

⑥ Martin Luther. *Luther Deutsch*（Band 10），*Die Briefe*，herausgegeben von Kurt Aland. Göttingen：Vandenhoeck & Ruprecht，1983，S. 118.

⑦ Martin Luther. *Luther Deutsch*（Band 10），*Die Briefe*，herausgegeben von Kurt Aland. Göttingen：Vandenhoeck & Ruprecht，1983，S. 119.

3月20日，致信施帕拉丁，谈及已完成《新约》的翻译，“用最简单的语言完成，所有人都能理解”①。

马克斯·韦伯认为，路德在翻译《圣经》时，产生了一种新的天职观(Beruf)：天职(Beruf)“这个字的现代意义反倒是源自圣经的翻译，尤其是来自翻译者的精神，而非原文的精神”。② 他对路德的翻译过程进行了考证③，得出结论：路德以Beruf来翻译两个完全不同的概念。一是保罗所用的，意指蒙神呼召于永恒的救恩，如《以弗所书》4:1—2、《彼得后书》1:10中的Beruf指的是纯粹的宗教概念。二是《西拉书》11:20—21中的“守住你的工作(Werk/Arbeit)”，路德译为“beharre in deinem Beruf”与“bleibe in deinem Beruf”(守住你的天职)，④ 这是“使用现今纯粹世俗意味下的德文‘Beruf’为译文的第一回”。⑤

3月22日，致信萨克森选侯腓特烈，解释回到维滕堡的原因是卡尔施塔特的激烈改革。

3月25日，完成《论采用两种形式的圣餐》(*Von beider Gestalt des Sakraments zu nehmen*)的撰写。该文主张在圣餐礼中，平信徒应领饼和酒两种形式的圣餐，同时批评对圣餐礼的激进改革。该文在4月17日出版。致信约翰·赫斯，祝贺他成为查理·冯·明斯特堡公爵的宫廷牧师，谈及维滕堡近期的暴乱，以及思考如何对公爵施加影响。

3月26日，致信豪斯曼，建议他只用言词与茨维考方济各修会的修士争辩。

---

① Martin Luther. *The Letters of Martin Luther*, selected and translated by Margaret A. Currie. London: Macmillan and Co., 1908, p. 102.

② 马克斯·韦伯：《新教伦理与资本主义精神》，康乐、简惠美译，桂林：广西师范大学出版社，2007年，第52-53页。

③ 参见马克斯·韦伯：《新教伦理与资本主义精神》，康乐、简惠美译，桂林：广西师范大学出版社，2007年，第244-245页。

④ 马克斯·韦伯：《新教伦理与资本主义精神》，康乐、简惠美译，桂林：广西师范大学出版社，2007年，第244-245页。

⑤ 马克斯·韦伯：《新教伦理与资本主义精神》，康乐、简惠美译，桂林：广西师范大学出版社，2007年，第245页。

3 月 28 日，致信约翰·朗，讨论修士离开修道院的问题，反对修士为了饱腹和肉欲离开修道院。①

3 月 30 日，致信施帕拉丁，提及自己已译完《新约》，正在与梅兰希顿修订。

3 月底，写信安慰和鼓励骑士哈特穆特·冯·克罗恩堡(Hartmut von Cronberg)，谴责沃尔姆斯会议。背景是：在《沃尔姆斯敕令》颁布后，克罗恩堡仍支持宗教改革，被取消了皇帝发放的 200 古尔登的年俸；后又卷入济金根的骑士暴动，1522 年 10 月，他的城堡被黑森伯爵菲利普占领。②

4 月初与“茨维考的先知”会谈，已斥责和警告了“茨维考的先知”，将之称为“撒旦”。③

4 月 12 日，致信施帕拉丁和约致信文策尔·林克，提及将在复活节后参与教区的巡视。

4 月 14 日，致信施帕拉丁，讨论善功问题，认为“在人变得虔诚后，善行就会随之而来，而不是善行让他们变善”④。

4 月 17 日，致信阿尔滕堡市长和议会，推荐加比尔·茨维林(Gabriel Zwilling)⑤去当地担任牧师。致信茨维林，告诉他，如果他被让阿尔滕堡市选中，就接受牧师职位。同日，“茨维考的先知”离开维滕堡。

---

① WA Br. 2，488.

② Martin Luther. *Martin Luther Taschenausgabe* (Band 1), *Die Botschaft des Kreuzes*, bearbeitet von Horst Beintker. Berlin：Evangelische Verlagsanstalt GmbH，1981，S. 140.

③ Martin Luther. *Luther Deutsch* (Band 10), *Die Briefe*, herausgegeben von Kurt Aland. Göttingen：Vandenhoeck & Ruprecht，1983，S. 120.

④ Martin Luther. *The Letters of Martin Luther*, selected and translated by Margaret A. Currie. London：Macmillan and Co.，1908，p. 103.

⑤ 加比尔·茨维林(约 1487—1558 年)：萨克森的洛绍人，奥古斯丁会修士，1512 年入读维滕堡大学。1518 年获硕士学位。1525 年，担任托尔高神父。1558 年，在托尔高去世。

4 月 21 日，致信施帕拉丁，谈及已请求卡尔施塔特，让他不要发表文章。

4 月 24 日，致信施帕拉丁，谈及卡尔施塔特出版著作的要求已被维滕堡大学校长和市议会拒绝。

4 月 25 日，致信施托尔堡的路德维希伯爵，回复他关于取下圣像的问题，认为，“服侍上帝在于信和爱”。①

4 月 26 日，离开维滕堡，前往茨维考等地。

4 月 30 日至 5 月 2 日，在茨维考多次布道，主题包括因信称义、善功、信仰、爱、神意（Vorsehung）、教士的职责、洗礼、为死去的人祈祷等②，目的是稳定当地的局势。背景是：该年，茨维考因宗教改革问题爆发了剧烈的冲突，闵采尔离开茨维考，逃到了波希米亚。

5 月 2 日，晚上，茨维考市政府在市政厅举行仪式，表彰路德。

5 月 5 日，前往艾能堡。致信施帕拉丁，请他劝告萨克森选侯腓特烈，在艾能堡安排一名布道人。

5 月 7 日，回到维滕堡。

5 月 8 日，致信萨克森选侯腓特烈和阿尔滕堡市议会，再次推荐加比尔·茨维林担任当地牧师。同时，致信茨维林，告诫他做好牧师。背景是：阿尔滕堡市议会与当地主教就牧师问题未达成一致，路德在 4 月推荐的茨维林没有就任。

5 月 10 日，致信乔治·施帕拉丁，首次寄出《新约》翻译的样本。

5 月 15 日，致信施帕拉丁，评价伊拉斯谟和埃克：“认真而言，伊拉斯谟是路德及其学说的敌人，但通过花言巧语，看起来像个朋友；……而埃克更好一些，毫无伪装，就是一个敌人。我特别讨厌时为朋友、时为敌人的伪君子和阴险的人。”③

① WA Br. 2，514.

② WA 10Ⅲ，103-111.

③ Martin Luther. *Luther Deutsch*（Band 10），*Die Briefe*，herausgegeben von Kurt Aland. Göttingen：Vandenhoeck & Ruprecht，1983，S. 121.

5 月 16 日，致信伊格劳(Iglau)的布道人保罗·施帕拉图斯(Paul Speratus)①，同意在维也纳印刷自己的布道词，并讨论了波希米亚关于圣餐礼的学说。背景是：当日有两名波希米亚兄弟会的牧师拜访路德，在圣餐礼教义上与路德相同。

5 月 27 日，致信阿尔滕堡市议会，建议他们同意暂时由加比尔·茨维林在当地布道，直到找到替代的人；致信茨维林，建议他留在阿尔滕堡，等待职位。后续是：7 月 10 日，致信茨维林，告知他选侯已经为阿尔滕堡选定一名布道人，他可以回维滕堡或之前居住的地方。

5 月 29 日，致信约翰·朗，认为崇拜圣徒毫无必要。致信施帕拉丁，驳斥“茨维考先知”对婴儿洗礼的攻击。

5 月 30 日，撰写《论避免人的学说：对一些强化人的学说的谚语的回应》(*Von Menschenlehre zu meiden. Antwort auf Sprüche, so man führet Menschenlehre zu stärken*)，强调基督徒的自由，人应认罪。

6 月 2 日，出版《小祈祷文》(*Betbüchlein*)，总结了新教的基本教义。

6 月 7 日，致信施帕拉丁，请他向萨克森选侯为一名误闯选侯划定的水域禁区的渔民求情，为了渔民的生计，请求将罚款的惩罚改为监禁数日的处罚。

6 月 8 日，致信施帕拉丁，请他代表自己向萨克森选侯腓特烈表示感谢，因为选侯给他支付了麦芽的费用。

6 月 11 日，致信约翰·朗，关心新教徒在尼德兰遭到迫害等事。

6 月 15 日，致信马格德堡市长克劳斯·施托姆，解释他为什么要抨击高级教会人士。信中写道：“一个人应忍受权力和不公，我过去这么做，现在仍这么做。但一名布道人不应该沉默，应如《以赛亚书》第 58 章所言，发出他的声音，说出高教教士的罪、狡猾和坏事。”②

---

① 保罗·施帕拉图斯(1484—1551 年)：1520 年担任维尔茨堡的布道人。由于信仰新教并结婚，1521 年被迫逃离到维也纳，后因批判修道誓言，被处以绝罚。后担任伊格劳布道人，1524 年前往科尼斯堡担任布道人，1530 年担任波美萨尼亚(Pomesanien)主教，直至去世。

② WA Br. 2，563.

6 月 27 日，致信施道皮茨，对他将成为一名修道院院长表示失望。后续是：8 月 2 日，施道皮茨被任命为萨尔茨堡本尼迪克修会圣彼得修道院院长。

7 月 4 日，致信施帕拉丁，告知他翻译《新约》的进度，并安排梅兰希顿去上神学课，不再上语法课。撰写《反对教皇和主教伪称的所谓属灵身份》。背景是：1521 年，路德撰写《反对哈勒的偶像崇拜》，批评美因茨大主教举办的圣徒遗物展，没有发表。后来，路德以此为底稿写成此文，重点在于阐述主教的职责。

7 月 10 日，出版《关于埃尔福特教会圣徒的书信或讲课》(*Epistel oder Unterricht von den Heiligen an die Kirche zu Erfurt*)，反对埃尔福特教会中的圣徒崇拜。

7 月 15 日，致信波希米亚的塞巴斯蒂安·施立克(Sebastian Schlick)伯爵，鼓励他反对罗马教会，谴责罗马教会迫害胡斯。撰写《致信波希米亚等级议会》(Schreiben an die böhmischen Landstände)，支持他们反对罗马教会，希望德国人和波希米亚人在福音中联合起来。写完《驳英国国王亨利》(Contra Henricum Regem Angliae)，驳斥亨利八世在 1521 年 6 月发表的《为七项圣礼辩护》。后续是：亨利八世的大臣托马斯·莫尔发表《答路德》，维护教皇和七项圣礼的权威。

7 月 26 日，致信施帕拉丁，对茨维林被迫从阿尔滕堡离开一事表示不满；谈及反对英国国王亨利八世为罗马教会辩护的文章，以及翻译的《新约》已准备印刷等事项。出版《反对将教皇和主教错称为属灵阶层》(*Wider den falsch genannten geistlichen Stand des Papstes und der Bischöfe*)，批评罗马教会主教们的腐败行为，认为主教应该布道，为民众提供属灵服务。

8 月 3 日，致信豪斯曼，寄去刚出版的《哪些人不能结婚》(*Welche Personen verboten sind zu ehelichen*)，认为不能与父亲、儿子、兄弟的妻子、继女、继子等结婚。

8 月 6 日，致信豪斯曼，向他推荐一名离开修道院的修士，看能否在茨维考学习一门手艺。①

① WA Br. 2，585.

大概在 8 月 10 日，开始撰写《论婚姻生活》(*Vom ehelichen Leben*)。该文是路德阐述婚姻观最为全面的著作，反对将婚姻设为圣礼，认为婚姻是上帝设立的神圣制度和每个人的天职，神职人员与平信徒都应结婚以参与上帝的创世秩序。该文肯定了婚姻的世俗性质，同时作为一种天职又具有神圣性；并阐述了家庭的天职：即夫妻之间、父母子女之间、主仆之间的天职。该文主张家庭成员在尘世的家庭中履行天职以进行属灵操练，过一种属灵的生活。该文引用《创世记》35:11“你要生养众多”的经文，认为这高于修道院独身的誓约。该文肯定了父母的权柄：“父母的确是他们儿女的使徒、主教和牧师，因为是他们向儿女宣告了福音。总而言之，世上没有其他权柄比父母对儿女的权柄更伟大或更崇高的，因为这个权柄既是属灵的，也是世俗的。”①该文在 9 月底出版。

8 月 11 日，致信施帕拉丁，谈及翻译的《约翰福音》已完成印刷。

8 月 31 日，出版《论伪善者和公开的罪人的布道》(*Sermon von dem Gleißner und offenbaren Sünder*)。

9 月 4 日，致信施帕拉丁，谈及已经完成德语《新约》翻译等事宜。

9 月 7 日，发表《论聋子和哑巴的布道》(*Sermon von dem Tauben und Stummen*)。

9 月 20 日，翻译的德语《新约》(尚欠缺《罗马书》序言)出版，被称为“《九月圣经》”(*Septembertestament*)。画家克拉纳赫为《新约》绘制了 21 张木刻版画。大概在该日，致信施帕拉丁，将德语《新约》寄给他、萨克森选侯腓特烈和他的弟弟约翰亲王。

大概在 9 月 21 日，致信施帕拉丁，将《罗马书》序言寄给他、萨克森选侯腓特烈和约翰亲王。

9 月 25 日，前往萨克森的莱斯尼希(Leisnig)，讨论选举牧师和建立“公共财库”的问题，直到 10 月 2 日。

10 月 3 日，返回维滕堡。

① WA 10Ⅱ, 301.

10月4日，致信施帕拉丁，将约翰内斯·布根哈根(Johannes Bugenhagen)①推荐给他，请他安排课程。

10月16日，与梅兰西顿、雅各布·普罗布斯特(Jakob Propst)②、阿格里科拉和沃尔夫冈·施泰因(Wolfgang Stein)③前往魏玛，18日到达。

10月19日，在魏玛宫廷作关于《马太福音》22:37等经文的布道。④当时在魏玛进行统治的是萨克森选侯领地的约翰亲王。

10月21日，到达埃尔福特，在米歇尔教堂作关于《马太福音》25:1等经文的布道，主题是"信仰和善功"。⑤

10月22日，在埃尔福特考夫曼教堂作关于《马可福音》16:15等经文的布道，主题是"一个真正基督徒的十字架和受难"。⑥

10月24日，再次来到魏玛。

---

① 约翰内斯·布根哈根(1485—1558年)：宗教改革家、神学家。1485年，生于波莫瑞(Pommern)的沃林(Wollin)，后被人称为"波莫博士"(Dr. Pommer)。1502至1504年就读于格赖夫斯瓦尔德大学。在路德影响下，与人文主义神学决裂。1521年，前往维滕堡大学读书，并与路德、梅兰希顿成为朋友，深受路德信任，成为他的忏悔神父。1533年，获得神学博士学位，1535年，成为维滕堡大学神学院教授。从16世纪20年代起，致力于在布伦瑞克、汉堡、吕贝克、波莫瑞等德国北部地区推进宗教改革，组织新教教会和学校。1537—1539年，在丹麦国王克里斯蒂安三世的邀请下，到丹麦进行宗教改革。1538年，担任哥本哈根大学校长。1539年，返回维滕堡，进行神学研究，参与了路德版《圣经》翻译的修订。

② 雅各布·普罗布斯特(1486—1562年)：尼德兰弗兰德人，奥古斯丁会修士，1519年担任安特卫普修道院院长，1521年曾在维滕堡大学学习，是路德的学生。返回安特卫普后，因宣扬路德学说，受到迫害，1522年逃回维滕堡，并脱离了奥古斯丁修会。1524年，受路德推荐，普罗布斯特前往不来梅担任路德派牧师。1562年，在不来梅去世。

③ 沃尔夫冈·施泰因(1504—1553年)：茨维考人，1504年就读于埃尔福特大学，1506年获学士学位。1517年任茨维考的布道人，后在魏玛担任萨克森的宫廷牧师，1525年开始在魏玛推行宗教改革。

④ WA 10Ⅲ, 341.

⑤ WA 10Ⅲ, 352.

⑥ WA 10Ⅲ, 361.

10 月 25 日，在魏玛宫廷作关于世俗权力的布道。①

10 月 30 日，离开魏玛，前往维滕堡。

10 月 31 日，回到维滕堡。②

11 月 2 日，作关于婚姻的布道，肯定了婚姻的神圣地位。③ 与维滕堡大学校长、阿姆斯多夫和梅兰希顿等人联名致信萨克森选侯腓特烈，请他批准海因里希·施达克曼（Heinrich Stackmann）的申请，让他获得维滕堡大学空缺的医学教师岗位。

11 月 3 日，致信施帕拉丁，谈及已翻译到《旧约》的第三章《利未记》，并计划到次年 1 月出版《摩西五经》，即《旧约》的前五章。④

11 月 21 日，致信戈斯拉牧师亨宁·泰彭（Henning Teppen），请他用《圣经》安慰人。⑤

12 月 11 日，致信魏玛的宫廷牧师沃尔夫冈·施泰因，为他提供了一些与方济各修会辩论的材料，谈及很快将完成《摩西五经》的翻译。

12 月 12 日，致信施瓦茨堡伯爵之子约翰·海因里希，告诉他如何对待他父亲派到罗伊滕堡（Leutenberg）的神父：如果不讲授福音，就遣送回去。约翰·海因里希当时受伯爵委托，治理罗伊滕堡。大概在该日，致信施帕拉丁，谈及《旧约》翻译过程中的一些困难，如动物名称等问题，向施帕拉丁请求帮助。

12 月 19 日，致信文策尔·林克，谈及不来梅、汉堡等地的宗教改革，注意到普鲁士有宗教改革的希望，提及已完成《摩西五经》的翻译。翻译《旧约》得到了梅兰希顿和奥罗加卢斯的协助。

12 月 20 日，致信施帕拉丁，感谢他提供的《圣经》中动物的德语名

---

① WA 10Ⅲ，379.

② 1522 年 10 月 16 日至 31 日路德的行程信息参见：Georg Buchwald. *Luther-Kalendarium*. Leipzig：M. Heinsius Nachfolger Eger & Sievers，1929，S. 27.

③ WA 10Ⅲ，407.

④ 《旧约》的前五章《创世记》《出埃及记》《利未记》《民数记》《申命记》相传为摩西所著，故称《摩西五经》。

⑤ WA Br. 2，618.

称。撰写《论世俗权力及人应服从的限度》(*Von weltlicher Obrigkeit, wie weit man ihr Gehorsam schuldig sei*)。12 月 25 日，写完该文。该文继承了奥古斯丁的"两座城"理论，提出"两个王国"(Zwei Reiche)理论，认为基督徒属于属灵王国，由福音统治；非基督徒属于世俗王国，由律法统治；世俗权力不应该干涉信仰和属灵的事务。在路德眼中，他所处的则是一个"被颠倒的世界"：教会试图统治世俗世界，而世俗君主也积极干涉宗教事务，家庭则缺乏爱。文中写道："教皇和主教，本该成为真正的主教，宣扬上帝的话语，他们却放弃了这个职责，变成了尘世的君主，用那只关于身体和财产的法律来治理民众。他们真正颠倒了，他们应该通过上帝的话语管理内在的灵魂，他们却在专心管理宫殿、城市、土地和民众，用难以言说的谋杀折磨灵魂。"①该文认为君主有四种职责："第一，对上帝要有正确的信仰和诚恳的祈祷；第二，对待臣民要有仁爱和基督徒服务的精神；第三，面对自己的顾问和大臣，要有自由的理智和公正的判断；第四，对作恶的人要有适当的严厉。"②背景是：该年 11 月，皇帝查理五世、萨克森公爵乔治、勃兰登堡选侯约阿西姆一世等君主禁止路德翻译的《新约》。该文在 1523 年 3 月出版。

12 月，出版德语《新约》修订版，被称为"十二月《圣经》"(*Dezembertestament*)。

该年，出版《教会布道集》(*Kirchenpostille*)和《圣诞节布道集》(*Weihnachtspostille*)。

1523 年 40 岁

1 月 3 日，教皇哈德良六世的使节契赫加蒂(Chieregati)在纽伦堡帝国议会上宣读教皇在 1522 年 12 月 25 日颁布的谕令，承认罗马教会存

① WA 11, 265.
② WA 11, 278.

在的一些弊端，承诺要进行改革，同时要求德国严格执行《沃尔姆斯敕令》①。2月9日，纽伦堡帝国议会闭幕，呼吁召开一次民族的公会议。

1月29日，瑞士苏黎世举行第一次关于宗教改革的辩论，茨温利发表《六十七条论纲》，主张尊崇《圣经》的权威，反对教士独身制等天主教制度。茨温利获得胜利，苏黎世开始进行全面的宗教改革。10月26—29日，苏黎世举行了第二次关于宗教改革的辩论，茨温利主张废除弥撒等天主教仪式。

1月，丹麦国王克里斯蒂安二世被贵族推翻，因为他试图推行中央集权的改革，限制主教权力，加强王权。他的叔叔腓特烈一世继位，路德宗在丹麦继续发展。

9月14日，教皇哈德良六世去世。11月18日，来自美第奇家族的克里门七世(1478—1534年)继位，统治直至1534年9月25日去世。

该年，闵采尔在阿尔斯泰特担任牧师，进行宗教改革，用德语做弥撒，平信徒可以同时领饼和酒两种形式的圣餐等。闵采尔主张暴力革命，还组建了基督教同盟。

该年，纽伦堡的民间诗人汉斯·萨克斯(Hans Sachs)创作了一首长诗《维滕堡的夜莺》，将路德称为“维滕堡的夜莺”(Die wittenbergische Nachtigall)。②

1月1日，致信萨克森公爵乔治，将《论世俗权力及人应服从的限度》献给他。

1月2日，致信施帕拉丁，认为万圣会应该改革。

1月4日，撰写《论基督圣体圣餐礼的崇拜》(*Von Anbeten des Sakraments des heiligen Leichnams Christi*)，反对圣餐礼中的象征论。该文于4月出版。

---

① WA 12, 58.

② Hans Sachs. Die wittenbergische Nachtigall, die man jetzt höret überall, in Johannes Block (Hrsg.), *Die wittenbergische Nachtigall*, *Luther im Gedicht*. Leipzig: Evangelische Verlagsanstalt GmbH, 2013, S. 20.

1月11日，致信什切青的市议会，就教士免税的特权争议进行回复，认为教士不应享有特权，应纳税。

1月12日，致信施帕拉丁，表示不会再次隐藏起来。

1月16日，致信文策尔·林克，邀请他参加维滕堡大学的博士授予仪式，谈及万圣会将改革圣餐礼，即对平信徒发放两种形式圣餐。

1月22日，致信施帕拉丁，谈及奥地利大公费迪南在纽伦堡控告自己，因为自己教导，耶稣是亚伯拉罕的子孙。①

1月29日，致信莱斯尼希议会，肯定他们的宗教改革政策和建立公共财库的举措。背景是：1月25日，莱斯尼希派代表到维滕堡拜访路德，寻求支持，希望路德对该市选任牧师提供《圣经》依据，以及为唱赞美诗、祈祷和阅读《圣经》等教会活动制定新的条例。

2月3日，出席维滕堡大学神学院举行的韦斯特曼(Westermann)和克洛普(Gropp)的博士授予仪式。

2月23日，开始讲解《申命记》，直到1524年，讲义后整理为《〈申命记〉讲义》(*Vorlesung über das Deuteronomium*)。

2月底，撰写《耶稣生来是犹太人》(Daß Jesus Christus ein geborner Jude sei)，主张向犹太人传教，让他们皈依新教，并让他们有正常的职业。

3月1日，致信维滕堡主教约翰·约纳斯和万圣会，建议教区改革弥撒。背景是：维滕堡的弥撒改革遭到了万圣会的强烈反对。

3月8日，与约纳斯前往维滕堡附近的施维尼茨(Schweinitz)，为犹太人伯恩哈特·希伯拉奥伊斯(Bernhard Hebraeus)②的小孩施行洗礼。

3月22日至1524年9月18日，讲解《创世记》。讲义后整理为《摩

---

① WA Br. 3, 18.

② 伯恩哈特·希伯拉奥伊斯：原名雅各布·吉弗(Jakob Gipher)，格平根(Göpingen)人，原为犹太拉比，1519年在格平根接受洗礼，改信基督教，曾在维滕堡大学求学，后在维滕堡担任希伯来语私人教师，与卡尔施塔特的女仆结婚，是路德交往的少数犹太人。

西第一书布道》(*Predigten über das erste Buch Mose*)。

3 月 23 日，整理城堡教堂的礼拜仪式。致信埃尔福特大学的宗教改革支持者、人文主义诗人埃班努斯·赫苏斯(Eobanus Hessus)，强调人文主义学习对神学的重要性。

4 月 4 日，在商人莱昂哈德·科珀(Leonhard Koppe)的帮助下，凯特琳·冯·波拉(Katherina von Bora)等 12 名修女躲在假装成装鱼的车子里，逃离尼姆卜辛(Nimbschen)的修道院。3 名修女回家，9 名修女前往维滕堡。背景是：1519 年，路德到尼姆卜辛附近的格里玛布道，使得宗教改革的思想传遍修道院。修女们一起给路德写信求助，路德收到信后，委托托尔高的一个商人朋友莱昂哈德·科珀帮助她们。

凯特琳·冯·波拉 1499 年 1 月 29 日出生于萨克森迈森地区利彭多夫(Lippendorf)的一个没落贵族家庭。1504 年母亲安娜去世，年仅 5 岁的波拉就被父亲汉斯·冯·波拉送到布雷纳(Brehna)一家本尼迪克修道院学习，修道院长玛格丽特是她姨妈。1509 年，波拉进入尼姆卜辛的西笃会修道院学习，位于萨克森公爵的领地。1515 年，波拉发誓成为修女。

4 月 7 日，波拉等 9 名修女抵达维滕堡。前往肯姆堡(Kemberg)，作关于《路加福音》24:36—46 等经文的布道。[①]

4 月 10 日，撰写《修女们在上帝保佑下离开修道院的原因和回复》(*Ursache und Antwort, daß Jungfrauen Klöster göttlich verlassen mögen*)，公开说明 4 月 7 日修女从修道院逃到维滕堡的事情，赞扬了科珀的行为。致信施帕拉丁，请他帮忙筹集款项，临时接济修女，并表示会帮这些修女找到丈夫；同时评论了萨克森选侯国的政局，认为约翰亲王的近臣是无能之辈，希望官员既虔诚，又能干。

4 月 12 日，前往阿尔滕堡(Altenburg)，同行的有梅兰西顿、约纳斯、布根哈根等人。

4 月 14 日，在阿尔滕堡为文策尔·林克主持婚礼。

---

① WA 12, 506.

4 月或 5 月，撰写《论教区的礼拜秩序》(Von Ordnung Gottesdiensts in der Gemeine)，指出传统礼拜仪式的三大缺陷：(1)没有布道；(2)“充斥着非基督教的神话和谎言”；(3)“将之作为获得上帝和拯救的表演”。① 改革礼拜的方式就是以布道为核心，诵读并讲解《圣经》；赞美诗可以保留，应停止庆祝圣徒节日。

5 月 18 日，完成《源于〈圣经〉的根据和原因：基督徒会众有权判断一切教训、召请和任免教师》(*Daß ein christliche Versammlung oder Gemeine Recht und Macht habe, alle Lehre zu urteilen und Lehrer zu berufen, ein und abzusetzen, Grund und Ursache aus der Schrift.*)，强调上帝的道是牧职的理论依据，主张教区可自由选任牧师。这篇文章是应莱斯尼希议会的咨询所写。

5 月 27 日，致信施帕拉丁，告诉他维滕堡修道院的财务困境非常严重，表示可能会因贫困离开维滕堡。

5 月 29 日，致信萨克森选侯腓特烈，抗议帝国政府在 5 月 6 日颁布的仅允许讲授被教会批准的信条的命令。

6 月 18 日，写信安慰萨克森公爵领地弗莱堡的三位妇女。背景是：她们是萨克森公爵弗莱堡宫廷里的侍女，因阅读路德的著作而遭到驱逐。

6 月 20 日，致信约翰·厄科兰帕迪乌斯(Johan Oecolampadius)②，肯定了伊拉斯谟的语言能力，但否定了他的神学，认为他“没有能力向我们展现善，带领我们进入应许之地。”③

6 月底，收到普鲁士条顿骑士团长阿尔布莱希特来信，信中表示希

① LW 53, 11.

② 约翰·厄科兰帕迪乌斯(1484—1531 年)：符滕堡地区的魏斯堡(Weinsberg)人，1499 年就学于海德堡大学，1503 年获硕士学位，后读神学，1506 年肄业。1512 年曾就学于图宾根大学。1515 年前往巴塞尔，担任编辑，参与了伊拉斯谟版《新约》的出版工作。厄科兰帕迪乌斯对教父学有很深的研究。1516 年获得巴塞尔大学神学硕士学位。1523 年任巴塞尔大学教授，1529 年参与了巴塞尔的宗教改革。1531 年，在巴塞尔去世。

③ LW 49, 44.

望进行宗教改革。路德非常支持，并在 9 月派约翰·布里斯曼(Johann Brießmann)①前往科尼斯堡传教。

7 月初，为莱斯尼希的《教区公共财库规章》(*Ordnung eines gemeinen Kastens*)写序，认为世俗君主应解决修道院的财政破产问题。

7 月 11 日，出版《反对错误和虚假的皇帝命令》(*Wider die Verkehrer und Fälscher kaiserliches Mandats*)，要求更改不合理的帝国议会的命令。背景是：纽伦堡帝国议会 2 月 9 日闭幕时发布决议，要求路德在召开公会议之前，不要再发表著作。撰写《圣保罗〈哥林多书〉第七章注释》(8 月出版)。

7 月底或 8 月初，发表《致尼德兰基督徒的一封信》(Ein Brief an die Christen im Niederland)，安慰并鼓励尼德兰的新教徒，赞扬两名殉道的新教徒是“基督的宝石……荣耀了基督和他的道”②；“任凭我们的仇敌将这些圣徒说是胡斯派、威克里夫派和路德派，炫耀他们的杀戮，我们也无需惊讶，反而要更加坚定，因为总有人会诽谤基督的十字架”③。背景是：7 月 1 日，布鲁塞尔奥古斯丁修会的两名新教徒海因里希·沃尔斯(Heinrich Voes)和约翰·埃施(Johann Esch)在布鲁塞尔被处以火刑，成为首批新教殉道者。

8 月 3 日，致信施帕拉丁，提及无法忍受闵采尔的思想，批判他的言论与《圣经》不一致。背景是：闵采尔在 7 月 9 日给路德写了一封信，希望能够与路德达成一致。

8 月 8 日至 13 日，前往莱斯尼希，调查当地的公共财库问题。

8 月 11 日，致信萨克森选侯腓特烈，向他汇报公共财库的问题，

① 约翰·布里斯曼(1488—1549 年)：科特布斯人，东普鲁士和利沃尼亚的宗教改革家，曾在奥德河畔的法兰克福大学学习神学，后转入维滕堡大学，1522 年获神学博士学位。1523 年，前往科尼斯堡传教，1527 至 1531 年到里加传教，推动了当地的宗教改革。1531 年，回到科尼斯堡担任牧师。1544 年，参与了科尼斯堡大学的创建。1549 年在科尼斯堡死于瘟疫。

② WA 12，78.

③ WA 12，79.

请他干预地方政府占有教会财产的问题。

8 月 14 日，回到维滕堡。

8 月 24 日，发表《致沃尔姆斯基督徒的信》(Sendbrief an die Christ zu Worms)，安慰和鼓励当地受到迫害的新教徒信靠福音。

8 月 31 日，《旧约》翻译的第一部分《摩西五经》出版。

8 月，为纪念 7 月 1 日在布鲁塞尔殉道的新教徒，创作赞美诗《我们献上一首新的赞美诗》(Ein neus Lied wir heben an)，这是路德创作的第一首赞美诗。

9 月初，撰写《致里加、雷瓦与多帕特基督徒的信》(Brief an die Christen in Riga，Reval und Dorpat)，鼓励他们勇敢地信仰福音，通过信仰耶稣称义，而不是通过人的善功；同时“十字架也是有用和必要的”①。背景是：1522 年 10 月，里加的政府秘书致信路德，汇报路德著作在利沃尼亚(Livland)的传播情况。

9 月 7 日，致信萨伏伊公爵查理三世，给他寄去一些著作。背景是：路德了解到查理三世有转向新教的倾向。②

9 月 17 日，致信施道皮茨，对他坚持修道感到失望，希望他离开萨尔茨堡修道院，与教皇决裂。

10 月 1 日，写信给巴塞尔的康拉德·佩立根(Konrad Pellican)，评价当时胡滕与伊拉斯谟的论争，反对胡滕公开攻击伊拉斯谟。

10 月 6 日，与梅兰西顿前往施维尼茨，为丹麦前国王克里斯蒂安二世夫妇布道。背景是：1523 年初，克里斯蒂安二世被推翻后，逃离丹麦，流亡到尼德兰，该年秋季来到萨克森选侯领地，想听一场路德的布道，因此有了这场布道。克里斯蒂安二世由此皈依了新教。

10 月 11 日，发表《致埃斯林根教区的一封信》(Sendbrief an die Gemeinde der Stadt Eßlingen)，介绍了新教的基本教义。

---

① WA 12，150.

② WA Br. 3，148.

10 月 18 日，致信萨克森选侯的首相格里高尔 · 布吕克（Gregor Brück）①，就贷款的利息问题发表看法，认为收取利息不符合基督教教义，但应由政府来禁止，而不能由私人来鼓动。

10 月底，致信豪斯曼，请他禁止私人弥撒，告知他修订教会礼仪的计划，还讨论了圣餐礼的问题。

11 月 13 日，致信豪斯曼，谈及将撰写维滕堡教区的弥撒改革章程，豪斯曼在茨维考也可进行相应改革。为波希米亚基督徒写《论教会牧职》（*De instituendis ministris Ecclesiae*），寄给布拉格议会。该文认为，信徒有权自选牧师，反对接受罗马教会的按立。文中写道："一个祭司的职责，大抵是教导、宣讲、宣扬上帝的道、施洗、祝圣或施行圣餐、捆绑和释放罪恶、为人祷告、献祭、判别所有教义和诸灵。诚然，这些都是光荣尊贵的职责。但其中首要，也是其他一切靠之而立的，就是宣讲上帝的'道'。"②该文详细论述了祭司的七种职责："第一，这第一件职事，即道的职事，是所有基督徒共有的……祭司的第二个职能是施洗……祭司的第三个职能是祝圣，就是施发圣饼和酒……祭司的第四个职能是捆绑与释放罪……祭司的第五个职能是献祭……祭司的第六个职能是为他人祷告……第七个也是最后一个职能是辨别和传递教义。"③背景是：该年夏天，波希米亚神父加卢斯 · 卡艾拉（Gallus Cahera）来到维滕堡，请路德支持布拉格的宗教改革。但卡艾拉的改革并未得到大多数人的支持，于是在次年转向与罗马教会妥协。

---

① 格里高尔 · 布吕克（1483—1557 年）：出身于勃兰登堡布吕克的贵族家庭，1502 年，就读于维滕堡大学，1505 年获学士学位。1506 年至 1509 年，就读于奥德河畔的法兰克福大学，学习法律。1519 年，返回维滕堡大学，1521 年在维滕堡大学获法学博士学位。1520 年至 1529 年担任萨克森选侯腓特烈的首相，之后担任法律顾问，是路德宗教改革事业的支持者。晚年致力于发展耶拿大学。1557 年，在耶拿去世。

② 马丁 · 路德：《路德文集》（第二卷），路德文集中文版编辑委员会编，上海：上海三联书店，2005 年，第 74 页。

③ 马丁 · 路德：《路德文集》（第二卷），路德文集中文版编辑委员会编，上海：上海三联书店，2005 年，第 74-83 页。

11 月中旬，致信萨克森选侯腓特烈，告知他维滕堡奥古斯丁修道院的经济困难，请他免除修道院的谷物债务。背景是：路德对罗马教会的猛烈批评，导致人们对教会的捐助大量减少，很多教会面临财政困难。①

11 月 29 日，条顿骑士团团长阿尔布莱希特来维滕堡拜访路德。路德劝说他"鄙弃愚蠢而混乱的教规，应该娶妻，将普鲁士世俗化，变成一个侯国或者公国"②。

12 月 4 日，发表《维滕堡教会共融与弥撒的形式》(*Formula Missae et Communionis pro Ecclesia Vuittembergensi*)，介绍了维滕堡改革弥撒形式的情况，主张用和平的方式改革弥撒，对传统的弥撒仪式改动较小，仪式中仍使用拉丁语，讲道和唱赞美诗改为德语。反对将弥撒作为献祭，而是应作为感恩；应增加布道。完成《旧约》第二部分历史书(从《约书亚记》到《以斯帖记》)的翻译，1524 年 2 月出版。

12 月 11 日，撰写《致奥格斯堡基督徒的安慰信》(Ein Trostbrief an die Christen zu Augsburg)，鼓励受到因信仰新教而受到压迫的市民。

大概在 12 月 12 日，完成《致条顿骑士团的骑士们，劝告他们放弃虚假的贞洁，追求婚姻中的真正贞洁》(*An die Herren deutschs Ordens, daß sie falsche Keutschheit meiden und zur rechten ehelchen Keuschheit greifen, Ermahnung*)，文中批判修道制度，认为条顿骑士团的统治应该改革。12 月底，发表该文。

12 月 26 日，致信施帕拉丁，表示很不喜欢闵采尔，考虑可安排一次会议，讨论闵采尔的学说。

1523 年底，致信施帕拉丁，谈及计划为民众创作德语赞美诗，用歌声传播上帝的道；邀请施帕拉丁一起将《诗篇》翻译为德语诗歌。

该年，还著有《关于福音书中富人和穷人拉撒路的布道》(*Ein*

① LW 49, 57.

② Andrea van Dülmen. *Luther-Chronik, Daten zu Leben und Werk*. München: Deutscher Taschenbuch Verlag, 1983, S. 107.

Sermon auf das Evangelium von dem reichen Mann und armen Lazaro）、《洗礼小册（德语版）》（*Das Taufbüchlein verdeutscht*）、《论两种人如何保持信仰》（*Von zweierlei Menschen, wie sie sich in dem Glauben halten sollen*）、《圣保罗〈哥林多书〉第7章》（*Das siebente Kapitel S. Pauli zu den Corinthern*）、《圣彼得书信的布道和解释》（*Epistel S. Petri gepredigt und ausgelegt*），创作10首赞美诗：

1）《我们献上一首新的赞美诗》（Ein neus Lied wir heben an）。

2）《我从深处向你呼喊》（Aus tiefer Not schrei ich zu dir），改编自《诗篇》第130首。

3）《现在你们欢喜了，亲爱的基督徒》（Nun freut euch, lieben Christen euch）。

4）《上帝从天上往下看》（Ach Gott von hymel sich dar eyn）。

5）《傻瓜也在用嘴说话》（Es spricht der unweysen mund wol）。

6）《我们渴求上帝的恩典》（Es wollt uns Gott genedig seyn），改编自《诗篇》第67首。

7）《外邦人的救世主来了》（Nu kom der heyden Heyland），来源是4世纪安布罗斯所写的拉丁语赞美诗。①

8）《上帝从天上来》（Ach Gott vom hymel sich dar eyn），改编自《诗篇》第12首。

9）《不信神的人》（Es spricht der unweysen），改编自《诗篇》第14首。

10）《我们应赞美耶稣基督》（Chritum wyr sollen loben schon），来源5世纪塞杜尼乌斯（Sedulius）所写的拉丁语赞美诗。②

① Patrice Veit. *Das Kirchenlied in der Reformation Martin Luthers*. Stuttgart: Franz Steiner Verlag Wiesbaden GmbH, 1986, S. 52.

② Patrice Veit. *Das Kirchenlied in der Reformation Martin Luthers*. Stuttgart: Franz Steiner Verlag Wiesbaden GmbH, 1986, S. 52.

1524年 41岁

1月14日至4月18日，纽伦堡帝国议会召开，强调要执行《沃尔姆斯敕令》，并计划在当年11月召开施佩耶尔帝国议会，后来计划取消。该次会议还呼吁召开一次“德意志民族的宗教会议”①。这项要求提交给未参会的皇帝查理五世和教皇克里门七世后，遭到拒绝。该次会议还要求罗马教会召开公会议，解决宗教争端，皇帝查理五世表示支持。

6月23日，德国农民战争在施瓦本地区的施蒂林根（Stühlingen）爆发，战争持续至1526年7月。

6月27日至7月7日，德意志南部的奥地利、巴伐利亚、萨尔茨堡大主教等天主教诸侯召开了反对宗教改革的雷根斯堡宗教会议（Regensburger Konvent），并组成“雷根斯堡同盟”（Regensburger Einung），表示将在领地内执行《沃尔姆斯敕令》。

8月1日，因闵采尔在阿尔斯泰特成立基督教联盟和建立印刷厂等问题，萨克森选侯腓特烈在魏玛审讯了闵采尔等人。大概在8月7日，闵采尔逃往米尔豪森。

9月24日，闵采尔在米尔豪森发动暴动，占领该城。由于未获大多数人支持，闵采尔在27日离开该城。

秋季，施瓦本农民军向贵族提出《十六条款》，包括废除部分贵族特权，免除徭役，“除法定捐税外，今后不再交纳任何杂捐、赋税”等十六项要求。②

12月，农民起义扩散到上莱茵地区。

---

① J. 沃特沃斯英译，陈文海中文译注：《特兰特圣公会议教规教令集》，北京：商务印书馆，2012年，第56页。

② 朱孝远：《神法、公社和政府：德国农民战争的政治目标》，北京：北京大学出版社，1994年，第42页。

该年，黑森伯爵菲利普一世(Philipp Ⅰ von Hessen)①在领地进行了宗教改革。

该年，奥劳斯·佩特里(Olaus Petri)②被任命为斯德哥尔摩的教士。

年初，授权维滕堡的印刷商在出版自己的著作上印上路德玫瑰(Lutherrose)图案以及 ML(Martin Luther)字母组合作为“商标”③，用以区分路德的正版和盗版著作。当时路德著作常被盗印，甚至被篡改。

1 月初，奥地利大公费迪南一世派代表访问路德，并探知了路德的生活情况。④

1 月 14 日，致信萨克森选侯的首相布吕克，请求萨克森选侯腓特烈和亲王约翰帮助出版著作。⑤ 致信施帕拉丁，请他寄来德语赞美诗，并评论埃克不值得回应。

1 月 18 日，致信施帕拉丁，认为萨克森选侯腓特烈应完成从维滕堡到科姆堡的道路。

1 月 19 日，写信安慰并鼓励被囚禁的尼德兰新教徒兰伯特·托恩(Lambert Thorn)。托恩与 1523 年被处死的海因里希和约翰同属布鲁塞尔奥古斯丁修道院，1522 年 10 月被捕入狱，1528 年死于狱中。

1 月底，出版《呼吁德意志城市议员，建立并维持基督教学校》(*An die Ratherren aller Städte deutsches Lands, daß sie christliche Schulen aufrichten und erhalten sollen*)，主要阐述教育改革思想，要求政府积极建立学校，以加强对儿童的基督教教育。该文还提出了课程设置方面的

① 黑森伯爵菲利普一世(1504—1567 年)：1509 年继承伯爵职位，1518 年亲政，1524 年在诸侯中率先进行宗教改革，成为新教的重要领袖。

② 奥劳斯·佩特里(1493—1552 年)：瑞典宗教改革家，1516—1518 年在维滕堡大学学习，师从路德等人，获硕士学位。1519 年返回瑞典后，开始宣传路德的宗教思想，并将路德著作和《圣经·新约》译为瑞典语。1540 年，因反对国王对教会的完全控制，被判处死刑，后被赦免。

③ Hans Volz. Das Lutherwappen als „Schutzmarke“, *Libri*, 1954(4), S. 217.

④ LW 49, 71-72.

⑤ WA Br. 3, 232.

具体建议，并鼓励父母送小孩上学。文中写道：

所以议员和政府要给予儿童以最大的关心……一个城市的幸福不仅是在于拥有大量的财富、坚固的城墙、华美的建筑和完备的武器。一个城市若富有这些，却为愚人所控制，就会受到更大的伤害。一个城市最好和最大的幸福、安全与力量，是在于有许多博学、理智、善良、快乐的公民。他们能够为城市积累大量财富和各种货物，并能保管和正确使用它们。①

2月1日，致信施帕拉丁，对该年召开的纽伦堡帝国议会表示不关心，不抱希望；代维滕堡奥古斯丁修道院前院长埃伯哈特·布里斯格（Eberhard Brisger）②向萨克森选侯腓特烈请求帮助，因为修道院在解散后，留守的修士陷入了经济困境；提及宗教改革在利沃尼亚和普鲁士等地区推行得较为顺利。

2月中旬，发表《致米滕堡基督徒的安慰信》（Ein christlicher Trostbrief an die Miltenberger），鼓励因信仰新教而受到美因茨大主教阿尔布莱希特压迫的米滕堡新教徒。这封信同时寄给了美因茨大主教。

2月23日，致信施帕拉丁，谈及正翻译《约伯记》。

3月，讲解《何西阿书》。

3月2日，出版《一个上帝如何帮助修女的故事》（*Ein Geschichte, wie Gott einer Klosterjungfrau ausgeholfen hat*），批判修道院制度；并将该文献给曼斯费尔德伯爵，请他不要阻止领地内的修女离开修道院。

3月9日，致信魏玛的宫廷牧师沃尔夫冈·施泰因，请他为两名离

---

① WA 15，34.

② 埃伯哈特·布里斯格（约1490—1545年）：米尔海姆人，维滕堡的奥古斯丁会修士，1508年就读于维滕堡大学，1509年转学到科隆，后回到维滕堡，1518年获学士学位，1520年获硕士学位，1522年担任维滕堡奥古斯丁修道院最后一任院长，1525年前往阿尔滕堡担任牧师，与施帕拉丁是同事。1545年在阿尔滕堡去世。

开修道院的修士向萨克森亲王约翰求情。

3 月 14 日，致信施帕拉丁，对卡尔施塔特的激进改革感到悲伤，准备反驳他；并认为摩西律法只应由犹太人遵守。

3 月 21 日，致信布雷斯劳牧师约翰·赫斯，让他同意一名妇女离婚，因为她的丈夫性无能。

3 月 23 日，致信萨克森选侯腓特烈，因为自己忙于翻译《圣经》，请选侯将梅兰希顿的教学课程从希腊语改为《圣经》。致信施帕拉丁，谈及收到有人从意大利寄过来的自己出生时的星位图，认为星占学家都是胡说八道。

4 月初，出版《驳卑鄙可耻的因戈斯塔特大学对十七篇文章的盲目疯狂诅咒》(*Wider das blind und toll Verdammniß der siebenzehn Artikel von der elenden schändlichen Universität zu Ingolstadt ausgangen*)，批评因戈斯塔特大学对路德教义的打压。背景是：十七篇文章的作者是阿尔萨西乌斯·西霍费(Arsacius Seehofer)，他于 1518 年到因戈斯塔特大学学习，1521 年曾在维滕堡大学学习了一段时间，于是被怀疑是"异端"。在宣誓不传播路德教义后，才被授予硕士学位。但在 1523 年，他被人发现使用梅兰希顿的讲义教授《保罗书信》，于是被起诉。控诉方从他的文稿中整理出十七篇"异端"文章。西霍费被迫放弃这十七篇文章，并认罪。这个案件影响巨大，路德于是写了这篇文章。

4 月 1 日，施道皮茨致信路德，信中写道："在我看来，你谴责了许多与信仰和正义无关的外在的事物……亲爱的马丁，我们非常感谢你带领我们从猪食的渣滓中重返生命的草原和救赎的话语。"①这是施道皮茨写给路德的最后一封信。

4 月 5 日，致信萨克森亲王约翰，推荐约翰·格洛尔(Johann Groe)担任魏玛的布道人。

大概在 4 月 18 日，致信伊拉斯谟，对伊拉斯谟未能支持自己表示

① Andrea van Dülmen. *Luther-Chronik*, *Daten zu Leben und Werk*. München: Deutscher Taschenbuch Verlag, 1983, S. 110.

遗憾，保证将克制自己，在公共场合不攻击伊拉斯谟，希望伊拉斯谟也是如此。

4 月 25 日，致信萨克森选侯的首相布吕克，讨论埃森纳赫公共财库问题，反对财库征收一块教会领地，因为该领主已经脱离教会。致信埃森纳赫的布道人雅各布 · 斯特劳斯(Jakob Strauß)，请求他在当地建立一所学校，宣传福音。

4 月底，撰写《父母不应强迫或阻止子女结婚，没有父母之命子女也不能私下结婚》(*Daß Eltern die Kinder zur Ehe nicht zwingen noch hindern, und die Kinder ohne der Eltern Willen sich nicht verloben sollen*)，反对父母盲目给子女订婚；同时根据十诫中“当孝敬父母”的诫命，反对子女未经父母同意而私自订婚。

5 月 6 日，致信尼克劳斯 · 戈贝尔，提及宗教改革在不来梅、马格德堡的传播，道“越被禁止，传播得越广”①，并批评了唯灵派(Spiritualist)的兴起。

5 月 12 日，普鲁士条顿骑士团团长阿尔布莱希特到维滕堡拜访路德。

5 月 25 日，致信斯特拉斯堡牧师卡皮托，对当地神职人员结婚感到高兴。

5 月，出版德语《诗篇》。

6 月初，出版《反对在迈森兴起的新偶像和旧魔鬼》(*Wider den neuen Abgott und alten Teufel, der zu Meißen soll erhoben werden*)，反对对圣徒的崇拜。

6 月 14 日，为卡斯帕 · 克鲁西格(Kaspar Cruciger)②主持婚礼。

6 月 15 日，致信斯特拉斯堡牧师卡皮托，认为什一税应该保留，

---

① LW 49，82.

② 卡斯帕 · 克鲁西格(1504—1548 年)：莱比锡人，宗教改革家，1521 年就学于维滕堡大学，1528 年任维滕堡大学神学院教授，1533 年获神学博士学位。担任路德助手，参与路德《圣经》的修订，整理出版了部分路德布道词。1548 年，在维滕堡去世。

反对其他赋税负担。①

6 月 18 日，致信萨克森亲王约翰之子约翰·腓特烈，回复他派人到维滕堡提的问题：(1)人是否用摩西律法或皇帝律法审判？答复是：皇帝律法管理世俗事务，属灵事务由福音管理，如君主认可摩西律法，臣民应遵从。(2)君主是否容忍高利贷？答复是：反对。②

7 月 4 日，致信科尼斯堡牧师约翰·布里斯曼，交流农民战争等情况，鼓励条顿骑士团团长阿尔布莱希特进行宗教改革。

7 月上旬，撰写《致萨克森诸王有关叛逆之灵的信》(Brief an die Fürsten zu Sachsen von dem aufrührerischen Geist)，请萨克森选侯腓特烈等贵族干预阿尔斯泰特的暴力行为，维持和平与秩序。背景是：闵采尔在该地进行了激进的改革。

7 月底至 8 月 9 日，讲解《约珥书》。

8 月 3 日，给沃尔芬·冯·萨尔豪森(Wolfen von Salhausen)回信，肯定了多米尼克修会修士拜尔(Beyer)的学说。背景是：拜尔加入新教后，在特钦(Tetschen)地区传播路德思想，当地的贵族萨尔豪森在 7 月 27 日给路德写信，请他评价拜尔的学说。两封信后编为《沃尔夫冈·冯·萨尔豪森先生给马丁博士的来信和马丁·路德的回复》(Ein Sendbrief des Herrn Wolfen v. Salhausen and Doctor Martinns und Antwort Martin Luthers)。

8 月 6 日，致信三名修女，请她们放弃修道誓言。

8 月 21 日下午，到达耶拿。发表《致米尔豪森市长、议会和全体教徒的公开信》(Ein Sendbrief an Bürgermeister, Rath und ganze Gemeine der Stadt Mühlhausen)，警告该地官民，批判闵采尔是“恶灵和假先知，披着羊皮的恶狼”③。背景是：闵采尔 8 月初在魏玛受审后，逃到米尔豪森，在当地布道，并拥有很多支持者。

① WA Br. 3, 303.

② WA Br. 3, 306-308.

③ WA 15, 238.

8月22日上午，在耶拿与卡尔施塔特举行会议，讨论圣餐礼问题，没有成功；请卡尔施塔特将学说发表出来公开讨论。

8月24日上午，前往卡尔施塔特担任牧师的奥拉明德（Orlamünde），与卡尔施塔特继续交流关于圣餐礼的观点，没有解决分歧。

大概在8月28日，回到维滕堡。

8月或9月初，出版《皇帝颁布的针对路德的两条争议的、令人作呕的命令》（*Zwei kaiserliche uneinige und widerwärtige Gebote den Luther betreffend*），将1524年4月纽伦堡帝国议会颁布的执行1521年《沃尔姆斯敕令》的命令与《沃尔姆斯敕令》编在一起，加以批判。

9月初，致信萨克森宫廷牧师沃尔夫冈·施泰因，回复他关于如何对待卡尔施塔特的询问，认为不用理会他，但要让他停止活动；背景是：卡尔施塔特在8月14日致信萨克森亲王约翰，表示愿意辩论，如果观点被证明错误，则愿意改正。亲王于是委托他的宫廷牧师施泰因咨询路德如何回复卡尔施塔特。①

9月1日，写信安慰刚丧偶的奥地利贵族巴特洛缪·冯·施塔海姆堡（Bartholomäus v. Starhemberg）。该信后以《致巴特洛缪·冯·施塔海姆堡的信》（Sendbrief an Bartholomäus v. Starhemberg）为题公开发表。

9月22日，致信萨克森亲王约翰之子约翰·腓特烈，推荐卡斯帕·格拉茨担任奥拉米德（Orlamünde）的牧师，并要求驱逐卡尔施塔特。而在9月18日，卡尔施塔特已被驱逐出萨克森。

9月，出版《论贸易与高利贷》（*Von Kaufshandlung und Wucher*），主张商业买卖应该价格合理，反对高利贷。9月或10月，翻译出版《旧约》翻译的第三部分：《约伯记》《诗篇》《箴言》《传道书》和《雅歌》。

10月8日，致信策尔伯斯特议会，回复关于婚姻道德的询问，信中介绍了维滕堡惩罚通奸犯的做法是鞭打并驱逐他们。

10月9日，作关于《马太福音》22:1和《出埃及记》第2—3章等经

① LW 49，83.

文的布道①，首次在布道时没有穿修士服。

10 月 11 日，致信沃尔夫冈·施泰因，请他向萨克森亲王约翰推荐维滕堡大学毕业的埃尔·洛亨茨(Er Lorenz)担任卡拉的牧师。②

10 月 12 日，致信纽伦堡的希罗尼姆斯·鲍姆加滕(Hieronymus Baumgartner)③，催促他迎娶凯特琳·冯·波拉，告诉他，波拉仍爱着他。鲍姆加滕未采取行动。背景是：波拉 1523 年从修道院逃到维滕堡后，曾与鲍姆加滕恋爱，但遭到鲍姆加滕家人的反对。随着鲍姆加滕回到家乡，两人的恋情无疾而终。

10 月 27 日，致信布拉格的骑士布里安·索贝克·冯·科尼茨，批评加卢斯·塔厄拉(Gallus Tahera)背弃新教。背景是：塔厄拉原是新教徒，在布拉格推动宗教改革，但没有成功。为了巩固自身地位，他转而回归天主教。后续是：11 月 13 日，致信塔厄拉，批评他背弃新教，造成了很大损失。路德希望此信让他回到新教的努力没有成功。④

11 月 1 日，致信施帕拉丁，请他让选侯关注维滕堡大学的发展，并表示厌恶伊拉斯谟的《论意志自由》一书。背景是：9 月初，伊拉斯谟发表《论自由意志》，认为人类可以因自己的自由意志获得或远离拯救。

11 月 17 日，致信豪斯曼，谈及将回复伊拉斯谟关于自由意志的文章，以及卡尔施塔特获得茨温利等人的支持等事。致信维滕堡的万圣会，请他们废止仅让平信徒领饼的一种形式的圣餐形式。

11 月 27 日，致信施帕拉丁，谈及考虑废除维滕堡城堡教堂传统的弥撒形式。

11 月 30 日，致信施帕拉丁，劝他尽量不要从宫廷牧师的职位上辞

① WA 15，713；WA 16，28.

② WA Br. 3，356.

③ 希罗尼姆斯·鲍姆加滕(1498—1565 年)：出身于纽伦堡的市民贵族家庭，1518 年就读于维滕堡大学，在路德影响下，成为新教徒，回到纽伦堡后，参与推动该地的宗教改革。1525 年担任纽伦堡的参议，1529 年和 1544 年代表纽伦堡参加了施佩耶尔帝国议会，1533 年担任纽伦堡的市长。

④ WA Br. 3，370.

职，表示“不想结婚。自己并非感受不到肉欲或性，因为自己并非木头或石头，但自从每日盼望死亡和作为异端受到惩罚，就在思想上远离了婚姻”。①

12月1日，致信施帕拉丁，信中表达了对伊拉斯谟《论自由意志》一文的厌恶，同时表示很难答复。大概在该日，在城堡教堂向布根哈根解释礼拜仪式。开始讲授《阿摩司书》，直到1525年1月中旬。

12月2日，致信阿姆斯多夫，谈及卡尔施塔特的信徒越来越多，以及万圣会废除了传统的弥撒。

12月14日，撰写《为反对狂热派致斯特拉斯堡基督徒的一封信》(Brief an die Christen zu Straßburg wider den Schwärmergeist)，鼓励他们坚定真正的信仰，反对卡尔施塔特否定耶稣在圣餐中临在的观点。背景是：卡尔施塔特的文章和思想在斯特拉斯堡流传，并获得了很多信徒，在当地进行宗教改革的布塞尔等人请求路德发表看法。

12月17日，致信尼克劳斯·戈贝尔，评论“卡尔施塔特是撒旦的工具，我们的事业才是上帝的事业”②。致信斯特拉斯堡的卡特琳娜·策尔(Katharina Zell，约1498—1562年)，赞扬她和丈夫马太·策尔(斯特拉斯堡牧师)皈依新教。卡特琳娜在1523年12月与马太结婚，是首批嫁给牧师的女性之一，后成为著名的女性宗教改革家。

12月21日，致信巴伐利亚的施瓦岑贝格男爵，鼓励他坚持自己的想法，将女儿从修道院里接出来。

12月29日，与阿姆斯多夫、约纳斯、梅兰西顿前往普莱茨希(Pretzsch)，为萨克森选侯的元帅汉斯·冯·勒泽(Hans von Löser)主持婚礼。致信施帕拉丁，表示希望与卡尔施塔特会面并和解。

12月，完成《在形象和圣礼上反对那些天上的先知》(*Wider die himmlischen Propheten, von den Bildern und Sakramenten*)第一部分。该文在1525年1月2日出版，主要是反对卡尔施塔特关于破坏圣像和弥撒

① LW 49，93.

② WA Br. 3，403.

的学说，反对以暴力方式破坏圣像。卡尔施塔特坚持使用德语举行弥撒，路德对此感到高兴，但反对将之作为强制要求。

年底，出版《献给利沃尼亚里加基督徒的〈诗篇〉第 127 首解释》(Der 127. *Psalm ausgelegt an die Christen zu Riga in Liefland*)。

该年，还出版《圣彼得其他书信和〈犹大书〉的布道与解释》(*Die ander Epistel S. Petri und eine S. Judas gepredigt und ausgelegt*)，创作 14 首赞美诗：

1)《敬畏上帝的人有福了》(Wohl dem, der in Gottes Furcht steht)，改编自《诗篇》第 128 首。

2)《上帝造物主、圣灵来了》(Komm Gott Schöpfer, Heiliger Geist)，来源是 9 世纪的拉丁语赞美诗。① 后在圣灵降临节礼拜时使用。

3)《我平安欢喜地到那里》(Myt frid und freud ich far do hyn)。后在圣烛节礼拜时使用。

4)《耶稣基督，我们的救世主》(Jhesus Christus unser Heyland)。后在复活节礼拜时使用。

5)《赞美上帝》(Gott sey gelobet)，来源是 14—15 世纪德国的基督圣体节德语歌曲。②

6)《基督经历了死亡》(Christ lag ynn todes banden)，来源是 12 世纪德国的复活节德语歌曲。③ 后在复活节礼拜时使用。

7)《现在我们祈求圣灵》(Nu bitten wyr den heyligen geyst)，来源是 1200 年左右德国的圣灵降临节德语歌曲。④ 后在圣灵降临节礼拜时使用。

---

① Patrice Veit. *Das Kirchenlied in der Reformation Martin Luthers*. Stuttgart: Franz Steiner Verlag Wiesbaden GmbH, 1986, S. 52-53.

② Patrice Veit, *Das Kirchenlied in der Reformation Martin Luthers*. Stuttgart: Franz Steiner Verlag Wiesbaden GmbH, 1986, S. 55.

③ Patrice Veit, *Das Kirchenlied in der Reformation Martin Luthers*. Stuttgart: Franz Steiner Verlag Wiesbaden GmbH, 1986, S. 54.

④ Patrice Veit, *Das Kirchenlied in der Reformation Martin Luthers*. Stuttgart: Franz Steiner Verlag Wiesbaden GmbH, 1986, S. 55.

8)《圣灵主上帝来了》(Kom heyliger geyst herre Gott)，来源是 15 世纪德国的圣灵降临节德语歌曲。① 后在圣灵降临节礼拜时使用。

9)《圣父上帝与我们同在》(Gott der vater won uns bey)。后于圣三一主日(Trinitatis)礼拜时使用。

10)《我们信仰一位上帝》(wyr gleuben all an eynen Gott)。

11)《我们生活中间》(Mitten wyr im leben sind)，来源是 15 世纪德国的德语歌曲。②

12)《这是神圣的十诫》(Dis sind die heylgen zehn gebott)。

13)《人将神圣地永生》(Mensch wiltu leben seliglich)。

14)《要是上帝不与我们在一起》(Wär Gott nicht mit uns diese Zeit)，改编自《诗篇》第 124 首。

该年，维滕堡出版《赞美诗集》(*Geystlichen Gesangk Buchleyn*)，一共 37 首赞美诗，其中收录了路德 1523 年和 1524 年创作的 24 首德语赞美诗、5 首拉丁语赞美诗和 8 首路德朋友创作的赞美诗。

1525 年 42 岁

1 月，瑞士苏黎世兴起再洗礼派。③

2 月 24 日，皇帝查理五世在帕维亚打败法国国王弗朗索瓦一世，将其俘虏。之后，法国派出代表团前往土耳其，12 月抵达伊斯坦布尔，与苏丹苏莱曼进行谈判，共同对付查理五世。

3 月，帝国城市纽伦堡宣布进行宗教改革。

3 月 7 日，施瓦本地区的农民军成立基督徒联盟，发表《梅明根(阿

① Patrice Veit. *Das Kirchenlied in der Reformation Martin Luthers*. Stuttgart: Franz Steiner Verlag Wiesbaden GmbH, 1986, S. 55.

② Patrice Veit. *Das Kirchenlied in der Reformation Martin Luthers*. Stuttgart: Franz Steiner Verlag Wiesbaden GmbH, 1986, S. 55.

③ 再洗礼派认为婴儿所受的洗礼无效，因此主张进行成人洗礼，而且采用的是浸礼的方式。在传统的神学中，洗礼是不能重复的，重复洗礼是犯罪。再洗礼派遭到天主教和新教的共同反对。

尔部)同盟宪章》,“讨论了上帝神法的权限问题,指出无论世俗的还是僧侣统治者,都应当按照神的旨意行事”①。

3 月 15 日至 20 日,农民军在梅明根开会,发布《十二条款》(Zwölf Artikel),向封建领主争取自主选择神父,使用森林、捕鱼等经济权利,要求限制徭役和地租等。背景是:德国农民被封建领主严重剥削。在上施瓦本地区“农民向政府和地主交纳的各种租税达到他们收入的一半左右,超出了可以忍受的限度。但以整个南部德国的情况来看,1525 年时农民交纳给地主和领地诸侯的租税,大约为他们的收入的 30% 左右。”②

3 月 17 日,米尔豪森选出“永久议会”(Ewiger Rate),革命派占据主导地位。5 月 28 日,永久议会被诸侯镇压。

4 月 17 至 18 日,图林根地区爆发农民起义。

4 月,施瓦本地区的农民起义被施瓦本同盟等镇压。

4 月,普鲁士发生宗教改革,条顿骑士团解散,霍亨佐伦家族的团长阿尔布莱希特成为普鲁士公爵,成为波兰国王的封臣。

4 月下旬至 5 月上旬,有人匿名发表《致全体德国农民书》(An die Versammlung geimeiner Bauernschaft),宣传人民有权力推翻残暴的统治,号召农民进行武装斗争。

4 月 17 日,符腾堡地区农民军与施瓦本同盟的首领瓦尔德堡-采尔的乔治三世(Georg Ⅲ von Waldburg-Zeil)在 4 月 17 日签订《魏因加滕和约》(Vertrag von Weingarten)。

5 月,法兰克尼亚地区的农民军发布《海尔布隆纲领》(Heilbronner Programm),提出取消地租、废除杂税、取消教会的世俗权力,统一司法等革命主张。闵采尔致信曼斯费尔德矿工,号召工人和市民发动起义。

---

① Die Memminger (Allgäuer) Bundesordnung, in *Flugschriften der Bauernkriegszeit*, herausgegeben von Adolf Laube. Berlin: Akademie-Verlag, 1975, S. 32.

② 朱孝远:《神法、公社和政府:德国农民战争的政治目标》,北京:北京大学出版社,1994 年,第 26 页。

5—6 月，图林根和萨克森地区的农民起义被诸侯镇压。

5 月 15 日，黑森菲利普伯爵、萨克森公爵乔治、布伦瑞克-沃尔芬比特公爵海因里希等诸侯联军在弗兰肯豪森战役中打败农民起义军，杀死约 5000 农民，闵采尔被俘。5 月 27 日，闵采尔被斩首。

7 月，法兰克尼亚地区的农民起义被施瓦本同盟、奥地利大公等镇压。

7 月 19 日，安哈尔特侯爵、美因茨大主教、勃兰登堡选侯等北部的天主教诸侯组成反宗教改革的“德绍同盟”(Dessauer Bündnis)。

1 月初，出版《路德撰写前言和评注的教皇克里门七世禧年的两个谕令》(*Papst Clemens VII. Zwei Bullen zum Jubeljahr, mit Luthers Vorrede und Anmerkung*)，反对教皇克里门七世发布的在 1525 年朝圣罗马的信徒的罪都可得到赦免的谕令。

1 月初，回复曼斯费尔德伯爵阿尔布莱希特关于是否可以结盟反对当权者的问题，认为不允许结盟武力自卫。

1 月 11 日，致信科尼斯堡牧师约翰·布里斯曼，提及将会回复伊拉斯谟的文章，认为卡尔施塔特的罪会受到上帝的惩罚。致信阿姆斯多夫，谈及正在撰写驳斥卡尔施塔特的文章《在形象和圣礼上反对那些天上的先知》的第二部分。

1 月 13 日，致信施帕拉丁，谈及卡尔施塔特在巴塞尔的印刷商被捕，以及厄科拉姆帕迪乌斯等人赞同卡尔施塔特的主张。

1 月 18 日，计划写《论意志的捆绑》。①

1 月 21 日，讲解《约伯记》。

1 月 22 日，致信约翰·朗，提及维滕堡教区很穷，负担很重。

1 月 23 日，致信阿姆斯多夫，提及怀疑有犹太人要害自己：“这里

① Georg Buchwald. *Luther-Kalendarium*. Leipzig：M. Heinsius Nachfolger Eger & Sievers，1929，S. 38.

有个波兰犹太人，为了 2000 古尔登的报酬，想要用毒药谋杀我。”①后续是：这个犹太人被抓了起来，2 月初获释，后离开了维滕堡。

大概在 1 月，开始讲解《俄巴底亚书》，2 月 1 日完成。

2 月和 3 月，讲解《约拿书》和《弥迦书》。《弥迦书》在 4 月 7 日讲完。②

2 月 2 日，《在形象和圣礼上反对那些天上的先知》第二部分出版。致信豪斯曼，谈及已委托约纳斯和阿格里科拉为儿童撰写教义问答，自己则在编撰布道集和注解《申命记》。

2 月 4 日，致信纽伦堡议会秘书施本格勒，认为世俗政府不应惩罚异教徒，除非他们有造反行为。背景是：1525 年 1 月，纽伦堡驱逐了 4 名被指控教导不信神言论的人，施本格勒因此询问路德对此事的看法。

2 月 7 日，致信文策尔 · 林克，感谢他赠送的眼镜，提及卡尔施塔特在巴塞尔和斯特拉斯堡有支持者。

2 或 3 月，发表《纪念海因里希弟兄在迪特马申遭到火刑及对〈诗篇〉第 10 首的解释》(*Von Bruder Henrico in Ditmar verbrannt samt dem zehnten Psalmen ausgelet*)，纪念 1524 年 12 月在迪特马申殉道的新教徒海因里希 · 冯 · 聚特芬(Heinrich von Zutphen)③。该文以公开信的形式写给不来梅的基督徒，并用《诗篇》第 10 首安慰他们。路德从海因里希在不来梅传道时的同工雅各布 · 普罗布斯特获知他殉道的消息，普罗布斯特请求路德致信不来梅的基督徒。

3 月 4 日，致信萨克森选侯腓特烈，请求选侯为卡尔施塔特颁发安全通行证。3 月 12 日，就此事询问施帕拉丁。3 月 20 日，施帕拉丁回

① WA Br. 3, 428.

② LW 18, xi.

③ 海因里希 · 冯 · 聚特芬(1488—1524 年)：出生于荷兰的聚特芬，曾为奥古斯丁会修士，后在维滕堡大学学习，1511 年获硕士学位。1520 年，再次到维滕堡大学学习，次年获神学学士学位。后担任安特卫普奥古斯丁修道院的院长。他是路德学说的支持者。1522 年逃至不来梅，担任传道人。1524 年 12 月，在迪特马申布道，12 月 10 日被捕，后被处以火刑。

复路德，选侯拒绝了这个要求。

3 月 11 日，致信施帕拉丁，评论被皇帝查理五世战胜并俘虏的法国国王弗朗索瓦一世是“巨型怪物”。①

3 月中旬，撰写《致安特卫普基督徒的公开信》(Sendschreiben an die Christen zu Antwerpen)，批判当地一些错误信仰，如有的教派取消洗礼，有的教派认为耶稣不是上帝。

3 月 26 日，致信豪斯曼，表示有责任去反驳伊拉斯谟的《论自由意志》，同时受到印刷商的压力，要尽快写。

3 月 27 日，撰写《致沃尔夫冈·赖森布施的基督教著作》(Christliche Schrift an W. Reißenbusch)，批判修士的独身誓言，鼓励他的朋友赖森布施结婚，不要在意别人的嘲笑。赖森布施时任萨克森一家修道院的院长。4 月，赖森布施结了婚。

4 月初，收到农民军的《十二条款》。

4 月 1 日，致信纽伦堡金匠行会，推荐一名前修士前往行会学习。

4 月 11 日，致信阿姆斯多夫，评论“闵采尔在米尔豪森成为一个君主和统治者，而不仅仅是一个导师”②。

4 月中旬，将对《〈申命记〉讲解》献给萨穆兰(Samland)主教，对普鲁士发生宗教改革表示非常高兴。

4 月 16 日，应曼斯费尔德伯爵阿尔布莱希特请求，前往艾斯莱本，在当地建立一所基督教的拉丁语学校；同行的有梅兰西顿、约纳斯和阿格里科拉。阿格里科拉出任该校的校长。同日，致信施帕拉丁，谈及将帮助梅兰希顿在纽伦堡建立类似的学校；谈及婚姻问题，表示自己“完全没有结婚的想法”③。

4 月 17 日，发表《厌恶静默弥撒》(Vom Greuel der Stillesse)，反对罗马教会日常举行的没有布道和不唱赞美诗的弥撒形式。

① WA Br. 3，453.

② WA Br. 3，472

③ LW 49，105.

4 月 19 日，在艾斯莱本，开始撰写《针对施瓦本农民〈十二条款〉的和平劝诫》(*Ermahnung zum Frieden auf die zwölf Artikel der Bauerschaft in Schwaben*)。该文认为贵族应该公正对待农民，反对农民的武力暴动，主张政府和农民应和平谈判。文中写道："统治者不是被委任来剥削人民以满足私己的，而是要为臣民谋取最大的好处。"①"希望所有人平等，并尝试把属灵的基督王国变成外在的尘世王国，这是不可能的。尘世王国是不可能消灭不平等的，有些是自由人，有些是被囚的；有些是领主，有些是臣民等。"②该文肯定了农民的《十二条款》中的要求有许多是正当的，"农民要求聆听福音，有权选立自己的牧师，你们不能反对此等合理的要求……至于其他的条款，都是在申诉沉重的负担，是合理的，例如抗议死亡税和类似的苛税"。③ 但同时对农民作了更严厉的警告，农民反抗的罪过大于诸侯的暴政，因为反抗统治者就是在夺取上帝的权力："即使统治者违背福音，并压迫你们是不义的，但你们的罪恶更大，你们不仅违背了上帝的'道'，而且贬低并夺取了上帝的权力和法律，置自己于上帝之上，也夺取了统治者的一切权力和法律。"④

4 月下旬至 5 月初，在图林根地区各地布道，劝阻农民起义，没有成功。期间回到曼斯费尔德父母家中一次。父亲汉斯催促路德结婚，并"表达了能有更多后嗣的愿望"。⑤ 路德此时正担心自己很快会死去，又想着要服从父亲，同时还要为尚未找到出路修女波拉的未来操心。种种思考之后，开始认真考虑结婚的问题。

5 月 1 日，前往瓦尔豪森(Wallhausen)。收到符腾堡地区农民军与瓦尔德堡的乔治三世在 4 月 17 日签订的《魏因加滕和约》后，非常高兴，认为农民起义有了和平解决的希望。

---

① WA 18，299.

② WA 18，327.

③ WA 18，298-299.

④ WA 18，305.

⑤ 詹姆斯·基特尔森：《改教家路德》，李瑞萍等译，北京：中国社会科学出版社，2009 年，第 148 页。

5 月 3 日，前往魏玛，与萨克森亲王约翰会面，劝他不要接受农民的《十二条款》，准备采取武力措施。

5 月 4 日，前往泽堡(Seeburg)。撰写《反对杀人抢劫的农民暴徒》(*Auch wider die räuberischen und mörderischen Rotten der Bauern*)，严厉指责农民违背了服从世俗统治者的责任，认为农民的武力暴动是有罪的，世俗政权应予以镇压。改变了之前对农民的温和劝诫态度。

5 月 4 日或 5 日，致信曼斯费尔德议员约翰·吕俄(Johann Rühel)①，谴责农民的暴力；并谈及"如果我能做到的话，我会在死之前与我的凯蒂②结婚，去激怒魔鬼"③。在信中表示已同意与波拉结婚。背景是：波拉恋爱失败后，表示愿意同路德结婚。

5 月 5 日，萨克森选侯腓特烈在洛绍的行宫去世，选侯临终前首次采用新教酒饼同领的圣餐方式，并放弃了天主教的终傅礼。腓特烈没有子嗣，他的弟弟"坚定的"约翰(Johann der Beständige)继位为选侯。

5 月 6 日，返回维滕堡。

大概在 5 月 7 日，致信但泽市议会，派米歇尔·姆里斯(Michael Muris)代替布根哈根担任牧师，并请他们警惕狂热派。④

5 月 7 日，致信施帕拉丁，将对萨克森选侯腓特葬礼仪式的建议寄给他。

5 月 10 日，作关于《帖撒罗尼迦前书》4:13 等经文的布道⑤，纪念萨克森选侯腓特烈。

5 月 12 日，萨克森选侯腓特烈葬礼在维滕堡城堡教堂举行，作关

---

① 约翰·吕俄：生卒年不详，约于 1490 年出生，1543 年之后去世，曾在维滕堡大学和博洛尼亚大学学习，1515 年获博洛尼亚大学法学博士学位，后成为曼斯费尔德的议员，也是路德的支持者。1531 年，成为路德次子小马丁·路德的教父。

② 路德对凯特琳·冯·波拉的昵称，"凯蒂"(Katie)来自"凯特琳"(Katherina)。

③ LW 49，111.

④ WA Br. 3，483.

⑤ WA 17 Ⅰ，196.

于《诗篇》第 26 首的布道。①

5 月 14 日，按立乔治 · 勒赫(Georg Rörer)②为维滕堡城堡教堂的首位新教牧师。

5 月 15 日，写信慰问萨克森新选侯约翰和亲王约翰 · 腓特烈。

5 月 20 日，致信萨克森亲王约翰 · 腓特烈和施帕拉丁，请他们支持维滕堡大学，肯定大学在传播福音上的贡献。

5 月 23 日，致信约翰 · 吕俄，询问他闵采尔被捕的细节，并告知了他萨克森选侯腓特烈临终时的情况。

5 月 26 日，致信普鲁士阿尔布莱希特公爵，祝贺普鲁士宗教改革成功，表示将派传教士前往普鲁士。

5 月 30 日，致信约翰 · 吕俄，感谢他提供的关于闵采尔的信息；对闵采尔认识不到自身错误感到吃惊。致信阿姆斯多夫，为自己在农民战争中的行为辩解，并坚持“即使所有农民被杀死，也好过君主和官员被消灭，因为农民举起刀剑时没有上帝的授权”③。背景是：当时有舆论认为路德对农民的抨击是对诸侯的谄媚，农民被镇压是路德发表著作的结果。④

5 月 31 日，撰写《关于托马斯 · 闵采尔的可怕故事和上帝审判》(*Eine schreckliche Geschichte und ein Gericht Gottes über Thomas Müntzer*)，批判闵采尔领导的农民起义。

6 月 2 日，发表《劝导美因茨和马格德堡大主教阿尔布莱希特结婚的公开信》(Sendschreiben an den Erzbischof Albrecht von Mainz und Magdeburg，sich in den ehelichen Stand zu begeben)，劝他以同族的条顿

① WA 17 Ⅰ，228.

② 乔治 · 勒赫(1492—1557 年)：巴伐利亚的德根多尔夫(Deggendorf)人，1511 年至 1520 年在莱比锡大学学习，获硕士学位。1522 年起，移居维滕堡。1525 年成为维滕堡城堡教堂的牧师。勒赫深得路德信任，记录了路德大量的布道词和桌边谈话，并在 1553 年前往耶拿，参与了《路德文集》耶拿本的编撰。1557 年在耶拿去世。

③ LW 49，114.

④ LW 49，112.

骑士团团长阿尔布莱希特为榜样结婚，认为这是“德意志（Teutsches lands）的共同利益”，也是“基督的伟大善功”①。

6 月 3 日，致信约翰·吕俄，将前一日致美因茨大主教信函的副本寄给他，并再次表示会在去世之前结婚。

6 月 10 日，致信施帕拉丁，表示不会推迟结婚的事情。

6 月 12 日，致信阿姆斯多夫，告知他施瓦本、法兰克尼亚地区农民军被镇压的情况，认为很多农民造反是“出于坏的良心”②，还有很多是被胁迫参加的。同日，卡尔施塔特请路德向萨克森选侯约翰求情，让他返回萨克森。路德在 9 月 12 日向选侯求情后，选侯同意卡尔施塔特返回，但禁止他布道和写作。③

6 月 13 日，与波拉订婚。约纳斯、克拉纳赫及其夫人、法学家约翰·阿佩尔（Johann Apel）④和维滕堡牧师布根哈根等到场见证。波拉在结婚前一直住在克拉纳赫家中。

6 月 15 日，致信曼斯费尔德的议员约翰·吕俄和当地官员卡斯帕·米勒（Caspar Müller）等人，邀请他们参加婚礼；同时谈及发表的反对农民的文章，抱怨“所有人都忘了，上帝通过我对这个世界所做的。现在所有的领主、神父和农民都反对我，威胁让我去死”⑤。

6 月 16 日，致信施帕拉丁，邀请他参加婚礼，并请他在婚礼上帮

---

① WA 18，410.

② Martin Luther. *Luther Deutsch*（Band 10），*Die Briefe*，herausgegeben von Kurt Aland. Göttingen：Vandenhoeck & Ruprecht，1983，S. 156.

③ Volker Leppin und Gury Schneider-Ludorff （Hrsg.）. *Das Luther-Lexikon*. Regensburg：Verlag Bückle & Böhm，2015，S. 336.

④ 约翰·阿佩尔（1486—1536 年）：纽伦堡人，1502 年在维滕堡大学学习，1503 年获学士学位，1520 年获博士学位。1523 年，与一名逃出修道院的修女结婚，1524 年，任维滕堡大学法学教授，并在 1524 年至 1525 年冬季担任校长。1530 年，前往科尼斯堡担任普鲁士公国首相，1534 年返回纽伦堡，担任律师。

⑤ Martin Luther. *Luther Deutsch*（Band 10），*Die Briefe*，herausgegeben von Kurt Aland. Göttingen：Vandenhoeck & Ruprecht，1983，S. 157.

忙。希望自己的结婚“让天使笑，让魔鬼哭”①。同日，梅兰希顿在写给朋友约阿希姆·卡墨拉里乌思(Joachim Camerarius)的一封信中，“抱怨此前路德关于这一计划没有透露出任何信息，选择的时间也不合适”②。路德和波拉作为前修士和前修女结婚在当时引发了很大争议，尤其是当时正值德国农民战争时期。

6 月 17 日，致信利奥哈特·科珀，邀请他参加婚礼。撰写《对利沃尼亚基督徒关于公共礼拜仪式和维护和谐的属灵劝告》(*Eyne Christliche vormanung von eusserlichem Gottis dienste vnde eyntracht, an die yn lieffland*)，鼓励他们坚持信仰、爱和十字架受难等基本的信条，避免暴力的方式，维持教会的和谐；认为礼仪外在的形式对得救没有帮助，不需要为这些事情争吵。③ 背景是：1525 年，利沃尼亚出现圣像破坏运动，当地教会内部出现纷争。

6 月 20 日，致信文策尔·林克，谈及自己驳斥农民的文章受到很多咒骂，认为文章没有被正确理解；邀请他参加 6 月 27 日的婚礼。受施帕拉丁委托，致信萨克森选侯约翰，请求选侯同意他前往阿尔滕堡担任牧师，选侯同意了此事。

6 月 21 日，致信阿姆斯多夫，证实将要结婚的消息，并邀请他参加婚礼。信中解释了结婚的原因：“顺从父亲希望延续后代的愿望”，并“实践自己教授的内容”；谈及感情：“我没有感受到强烈的肉体的爱，而是十分尊重我的妻子。”④信中还谈及各地镇压农民起义的大致情况：法兰克尼亚地区杀死农民 11000 名，符腾堡杀死 6000 名，施瓦本

---

① Martin Luther. *Luther Deutsch*(Band 10), *Die Briefe*, herausgegeben von Kurt Aland. Göttingen: Vandenhoeck & Ruprecht, 1983, S. 158.

② Berhard Lohse. *Martin Luther*, *Eine Einführung in sein Leben und sein Werk*. München: Verlag C. H. Beck, 1981, S. 48.

③ LW 53, 47.

④ Martin Luther. *Luther Deutsch*(Band 10), *Die Briefe*, herausgegeben von Kurt Aland. Göttingen: Vandenhoeck & Ruprecht, 1983, S. 159.

杀死10000名，阿尔萨斯杀死20000名。①

6月27日，与波拉在维滕堡举行结婚典礼，路德父母、施帕拉丁等家人和好友参加。萨克森选侯约翰送了100古尔登的礼金，并开始给路德按时发放工资，即每年100古尔登和一定数量的黑麦、大麦和木柴等实物。②

路德结婚后，居住在维滕堡奥古斯丁修道院。为了补贴家用，将修道院租给学生居住，一般有10~20名学生。③ 家里有时多至25人。④

约7月初，撰写《有关严斥农民的一封公开信》(*Ein Sendbrief von dem harten Büchlein wider die Bauern*)，为武力镇压农民起义进行辩护。该文寄给了卡斯帕·米勒。

7月13日，亚撒·冯·克拉姆(Assa von Kram)⑤去维滕堡拜访路德，请教士兵是否可以成为基督徒和应否继续参军的问题。背景是：1525年5月，克拉姆参与了镇压农民起义的弗兰肯豪森战役。长期的军旅生涯使他饱受良心不安之苦。

7月18日—8月2日，讲解《哈巴谷书》。讲义后以《〈哈巴谷先知书〉解释》(*Der Prophet Habakuk ausgelegt*)为题出版。

7月21日，致信美因茨大主教阿尔布莱希特，请他放过一名叫阿斯穆斯的年轻人。阿斯穆斯被指控协助攻击一个贵族的城堡，而其家属则证明他没有参与。

---

① Martin Luther, *Luther Deutsch*(Band 10), *Die Briefe*, herausgegeben von Kurt Aland, Göttingen: Vandenhoeck & Ruprecht, 1983, S. 160.

② Volker Leppin und Gury Schneider-Ludorff (Hrsg.). *Das Luther-Lexikon*. Regensburg: Verlag Bückle & Böhm, 2014, S. 284. 另有研究认为，萨克森选侯每年给路德发200古尔登。参见 Martin Brecht. *Martin Luther*(Band 2). Stuttgart: Calwer Verlag, 2013, S. 200.

③ Volker Leppin und Gury Schneider-Ludorff (Hrsg.). *Das Luther-Lexikon*. Regensburg: Verlag Bückle & Böhm, 2014, S. 284.

④ 罗伦·培登：《这是我的立场——改教先导马丁·路德传记》，陆中石、古乐人译，南京：译林出版社，1993年，第273页。

⑤ 亚撒·冯·克拉姆(约1490—1528年)：出身于萨克森地区克拉姆的贵族家庭，当时任德国布伦瑞克公爵海因里希的军事将领。

7 月 22 日，致信文策尔·林克，告知他，萨克森选侯约翰对他准备离开阿尔滕堡表示不满。

7 月 31 日，致信阿姆斯多夫，澄清施瓦本同盟在梅明根被农民军打败的谣言，事实是农民逃走了；同时确认，贵族的骑士和步兵在萨尔茨堡被农民军打败。致信文策尔·林克，提及布里斯格早已不是维滕堡奥古斯丁修道院院长，修道院的收入已经转让给萨克森选侯。①

8 月 1 日，致信文策尔·林克，提及萨克森选侯腓特烈去世后，领地内反对宗教改革的人在增多；以及林克前往纽伦堡工作的事情已没有障碍。②

8 月 14 日，讲解《西番雅书》经文。

8 月下旬，致信科尼斯堡牧师约翰·布里斯曼，让他警惕卡尔施塔特和茨温利的圣餐礼学说。认为自己对卡尔施塔特已经足够好，但他仍固执己见。还向布里斯曼介绍了农民起义被镇压的情况，“在杀死了约 10 万人后，各地已恢复了平静”。③

大概在 8 月，致信波希米亚本森(Bensen)的议员，鼓励他们坚定信仰，用属灵的武器进行斗争。④

9 月 1 日，致信英国国王亨利八世，请他支持宗教改革。背景是：路德从丹麦前国王克里斯蒂安二世获知，“亨利八世可能仰慕福音”⑤，于是写了这封信。后遭亨利八世拒绝。

9 月 6 日，致信施帕拉丁，对他已习惯在阿尔滕堡的生活感到高兴；提及布里斯格担任阿尔滕堡牧师，需要得到选侯的书面聘任文件。⑥ 与梅兰希顿等人联名致信萨克森选侯约翰，赞同勃兰登堡-安斯巴赫伯爵卡西米尔(Casimir)提出的《福音建议》(Evangelische

① WA Br. 3, 549.

② WA Br. 3, 553.

③ Martin Luther. *Luther Deutsch*(Band 10), *Die Briefe*, herausgegeben von Kurt Aland. Göttingen: Vandenhoeck & Ruprecht, 1983, S. 164.

④ WA Br. 3, 559-561.

⑤ LW 49, 157.

⑥ WA Br. 3, 566.

Ratschlag)。背景是：该年 8 月卡西米尔与萨克森选侯约翰商谈同盟的事情，并将起草的《福音建议》给萨克森选侯，选侯于是征询维滕堡大学神学院的意见。①

9 月 11 日，讲解《哈该书》经文。

9 月 15 日，致信萨克森选侯约翰，请他履行支持维滕堡大学的承诺。

9 月 21 日，寄出《致埃尔福特议会：对教区二十八条款的意见》(An den Rat zu Erfurt. Gutachten über die 28 Artikel der Gemeine)，并附了一封致埃尔福特议会的信，批评议会对民众太纵容，损害了世俗权力的权威。背景是：在德国农民战争的影响下，埃尔福特的农民和市民发动起义，在 1525 年 5 月 9 日提出《二十八条款》，要求增加农民和市民的权利。埃尔福特议会于是在 5 月 10 日邀请路德和梅兰希顿前往埃尔福特协商，两人拒绝了。约一周后，埃尔福特起义便被贵族镇压。路德直到 9 月才发表这个意见。

9 月 26 日，致信纽伦堡的市长和议会，抗议当地的印刷商盗印路德文章的初稿。

9 月 27 日，致信豪斯曼，提及正全力写作反驳伊拉斯谟《论自由意志》的文章，并推迟了《小教义问答》的写作。

9 月 28 日，致信施帕拉丁，建议萨克森选侯尽快对神父制度进行改革。

9 月 29 日，致信米歇尔·施蒂费尔(Michael Stiefel)②，谈及在该日从萨克森公爵领地解救了 13 名修女，谈及自己结婚后生活在修道院里，已向萨克森选侯交纳了租金。

---

① LW 49，128.

② 米歇尔·施蒂费尔(约 1486—1567 年)：符腾堡地区的埃斯林根人，神学家、数学家，原为埃斯林根的奥古斯丁会修士，1522 年，公开支持路德的主张，并因此逃到维滕堡。后受路德推荐，成为曼斯费尔德和洛绍的牧师。1547 年，新教在施马卡尔登战争中战败后，施迪费尔被迫逃往普鲁士。1554 年，回到维滕堡。1559 年，担任耶拿大学的教授，直至去世。

10 月 11 日，与萨克森选侯领地的议员约翰·冯·多茨希(Johann von Dolzig)等讨论教堂中的合唱礼仪问题。

10 月 21 日，致信阿格里科拉，提及巴登边境伯爵菲利普、勃兰登堡—安斯巴赫伯爵卡西米尔等贵族坚持信仰新教。

10 月 28 日，致信约翰·朗，同意他寄来的礼拜规定。

10 月 30 日，致信施帕拉丁，提及正在撰写反驳伊拉斯谟的著作。致信萨克森普劳恩(Plauen)的议会，提出议会或市政府应接收修道院，并与修道院捐赠人的后代达成共识；修道院的家具和物品应归居住者所有。背景是：在宗教改革的影响下，普劳恩修道院的大多修士放弃了修道生活，1525 年 5 月 3 日，该修道院关闭，但有少数很难在社会上谋生的年老或身体不好的修士仍留在修道院，市议会就如何处置修道院等问题咨询路德意见。

10 月 31 日，致信萨克森选侯约翰，建议为领地教区制定严格的规定，并解决教区的财政困难问题，而且要进行巡查。同日，两位音乐家康拉德·鲁普夫(Konrad Rupff)与约翰·瓦尔特(Johann Walther)应路德邀请到维滕堡，一起为赞美诗作曲。

11 月 7 日，致信纽伦堡议会秘书施本格勒，控诉当地印刷厂盗印自己的著作。

11 月 11 日，致信施帕拉丁，解释不能参加他 11 月 19 日婚礼的原因，因为要处理 9 月底逃离的修女问题；针对施帕拉丁询问是否可借助诸侯权力来推行宗教改革，回复："首先不应该强迫任何人去相信或接受福音；其次，君主采取这样的措施并没有任何先例；第三，君主只对属世的事务有权柄。"①

11 月中旬，《四旬节布道集》(*Fastenpostille*)出版。

11 月 30 日，致信萨克森选侯约翰，指出应对领地内所有的教区进

① 马丁·路德：《路德劝慰书信》，西奥多·泰伯特选编、英译，孙为鲲译，上海：上海三联书店，2017 年，第 373 页。

行巡查，并提出详细的计划，如将领地分为 4 或 5 个地区，每个地区派 2 人巡查等。信中还担心有些年老的牧师能力不足，不能履行布道的职责，建议应予以帮助。

12 月 1 日，开始讲解《撒加利亚书》经文，直到月底。与卡斯帕·冯·施文科菲尔德（Kaspar von Schwenckfeld）①讨论圣餐问题，卡斯帕否认圣餐中基督的临在。

12 月 6 日，致信施帕拉丁，祝福他结婚快乐。背景是：施帕拉丁结婚遭到了阿尔滕堡教会人员的反对。

12 月 21 日，致信萨克森公爵乔治，请求他支持宗教改革。萨克森公爵在 28 日回信拒绝，并批评路德背叛了罗马教会。

12 月 25 日，开始用德语举行弥撒。作关于《路加福音》2：1—14 等经文的布道。②

12 月底，出版《论意志的捆绑》（*De servo arbitrio*），驳斥伊拉斯谟的自由意志理论。伊拉斯谟认为，“自由意志，指的是人类意志上的能力，藉着这种能力，人能专心致力以致得救，或者对此事不屑一顾”③。路德则认为：“人类的意志就像搬运货物用的动物一样，安置于两者之间。如果上帝驾驭它，它就会情愿并且去上帝所定意要去之处……如果撒旦驾驭它，它就会情愿并且去撒旦所定意要去之处。”④人的意志在得救问题上没有任何作用，得救完全依赖于上帝的恩典。路德认为世上有两个国度：“基督的国和撒旦的国”⑤，两个国彼此对立斗争。“除非上

---

① 卡斯帕·冯·施文科菲尔德（1489—1561 年）：曾在科隆大学和奥德河畔的法兰克福学习神学，后支持马丁·路德，并于 1521 年至 1529 年在西里西亚推动宗教改革。但他在圣餐礼教义上与路德有冲突，后来与宗教改革派疏远。

② WA 17 Ⅰ, 496.

③ 伊拉斯谟：《论自由意志》，收录于马丁·路德：《路德文集》第二卷附录，路德文集中文版编辑委员会编，上海：上海三联书店，2005 年，第 581 页。

④ 马丁·路德：《路德文集》（第二卷），路德文集中文版编辑委员会编，上海：上海三联书店，2005 年，第 347 页。

⑤ 马丁·路德：《路德文集》（第二卷），路德文集中文版编辑委员会编，上海：上海三联书店，2005 年，第 563 页。

帝的能力拯救我们，否则我们必定服役于撒旦的国度，所以只要认识与承认两个国度恒久不绝、如此全力彼此争战，就足以驳倒自由意志的教义。”①

12 月 31 日，致信曼斯费尔德牧师米歇尔·施蒂费尔，将《论意志的捆绑》寄给他，并评论当时卡尔施塔特与茨温利等人关于圣餐礼的争论，认为这是撒旦的教导。

1526 年 43 岁

1 月 14 日，皇帝查理五世与被他囚禁的法国国王弗朗索瓦一世签订《马德里和约》，规定法国放弃米兰和勃艮第。但弗朗索瓦一世在获释后，并没有遵守该条约。

2 月，茨温利出版著作《基督圣餐的清楚教导》(*Klaren Unterrichtung vom Nachtmahl Christi*)，首次用德语阐述其圣餐礼学说。蒂罗尔农民起义领袖盖斯迈尔发表《蒂罗尔宪章》，主张建立一个平等的、没有剥削的基督教社会。

3 月，瑞士苏黎世政府下令淹死再洗礼派。

5 月，萨克森选侯约翰、黑森伯爵菲利普等新教诸侯在托尔高结盟，即托尔高同盟(Torgauer Bündnis)。9 月，普鲁士公爵阿尔布莱希特加入该同盟。

5 月，法国加入教皇克里门七世组织的对抗皇帝查理五世的意大利同盟。

6 月 25 至 8 月 27 日，施佩耶尔帝国议会召开，由奥地利大公费迪南一世主持。新教诸侯占据优势，拒绝执行《沃尔姆斯敕令》。会议最后决议：“宣讲上帝之道应当不受干扰，应当宽赦以前触犯《沃尔姆斯敕令》之事。还有在德国的一个城市里召开宗教大会之前，每邦应按照

① 马丁·路德：《路德文集》(第二卷)，路德文集中文版编辑委员会编，上海：上海三联书店，2005 年，第 564 页。

各自希望对上帝和德皇所下的保证去行事。”①

7月，萨尔茨堡和蒂罗尔等地的农民战争被镇压，德国农民战争至此结束。

8月26日，土耳其大军在莫哈奇(Mohacs)战役中打败匈牙利波希米亚联军，匈牙利兼波希米亚国王拉约什二世在8月29日去世。随后，土耳其军队占领了佩斯。

10月，拉约什二世的姐夫奥地利大公费迪南一世继任波希米亚王位；12月，继任匈牙利国王。

10月，黑森进行宗教改革，各教区获得较大的自主权。

该年，安哈尔特-科滕(Anhalt-Köthen)侯爵沃尔夫冈在领地内开始进行宗教改革。

该年，丹麦国王任命汉斯·陶森(Hans Tausen)②为王室牧师，支持他宣扬宗教改革思想。

年初，出版《德语弥撒与礼拜规则》(*Deutsche Messe und Ordnung Gottesdiensts*)，确立了路德宗用德语举行弥撒的规则，其中还强调唱赞美诗和布道的内容；还收录了路德创作的赞美诗《先知以赛亚》(Jesaia dem propheten das geschach)。将人们寄来的讽刺罗马教会的画作和文章编辑出版，题为《教皇及其部下的画像和描述》(*Das Papsttum mit seinen Gliedern gemalt und beschrieben*)。出版《新洗礼德语手册》(*Taufbüchlein verdeutscht, aufs neue zugericht*)，对洗礼作出改革，减少了传统洗礼中的象征性元素。

1月3日，致信萨克森选侯约翰，请选侯再次向吕贝克议会求情，请议会释放传教士约翰·奥芬布吕格(Johann Ofenbrügge)。奥芬布吕格

---

① 托马斯·马丁·林赛：《宗教改革史》(上卷)，孔祥民等译，北京：商务印书馆，2016年，第342页。

② 汉斯·陶森(1494—1561年)：丹麦宗教改革家，1523—1524年在维滕堡大学学习，受路德影响，1525年回到丹麦后，开始宣传宗教改革思想，并将《摩西五经》和路德著作翻译为丹麦语，被称为“丹麦路德”。

曾于 1520 年在维滕堡大学学习，1524 年前往吕贝克传播路德学说，因此被捕，萨克森选侯等多名贵族求情，没有成功，路德请选侯再次求情，依然没有成功。直到 1529 年，奥芬布吕格才被释放，后前往利沃尼亚传道。①

1 月 4 日，在《给罗伊特林根基督徒的回信》(Antwortschreiben an die Christen zu Reutlingen)一文中警告他们提防异端关于圣餐礼的错误学说。

1 月 5 日，致信马格德堡市民的玛柯尔德·舒尔多普(Marquard Schuldorp)，同意他娶其姐姐的女儿，因为《创世记》中有类似的先例。② 背景是：舒尔多普这桩婚姻在当地激起了强烈的反对。

1 月 12 日，致信萨克森选侯约翰，请他批准丹麦前国王克里斯蒂安二世访问维滕堡的请求。选侯在 1 月 15 日表示同意。

1 月 20 日，致信豪斯曼，对他赞同《论意志的捆绑》表示高兴，期待伊拉斯谟的赞同或愤怒。

2 月 9 日，致信萨克森选侯约翰，希望提高梅兰希顿的薪水。

2 月 18 日，致信阿格里科拉，对厄科兰帕迪乌斯和茨温利的思想已被人反驳一事表示肯定；对丹麦前国王克里斯蒂安二世的王后伊莎贝拉的去世表达哀悼，提及她在去世前“以真正基督教的方式领受了圣餐”。③

2 月 21 日，致信萨克森选侯约翰，请他颁布命令，允许修道院中年老的修士能继续留在修道院中生活。背景是：当时出现修士还俗的风潮，修道院被诸侯占据，一些失去谋生能力的修士面临被驱逐出修道院的境况。

---

① W. Sillem. Zwei Beiträge zur Reformationsgeschichte Hamburgs. *Monatsschrift für die evangelich-lutherische Kirche im hamburgischen Staate*. Heft 10, 1885, S. 333-334.

② 如亚伯拉罕娶了同父异母的妹妹撒拉，拿鹤娶了兄弟哈兰的女儿密迦。参见 WA Br. 4, 12.

③ Martin Luther. *The Letters of Martin Luther*, selected and translated by Margaret A. Currie. London: Macmillan and Co., 1908, p. 149.

3 月 27 日，致信施帕拉丁，认为卡尔施塔特、茨温利等神学家对圣礼的看法将会衰落，如施文科菲尔德认为，圣餐礼是荣耀的基督，他的肉体是灵魂的精神食粮，否定上帝与人之间的中介。①

3 月，撰写《反对美因茨全体神父反叛的谋杀性的建议：教导和警告》（*Wider den rechten aufruhrischen verräterschen und mordischen Ratschlag der ganzen Mainzischen Pfafferei Unterricht und Warnunge*），反对美因茨教区认为路德新教引发农民叛乱的指控，认为暴政和神职人员的腐败才是引发叛乱的原因。

4 月 11 日，伊拉斯谟致信路德，批评路德歪曲了自己的学说。背景是：路德致信伊拉斯谟，试图平缓两人在 1524 年至 1525 年因自由意志问题上激烈辩论后的紧张关系。伊拉斯谟在信中没有原谅路德，他写道："现在你觉得你是一位小小的罪人，其他时候你却几乎硬要把自己当作上帝。"②伊拉斯谟在回信前已经出版《驳路德所论意志的不自由》（*Hyperaspitstes Diatribe adversus Servum Arbitrium Martini Lutheri*）。

4 月 14 日，致信萨克森选侯约翰，表示按照选侯的要求，已派出两名布道人分别前往格拉和安施塔特。致信卡斯帕·冯·施文科菲尔德，否定他的圣餐礼观点。致信萨克森选侯的首相布吕克，请他帮助维滕堡印刷商的信差提高效率。

4 月 18 日，致信阿格里科拉，将送信人文达林（Wendalin）推荐给他，担任学校的德语教师。

4 月 22 日，致信布雷斯劳牧师约翰·赫斯，认为施文科菲尔德受到了魔鬼的启发。

4 月 26 日，致信斯特拉斯堡教会秘书尼克劳斯·戈贝尔，赞扬他在狂热派面前坚守信仰，请他担任即将出生孩子的教父或其妻子担任教母。致信萨克森选侯约翰，请他解救被波莫瑞公爵关押的一名新教布道

① LW 49，148.

② 约翰·赫伊津哈：《伊拉斯谟传：伊拉斯谟与宗教改革》，何道宽译，桂林：广西师范大学出版社，2008 年，第 251 页。

人阿曼杜斯(Amandus)。后来，阿曼杜斯在选侯的求情下，被释放。

5 月 11 日，致信阿格里科拉，对他反对伊拉斯谟的立场和学校的发展感到高兴。

5 月 8 日，致信博纳的布道人乔治·摩尔(Georg Mohr)，肯定他写文章驳斥路德在莱比锡的论敌。①

5 月 14 日，致信萨克森亲王约翰·腓特烈，请他帮一个老师发放薪水。

5 月 18 日，将《关于修道誓言问题的答复》(*Antwort auf etliche Fragen, Klostergelübde belangend*)寄给萨克森亲王约翰·腓特烈，批评修道誓言对人的毁灭，回应亨讷堡伯爵威廉六世在 5 月 9 日对路德反对修道誓言的批评和质疑。

5 月 26 日，致信卡斯帕·米勒，请他担任即将出生的孩子的教父，并提及预产期在圣约翰日(6 月 24 日)前后。

5 月 29 日，致信图林根魏达(Weida)牧师约翰·古尔登(Johann Gulden)，建议他在布道时要将信心与爱心放在首位，并与同工和睦相处，不要强迫别人接受自己的意见。

6 月 2 日和 13 日，两次致信豪斯曼，都谈及正在注解《哈巴谷书》。

6 月 7 日下午 2 点，长子约翰内斯(Johannes)出生。

6 月 8 日，致信约翰·吕俄，告知儿子出生的消息，并请他转告阿格里科拉。同时附送《诗篇》节选本，谈及正在努力翻译《诗篇》。

6 月 9 日，为新教诸侯作关于《诗篇》第 112 首的布道，鼓励信徒坚守上帝的义。② 该布道《大卫〈诗篇〉第 112 首的布道》(*Der 112. Psalm Davids gepredigt*)在 8 月底之前出版。

6 月 27 日，致信阿格里科拉，请他向曼斯费尔德伯爵阿尔布莱希特推荐一名牧师。

6 月 29 日，致信文策尔·林克，将刚完成的《〈哈巴谷先知书〉讲

① WA Br. 4, 72.

② WA 19, 336.

解》（*Der Prophet Habakuk ausgelegt*）寄给他；谈及布伦瑞克-沃尔芬比特公爵海因里希与皇帝查理五世会面的消息。背景是：海因里希公爵在1526 年初到西班牙朝见查理五世，讨论了镇压路德学说的方案。①

6 月底，发表《关于如何在基督教教区建立稳定秩序的建议》（*Ein Ratschlag, wie in der christlichen Gemeinde eine beständige Ordnung solle vorgenommen werden*），认为应通过理性和改革来防止叛乱，批评弥撒被神职人员滥用和神职人员的腐败。

7 月 3 日，致信豪斯曼，谈及在自己向萨克森宫廷多次求情后，卡尔施塔特被允许住在维滕堡的贝尔格维茨附近务农，希望他能回到路德派的立场。

7 月 30 日至 11 月 7 日，讲解所罗门《传道书》。讲义后整理为《所罗门〈传道书〉讲解》（*Vorlesung über den Prediger Salomo*）。

8 月 8 日，致信米尔豪森议会，告知他们：按照萨克森选侯约翰的命令，将维滕堡的约翰·曼特尔派到当地担任布道人。

8 月 11 日，致信曼斯费尔德牧师米歇尔·施迪费尔，谈及计划写文章反对圣礼象征派，以及与伊拉斯谟辩论。

8 月 28 日，致信文策尔·林克，认为施佩耶尔帝国议会和以往的帝国议会一样一事无成。事实上，帝国议会 27 日闭幕，给予了各邦一定的宗教自由。

8 月底，致信施帕拉丁，感谢他传来的关于施佩耶尔帝国议会的消息。

9 月 13 日，致信斯特拉斯堡印刷商约翰·赫尔瓦格（Johann Herwagen），表扬布塞尔将他的布道集翻译得较好。该信后以《致约翰·赫尔瓦格的信》（Schreiben an Johann Herwagen）为题发表。

9 月 19 日，致信施帕拉丁，祝贺他从施佩耶尔帝国议会顺利回来，提及匈牙利国王去世的消息。

10 月 14 日，著作《士兵是否也能得救》（*Ob Kriegsleute auch in*

① WA Br. 4, 96.

seligem Stande sein können)出版。该文内容来自 1525 年 7 月路德与职业军人克拉姆的谈话，肯定了士兵也是一项正当和神圣的天职。该文指出，“没有人因为行善功而得救，也没有人因为从军而得救，只因做基督徒而得救”①。该文中将战争区分为三类：国王之间的战争；国王对臣民的战争；臣民反抗国王的战争。(1)在国与国之间的战争中，只有自卫的战争是正义的。“谁先发动战争谁就是不义的。”②(2)贵族和平民都没有反抗君主的权力，即使此时君主是个暴君。该文认为《罗马书》已经阐明了：“无人应该向他的君主争论或开战，因为人应该服从、尊重和敬畏他的君主。”③(3)当臣民反抗君主时，君主有权镇压。“如果臣民反抗，如最近农民所行的，镇压他们的战争是正义合法的。”④致信茨维考牧师豪斯曼，谈到翻译《圣经》的情况，认为《传道书》很难翻译。

10 月 25 日，致信米歇尔·施蒂费尔，提及一些人反对基督在圣餐时临在的论点：(1)基督在上帝的右手边；(2)《约翰福音》6:63 经文“叫人活着的乃是灵，肉体是无益的”。信中认为这两点不能否定“这是我的身体”这句经文。

10 月 28 日，致信奥格斯堡牧师约翰内斯·弗洛施，鼓励他坚定信仰。⑤ 背景是：当时瑞士的圣餐礼学说在当地流行。

11 月 1 日，致信匈牙利王后玛丽，将对《诗篇》第 37、62、94 和 109 首的讲解献给她，对她失去丈夫表示安慰，并鼓励她阅读《圣经》。她的丈夫拉约什二世在与土耳其的战争中阵亡。这篇讲解在 12 月 8 日以《献给匈牙利王后的四首安慰诗篇》(*Vier tröstliche Psalmen an die Königin zu Ungarn*)为题出版。

11 月 3 日，在维滕堡拜访萨克森选侯约翰，谈及教会财产被诸侯

① WA 19，661.

② WA 19，645.

③ WA 19，632-633.

④ WA 19，652.

⑤ WA Br. 4，124.

随意占用的问题，选侯表示将通过法律进行规范。

11 月 22 日，致信萨克森选侯约翰，建议选侯派遣人巡视教区和学校等机构。11 月 26 日，选侯给路德回信，同意了路德的建议。①

11 月 28 日，写信鼓励康拉德·科达图斯(Konrad Cordatus)②。背景是：科达图斯当时正在西里西亚的利格里茨传道，受到罗马教会的攻击，陷入困境。同日，致信黑森伯爵菲利普，认为基督徒不能娶多名妻子，《圣经》中的祖先亚伯拉罕、雅各娶多名妻子是困境所迫。背景是：黑森伯爵菲利普写信询问路德，基督徒是否允许娶多个妻子。

12 月 9 日，致信米劳(Mylau)的贵族约瑟夫·莱文·冯·梅奇(Josepf Levin von Metzsch)③，针对梅奇关于一个人是否可以娶多名妻子的询问，表示基督徒不能娶多名妻子。

12 月 22 日，致信阿姆斯多夫，表示面对敌人的攻击，不会撤回自己的文章。④

该年，开始患有肾结石病。

该年，还出版《关于基督身体和宝血的圣餐礼，反对狂热派的布道》(*Sermon von dem Sakrament des Leibes und Blutes Christi, wider die Schwarmgeist*)、《约拿先知书讲解》(*Der Prophet Jona ausgelegt*)、《关于大卫〈诗篇〉第 112 首的布道》(*Der 112. Psalm Davids gepredigt*)、《人们在基督弥撒礼时读的先知以赛亚书》(*Die Epistel des Propheten Jesaia, so man in der Christmesse lieset*)；创作赞美诗《先知以赛亚诞生了》(*Jesaja*,

---

① WA Br. 4，136-138.

② 康拉德·科达图斯(1476—1546 年)：1476 年生于奥地利的韦森巴赫。曾在意大利费拉拉大学学习，获神学硕士学位，1510 年在匈牙利担任布道人。1524 年到达维滕堡，跟随路德学习 1 年，获神学博士学位；1525 年返回匈牙利后被抓捕关了 9 个月，于 1526 年逃回了维滕堡。后又担任西里西亚的牧师，并再次前往匈牙利传教，1529 年前往茨维考担任牧师。1531 年 8 月之后，他作为路德的客人达 10 或 12 个月，然后他得到了尼梅格一个低级职位，直到 1537 年。1537 年到达艾斯莱本，担任牧师；1539 年前往勃兰登堡进行宗教改革，1546 年去世。

③ 约瑟夫·莱文·冯·梅奇(1507—1571 年)：出身于梅奇的贵族家庭，1526 年在米劳推动宗教改革。

④ WA Br 4，143.

dem Propheten, das geschah)。

该年，斯蒂芬·罗特(Stephan Roth)①出版路德的《夏季布道集》(*Sommerpostille*)。

1527 年 44 岁

1527—1529 年，皇帝查理五世与法国国王弗朗索瓦一世之间爆发第二次战争。

年初，再洗礼派在沙夫豪森的施拉特通过《上帝之儿女关于七条信纲之兄弟联合声明》(《施莱特海姆信纲》)，阐明了再洗礼派的七条主要信条，主要内容包括："洗礼只施予'已经忏悔并在生活中改正……和生活在耶稣基督之复活里的人'……圣餐主要具有纪念性质……剑按规定应由世俗地方行政官用于惩罚恶人，基督徒即使为自卫也不可使用。"②

5 月 6 日，查理五世的军队劫掠罗马。

7 月，黑森伯爵菲利普建立马堡大学，这是第一所新教创立的大学。

12 月 25 日，瑞士的苏黎世与帝国城市康斯坦茨建立基督教市民同盟(Christliches Burgrecht)。

该年，英国国王亨利八世开始向罗马教会申请与王后阿拉贡的凯瑟琳③离婚，理由是她没有生出男性继承人。这个离婚申请没有得到教皇

---

① 斯蒂芬·罗特(1492—1546 年)：茨维考人，1512 至 1516 年就读于莱比锡大学，获硕士学位；1528 年，任茨维考的城市秘书，1543 年担任议员。16 世纪 20 年代，曾在维滕堡学习神学。1546 年，在茨维考去世。

② G. R. 埃尔顿：《新编剑桥世界近代史》(第二卷)，中国社会科学院世界历史研究所组译. 北京：中国社会科学出版社，2003 年，第 161 页。

③ 阿拉贡的凯瑟琳(1485—1536 年)：西班牙国王费迪南二世与女王伊莎贝拉的女儿，胡安娜的妹妹，皇帝查理五世的姨母。1501 年 11 月与英国王储亚瑟结婚。1502 年 4 月，亚瑟去世后，亨利八世成为王储，并在 1509 年与凯瑟琳结婚，生有女儿玛丽。

克里门七世的批准，因为凯瑟琳是皇帝查理五世的姨母，教皇不敢得罪查理五世。这成为英国宗教改革的导火索。

该年，瑞典国王古斯塔夫一世在国内进行宗教改革，没收教会财产，改组教会，国王成为教会的最高首脑。

1 月 1 日，致信阿格里科拉，哀叹人们对福音的冷漠，表示将对狂热分子展开攻击。致信文策尔 · 林克，谈及 1525 年 9 月 1 日致信英王亨利八世一事，认为亨利八世的拒绝是对 1521—1522 年论战的报复。另请林克给他寄一些种子，路德计划春天时在花园播种；信中还提及与仆人西贝格一起做木工，请林克寄一些钻孔、旋制和拧紧的工具过来；随信寄给林克 1 个古尔登，作为购物款项。

1 月 7 日，致信黑森伯爵菲利普，请他谨慎制定《教会条例》。背景是：菲利普伯爵将 1526 年在霍恩贝格宗教会议制定的《教会条例》寄给路德审阅。

1 月 10 日，致信豪斯曼，通知萨克森选侯约翰已经同意了教会巡查的计划，提及正在写文章反对圣餐象征论者，还提及皇帝查理五世在意大利的成功和教皇的困境。

1 月 13 日，致信施帕拉丁，提及近期心脏病曾发作："最近感觉胸前血液停滞，几乎窒息。"①后治愈。

1 月 17 日，致信策尔布斯特议会，向其推荐一名布道人。

2 月 1 日，致信阿尔滕堡牧师布里斯格，拒绝了他借钱的请求，因为自己已有 100 古尔登的债务，建议他出租房屋获利。

2 月 4 日，致信约翰 · 朗，谈及正在讲解《撒迦利亚书》和翻译《先知书》。

2 月 7 日，撰写《关于与英国国王通信的回复》(Antwort auf des Königs zu Engelland Lästerschrift)，抗议所受的指责，拒绝收回已发表的学说。背景是：路德与英国国王亨利八世的通信广为流传，引发了很多

---

① WA Br. 4, 160.

争议。

3 月中旬，完成《基督的话“这是我的身体”依然屹立，反对狂热派》(*Daß diese Wort Christi „Das ist mein Leib“ noch fest stehen wider die Schwärmgeister*)，用《圣经》的原文，反驳茨温利、厄科兰帕迪乌斯、卡皮托和布塞尔等人对他圣餐礼学说的批判。路德认为按照《圣经》原文，基督在圣餐礼时真实临在，饼和酒就是耶稣的身体和血，而茨温利等人认为，这只是一种象征。

3 月 29 日，致信豪斯曼，批评当地一名布道者因个人事务与市议会发生冲突的行为。

4 月 7 日起，作关于《利未记》和《民数记》的系列布道：《利未记》的布道结束于 12 月 1 日；《民数记》的布道结束于 1528 年 12 月 13 日。① 布道词后整理为《1527/1528 年关于摩西第三书和第四书的布道》(Predigten über das dritte und vierte Buch Mose 1527/28)。

4 月 13 日，致信克罗森市议会，认为圣礼是牧师的职责，世俗权力不能干涉属灵事务。背景是：该市的新教教会人员被勃兰登堡选侯约阿希姆一世驱逐。市长致信路德，询问是否应该恢复天主教的弥撒。

5 月 2 日，致信埃尔西・冯・卡尼茨，聘请他到家里担任家庭教师。

5 月 4 日，致信文策尔・林克，认为茨温利 4 月寄过来的关于圣餐礼的著作非常愚蠢傲慢；提及正在翻译《先知书》，评论沃尔姆斯新近翻译出版的《先知书》的德语很糟糕，也许是当地方言。

5 月 6 日，致信科尼斯堡牧师布里斯曼，提及用《基督的话“这是我的身体”依然屹立，反对狂热派》反对圣餐礼象征派，用《士兵是否也能得救》安慰同样对战争良心问题的普鲁士贵族。②

5 月 19 日，致信文策尔・林克，感谢他寄过来的木工工具，谈及最近在研究钟表。

① WA 25，403.

② WA Br. 4，200-201.

5 月 20 日，致信安慰鼓励莱昂哈特·凯泽（Leonhard Käser）。背景是：凯泽因在故乡巴伐利亚传播新教教义，被捕。该年 8 月，凯泽被处以火刑。12 月中旬，路德出版《关于莱昂哈特·凯泽先生被烧死在巴伐利亚之事》（*Von Herrn Leonhard Keiser zu Baiern verbrannt*），介绍凯泽的事迹。

5 月，讲解《以赛亚书》，后又中断，大概在 1528 年恢复，持续到 1529 年。① 布道词后整理为《1527—1529 年〈以赛亚书〉讲解》（*Vorlesung über Jesaia 1527/29*）。

6 月 12 日，致信施帕拉丁，谈及布塞尔正激烈反对自己，以及阿尔滕堡的改革在巡视之后进行。

6 月 14 日，致信科堡的市长和议会，向当地推荐了一名校长。

7 月 5 日，致信文策尔·林克，谈及自己很穷，出版的书籍都没有收取稿费，只拿到一些样书。信中写道："这对我是一种亏欠，有的作者，包括译者，1 个页面就获得 1 古尔登的报酬。"②

7 月 6 日，突然陷入极大的恐惧，晚上，出现昏厥，感觉快要死去。

7 月 10 日，写信安慰患病的施帕拉丁，提及维滕堡发生瘟疫。

7 月 13 日，致信豪斯曼，告知梅兰希顿参与巡视图林根教会和罗马遭皇帝查理五世摧毁的事情，以及自己患有严重昏厥。③

8 月 15 日，致信施帕拉丁，提及维滕堡发生的瘟疫：城中死亡人数不多，但人们非常恐惧，纷纷逃离，表示自己"会留下来，因为人们处于绝望之中"。④ 同日，维滕堡大学迁往耶拿，路德留在维滕堡。这次瘟疫持续到该年 12 月。

---

① WA 25，79.

② Martin Luther. *Luther Deutsch*（Band 10），*Die Briefe*，herausgegeben von Kurt Aland. Göttingen：Vandenhoeck & Ruprecht，1983，S. 182.

③ WA Br. 4，222.

④ Martin Luther. *The Letters of Martin Luther*，selected and translated by Margaret A. Currie. London：Macmillan and Co.，1908，p. 163.

8 月 19 日，致信豪斯曼，告知教会巡视将继续下去；希望瘟疫尽快结束，家人已三次感染，幼子曾染病，8 天后康复；袒露自己“曾在很长一段时间失去信心”。① 该日至 11 月 7 日，讲解《约翰壹书》。讲义后整理为《〈约翰壹书〉讲解》(*Vorlesung über den 1. Johannesbrief*)。

9 月 2 日，致信赫尔弗特(Herford)牧师格哈尔特·维斯坎普(Gerhard Wiskamp)，谈及仍在讲解《撒迦利亚书》和翻译先知书。

9 月 16 日，致信萨克森选侯约翰，建议选侯将维滕堡的方济各修道院改建为面向穷人的救济院。②

9 月 25 至 26 日，与布根哈根等人参加萨克森选侯约翰召集的教区巡查工作会议。

9 月下旬，撰写《就布道人乔治先生的殉道致哈勒基督徒的慰问》(*Tröstung an die Christen zu Halle über herr Georgen ihres Predigers Tod*)，安慰哈勒的基督徒，因为在当地传播新教的乔治·温克勒(Georg Winckler)③在 4 月 23 日被人谋杀身亡。

10 月 12 日，致信萨克森选侯约翰，表示在与布根哈根审阅《巡视条例》后，非常赞同，强调要选任好的布道人，淘汰不好的布道人。

10 月 19 日，致信约纳斯，对他改变对伊拉斯谟的看法，与自己保持一致感到高兴。约纳斯之前曾称赞过伊拉斯谟的观点。

10 月 22 日，致信曼斯费尔德牧师米歇尔·施迪费尔，表扬殉道者莱昂哈德·凯泽的事迹，并计划将凯泽的著作出版。

10 月 27 日，致信梅兰希顿，谈及《巡视条例》已出版，认为茨温利非常可恶。④ 致信萨克森选侯约翰，推荐奥古斯丁·希默(Augustin

---

① Martin Luther. *The Letters of Martin Luther*, selected and translated by Margaret A. Currie. London: Macmillan and Co., 1908, p. 163.

② WA Br. 4, 248.

③ 乔治·温克勒(？—1527 年)，出身于波希米亚的哥德巴赫，曾担任美因茨大主教阿尔布莱希特的宫廷牧师。1523 年担任哈勒的传教士，支持马丁·路德的宗教改革。1527 年，受到美因茨大主教传唤受审，返回时遇害。

④ WA Br. 4, 271.

Himmel)担任诺伊斯塔特的布道人。①

11月初，出版《人是否应该逃离死亡的危险》(*Ob man vor dem Sterben fliehen möge*)，指出：在维滕堡发生瘟疫期间，逃离死亡没有错，但也要有死亡的心理准备；人们应互相帮助；疫情期间，当地神职人员、医生与公务人员不足；建议多设立医院，并将墓地迁往郊区。

11月1日，写信向阿姆斯多夫诉苦，因为瘟疫，自己的住房已经改成医院，儿子约翰内斯也感染了。信中写道："上帝正在严厉地考验着我们。我们有一个能让我们战胜撒旦的安慰，那就是上帝的道；尽管魔鬼将吞噬我们的肉体，但通过上帝的道有信仰的人都将获救。"②

11月7日，致信豪斯曼，谈及家庭生活受到瘟疫的巨大影响，自己还要照顾怀孕的妻子和生病的孩子，家庭处于不安之中；教区巡视工作将继续进行。

11月10日，致信约纳斯，介绍维滕堡瘟疫的情况，并批评伊拉斯谟、茨温利和圣餐象征论者。背景是：路德收到茨温利在该年4月寄过来的著作。

11月11日至12月13日，讲解《提多书》。

11月12日，致信萨克森选侯约翰，请求他帮助遭到勃兰登堡议会驱逐的神职人员艾恩·维尔纳·斯泰肖(Ern Werner Stechaw)。③

11月22日，致信文策尔·林克，将《摩西五经》布道词寄给他。

11月26—29日，出席托尔高举办的关于巡视制度的第二次会议，调解了阿格里科拉与梅兰西顿之间的矛盾。背景是：当年参加了教区巡视的梅兰希顿撰写了一本《巡视条例》，阿格里科拉批评该书"向教皇派做出过多的让步"④。

---

① WA Br. 4，273.

② Martin Luther. *The Letters of Martin Luther*，selected and translated by Margaret A. Currie. London：Macmillan and Co.，1908，p. 168.

③ WA Br. 4，281-282.

④ 卡尔·楚门：《路德的人生智慧：十架与自由》，王一译，上海：上海三联书店，2019年，第208页。

11 月 28 日，致信施瓦比希-哈尔的牧师约翰·布伦茨，肯定他在圣餐礼问题上对自己的坚定支持。

11 月 29 日，致信约纳斯，建议他回到维滕堡，因为维滕堡的瘟疫已经减弱；信中还请求约纳斯原谅，因为路德在疫情期间将约纳斯的房子借给了别人居住。

11 月，致信布雷斯劳牧师约翰·赫斯(Johann Hess)，认为神职人员和公务人员在遇到危险时不应逃跑，应坚守岗位；对他人负有义务的人不应逃走，如仆人对主人，父母对子女，或子女对父母，“所有人都不应该在危险面前撇下邻居，自己逃生，除非有其他人能够完全替代他们来服侍陪护那些病人”①。信里还提出，为躲避危险逃生不是犯罪，但前提是要坚守岗位或义务，不与基督教的原则相冲突；在瘟疫等灾难前，人应互相帮助，同时应采取隔离等防范措施。背景是：约翰·赫斯写信询问路德，在遭遇瘟疫时，人是否应该逃离；当时西里西亚也遭遇了瘟疫。

12 月 5 日，致信策尔布斯特议会，表示将应其要求，派一名布道人或牧师过去。12 月 13 日，致信当地，派遣约翰·普费尔(Johann Pfeffinger)前往当地担任牧师。12 月 24 日，再次致信当地，改派希罗尼姆斯·维尔纳(Hieronymus Werner)。

12 月 10 日上午，长女伊丽莎白出生。致信约纳斯，告知维滕堡正在从瘟疫中恢复过来；详述了当年夏天美因茨大主教的一名叫约翰·克劳泽的顾问自杀的事情，可能与他否定两种形式的圣餐礼有关。②

12 月 14 日，致信豪斯曼，谈及疫情结束，完成《撒加利亚先知书注解》(*Der Prophet Sacharja ausgelegt*)等工作。

12 月 16—18 日，讲解《腓利门书》。该讲义与 11 月至 12 月的《提

① 马丁·路德：《路德劝慰书信》，西奥多·泰伯特选编、英译，孙为鲲译，北京：三联书店，2017 年，第 263 页。

② LW 49，182.

多书》讲义整理合并为《〈提多书〉和〈腓利门书〉讲解》(*Vorlesung über die Briefe an Titus und Philemon*)。

12 月 28 日，致信施帕拉丁，批评再洗礼派的广泛传播，并附上了给艾泽德(Einsiedel)民众的回复。回复由路德和布根哈根撰写，鼓励艾泽德人坚持信仰，忍耐萨克森公爵乔治的统治。背景是：萨克森公爵乔治禁止已结婚的牧师布道，引起艾泽德人的不满，于是他们通过施帕拉丁向路德求助。

12 月 29 日，致信约纳斯，告知维滕堡瘟疫结束，市议会次日迁回，期待大学早日回来。致信文策尔·林克，谈及准备写一篇反对再洗礼派的文章。

12 月 30 日，致信约纳斯，请他为自己祈祷，并请他归还一些狂热派的著作。

12 月 31 日，致信豪斯曼，谈及反对狂热派，再次提及准备写反对再洗礼派的文章。

大概在秋季，创作赞美诗《我们上帝是一个坚固堡垒》(Ein feste Burg ist unser Gott)①，该诗改编自《诗篇》第 46 首，在 1528 年发表。

该年至 1528 年，作关于《利未记》和《民数记》的布道。

该年，斯蒂芬·罗特出版路德的《节日布道集》(*Festpostille*)。

1528 年 45 岁

1 月，瑞士伯尔尼举行宗教改革的辩论，茨温利、纪尧姆·法雷尔(Guillaume Farel)②等人获得胜利，伯尔尼开始宗教改革。4 月，发表

① Patrice Veit. *Das Kirchenlied in der Reformation Martin Luthers*. Stuttgart: Franz Steiner Verlag Wiesbaden GmbH, 1986, S. 42.

② 纪尧姆·法雷尔(1489—1565 年)：法国人，宗教改革家，曾在巴黎大学学习，1523 年移居巴塞尔，参加了 1524 年巴塞尔的宗教改革辩论。1525 年，前往斯特拉斯堡。1530 年在纳沙泰尔(Neuchâtel/Neuenburg)推动宗教改革。1531 年参与巴塞尔的宗教改革。1532 年，前往日内瓦传教。1538 年，被日内瓦驱逐，前往纳沙泰尔担任牧师，直至去世。

《伯尔尼信纲》。

1 月 4 日，帝国发布针对再洗礼派的谕令，宣布不经审判即可处死再洗礼派。

2 月 25 日，伯尔尼加入以苏黎世为首的基督教市民同盟。1529 年，米尔豪森、巴塞尔、沙夫豪森等城市加入。1530 年，斯特拉斯堡加入。

3 月 10 日，再洗礼派的重要领袖巴尔特萨·胡布迈尔（Balthasar Hubmaier）①在维也纳被处以火刑。

5 月，法国弗朗索瓦一世下令迫害新教徒，原因是圣母塑像头部被砍，遭到严重破坏。②

1 月 1 日，出版《十诫解释》（*Auslegung der zehn Gebot*）。

1 月 3 日，萨克森选侯约翰致信路德，请他为《巡视条例》撰写前言。选侯不赞同路德不强迫信徒领取两种形式的圣餐的看法，路德则认为“不能依靠武力和戒律逼迫任何人从不信仰变为信仰”③。

1 月 5 日，与布根哈根联名致信施帕拉丁，认为艾泽德人要忍耐萨克森公爵的残暴统治。

1 月 6 日，致信约纳斯，祝贺他结石疾病有所改善，谈及自己患有痔疮。

1 月 13 日至 3 月 30 日，讲解《提摩太前书》。讲义后整理为《〈提摩太前书〉讲解》（*Vorlesung über den 1. Timotheusbrief*）。

1 月 27 日，完成《关于再洗礼派致两位神父的信》（Von der

① 巴尔特萨·胡布迈尔（约 1480—1528 年）：巴伐利亚的弗里堡（Frieberg）人，曾就学于弗莱堡大学，路德论战对手埃克的学生，1512 年获因戈斯塔特大学博士学位，并成为该校神学教授，后受到宗教改革思想的影响，但他认为婴儿受洗缺乏《圣经》依据，从而成为再洗礼派，并参与了农民战争，失败后，逃往摩拉维亚。1527 年被奥地利政府逮捕，1528 年 3 月 10 日被处死后，他的妻子则在 3 日后被丢入多瑙河中淹死。

② 托马斯·马丁·林赛：《宗教改革史》（下卷），刘林海等译，北京：商务印书馆，2016 年，第 142 页。

③ WA Br 4，330.

Wiedertaufe an zwei Pfarrherrn)，反对迫害再洗礼派，但也反对再洗礼派的学说，牧师们应继续抵制再洗礼派。背景是：有两名牧师致信路德询问，如何处理再洗礼派的问题。该文在 1528 年 2 月发表。

大概在 1 月，出版《一张瑞士兄弟克劳森的脸部画像及其含义》（*Ein Gesichte Bruder Clausen in der Schweiz und seine Deutungen*），通过解析一张与罗马教皇头像类似的画像，讽刺教皇。

2 月 5 日，致信施帕拉丁，将《关于再洗礼派致两位神父的信》寄给他，提及《关于基督圣餐礼的信仰声明》（*Vom Abendmahl Christi Bekenntnis*）已送印刷厂。该文反驳茨温利和厄科拉姆帕迪乌斯关于圣餐礼的文章，反对他们对《圣经》的解释，认为他们是狂热派。文中将社会划分为教会、政府和家庭三种神圣的秩序："教士职责（priester ampt）、婚姻身份（Ehestand）和世俗权力（weltliche Oberkeit）。"①该文在 3 月 26 日发表。

2 月 8 日，致信阿姆斯多夫，认为天主教徒肯定会在即将召开的雷根斯堡帝国议会上有大动作。② 该年的帝国议会后被查理五世取消。

2 月 10 日，致信茨维考布道人保罗·林德瑙（Paul Lindenau），请他与教会内批评者和解。

2 月 22 日，与布根哈根联名致信艾泽德人，批评他们在给萨克森公爵的回复中在教义上的让步，认为他们应该撤回该文件。③

2 月 25 日，致信文策尔·林克，谈及《关于基督圣餐礼的信仰声明》将在法兰克福展览会上展出。④

2 月 28 日，致信奥登施塔特修道院院长海诺·哥特沙克，针对他修道院改革的提问，建议他留在修道院，其他修士则自由选择留下或离开。⑤

---

① WA 26，504.

② WA Br. 4，377.

③ WA Br. 4，386.

④ WA Br. 4，387.

⑤ WA Br. 4，390.

3 月 2 日，致信豪斯曼，谈及印刷巡查报告缺纸的问题很快将解决；评论原计划该日召开的雷根斯堡帝国议会，认为最近举办的帝国议会都没有发挥作用。

3 月 6 日，致信已离开奥地利的科达图斯，评论在奥地利大公费迪南一世的统治下，天主教越来越大胆。

3 月 7 日，致信在荷兰古本（Guben）传道的莱昂哈特·拜尔（Leonhardt Beier），鼓励他要坚强，如遭到驱逐，欢迎到维滕堡来。

3 月 22 日，《对萨克森选侯领地神父关于巡视的教导》（*Unterricht der Visitatoren an die Pfarrherrn im Kurfürstentum zu Sachsen*）出版。该文认为，选侯应出于信仰，去拯救基督徒，维持秩序，而不是为了统治。

3 月 27 日，前往托尔高。

3 月 28 日，返回维滕堡。致信萨克森选侯的首相布吕克，赞同自卫的正义战争，反对主动发动战争。3 月底，萨克森选侯约翰咨询关于发动战争的事情，路德表示反对，建议采取观察政策，以外交手段解决危机。背景是：1528 年，萨克森公爵的官员奥托·冯·帕克（Otto von Pack）泄露了一份天主教诸侯结成同盟，准备进攻新教诸侯的军事计划。这份计划后来被证实为一份假计划。而新教诸侯当时信以为真，1528 年 3 月 9 日，萨克森选侯约翰与黑森伯爵菲利普结盟，计划最早在 6 月发动突然攻击。

致信文策尔·林克，告知他勃兰登堡选侯约阿西姆一世夫人伊丽莎白①逃亡到萨克森选侯领地的消息。背景是：伊丽莎白因为举行饼和酒两种形式的圣餐，违背了天主教教义，使得她的丈夫想把她关起来，于是她逃了出来，3 月 26 日抵达托尔高。

4 月 12 日，致信斯蒂芬·罗特，批评他对妻子的纵容，导致妻子

① 伊丽莎白（1485—1555 年）：丹麦国王约翰的女儿，丹麦国王克里斯蒂安二世的妹妹。1502 年与勃兰登堡选侯约阿希姆一世结婚，生有选侯约阿西姆二世。约在 1523 年，皈依路德宗，1528 年，逃往萨克森，在托尔高和维滕堡等地居住，直到 1545 年才返回勃兰登堡，1555 年在柏林去世。

与他对立，违背了《圣经》的教导。背景是：生活在维滕堡的罗特获得了茨维考的公证人职位，他的妻子拒绝一同前往茨维考。于是路德写了这封信。后来罗特夫妇一同去了茨维考。

4 月 16 日，致信阿姆斯多夫，请他告知前往戈斯拉(Goslar)传播新教教义的情况。背景是：阿姆斯多夫在戈斯拉遇到了很多困难。

4 月 26 日，致信哈勒基督徒，鼓励他们领受两种形式的圣餐。

4 月，维滕堡大学从耶拿迁回维滕堡。

5 月 1 日或 2 日，致信萨克森选侯约翰，建议他接受帝国政府在 4 月 16 日发布的关于维持帝国各地和平的命令，如果拒绝服从，会被视为叛乱。萨克森侯爵放弃了进攻的计划。

5 月 16 日，接替前往布伦瑞克处理教会事务的布根哈根，管理维滕堡教会事务。

5 月 18 日，致信萨克森选侯约翰之子约翰·腓特烈，鼓励他完成访问黑森伯爵的使命。背景是：萨克森选侯约翰派遣约翰·腓特烈去拜访黑森伯爵菲利普，试图达成和约。

大概在 6 月 13 日，致信布雷斯劳牧师约翰·赫斯，评论帕克泄密事件，希望能维持和平。

6 月 14 日，致信文策尔·林克，与他讨论帕克泄密事件；表示不相信萨克森公爵乔治的否认声明。

7 月 14 日，致信文策尔·林克，回复他关于政府是否可以处死假先知的问题，表示反对处死假先知。

7 月 25 日，受萨克森选侯委托与梅兰希顿等四人，对萨克森领地进行巡视。

7 月 28 日，致信尼克劳斯·戈贝尔，批评布塞尔反对自己的圣餐礼教义。

8 月 3 日，不到一岁的长女伊丽莎白夭折。

8 月 5 日，致信豪斯曼，提到准备撰写关于土耳其战争的文章。

8 月 8 日，致信勃兰登堡选侯约阿西姆一世，因沃尔夫·霍尔侬(Wolf

Hornung)①遭受冤屈一事，告诫他不要压迫臣民，“上帝必定在看”②。10 月 5 日，再次致信约阿希姆一世，请他处理好霍尔依一家的事情。

8 月 15 日，致信纽伦堡议会秘书施本格勒，回复他关于圣餐礼争论的咨询，认为：“没有领受圣餐者的弥撒应该被废止。”③背景是：纽伦堡宗教改革期间，天主教和新教的弥撒礼仪产生了矛盾。该年 5 月，施本格勒写信询问路德对此事的看法，路德于是回复了这封信。

8 月底，出版《莱比锡新报 一个新发现的德语版伊索寓言：狮子和驴》(*Neue Zeitung von Leipzig. Eine neue Fabel Äsopi neulich verdeutscht gefunden：Vom Löwen und Esel*)，回应两名莱比锡人对路德家庭的攻击，将教皇比喻为驴。

9 月 3 日，致信萨克森选侯约翰，建议他任命米歇尔·施蒂费尔担任洛绍牧师。施蒂费尔担任洛绍牧师至 1533 年。

9 月 11 日，致信阿格里科拉，请他澄清关于他教导的信仰可以脱离善行而存在的教义，对他这个教义表示反对。致信仰慕新教的骑士马丁·鲍姆加滕(Martin Baumgartner)，用《新约》鼓励他皈依新教。

9 月 18 日，致信萨克森选侯约翰，请他拒绝布伦瑞克提出的让布根哈根在当地再工作一年的请求，他可能有去汉堡的计划。后续是：布根哈根前往汉堡传教。

9 月 24 日，致信萨克森选侯的首相布吕克，建议不要让卡尔施塔特离开萨克森。后续是：卡尔施塔特 1529 年逃离了萨克森。

9 月 30 日，致信策尔布斯特议会，表示受瘟疫影响，现在很难派

① 沃尔夫·霍尔依是柏林的市民，妻子名叫凯特琳。1525 年，选侯约阿希姆一世与凯特琳通奸。霍尔依获知此事后，与妻子发生争吵，被迫离开勃兰登堡，逃往曼斯费尔德伯爵领地。1527 年，凯特琳心怀悔恨，试图找回霍尔依，并请路德帮忙。霍尔依向勃兰登堡议会申诉被驳回。路德因此写了这封信。参见 Martin Luther. *Luther Deutsch* (Band 10), *Die Briefe*, herausgegeben von Kurt Aland. Göttingen：Vandenhoeck & Ruprecht, 1983, S. 369.

② Martin Luther. *Luther Deutsch*(Band 10), *Die Briefe*, herausgegeben von Kurt Aland. Göttingen：Vandenhoeck & Ruprecht, 1983, S. 191.

③ LW 49, 206.

出布道人。

9 月底，出版《就两种形式的圣餐致好友的报告》(*Bericht an einen guten Freund von beider Gestalt des Sakraments*)，反对迈森主教颁布的禁止平信徒领取酒的规定。

10 月 9 日，开始撰写《有关抵抗土耳其人的战争》(*Vom Kriege wider die Türkei*)，并写了题词，将该文献给黑森伯爵菲利普。背景是：当时西欧不断面临土耳其帝国侵略战争的威胁，路德早年的一些言论让人引起误解，有人以为路德反对抵抗土耳其人，路德于是写作此文阐明立场，呼吁德国人应该在皇帝的领导下，积极防御土耳其人，但反对宗教战争。该文在次年 4 月 23 日出版。

10 月 20 日，致信施帕拉丁，谈及三名修女逃离萨克森公爵领地的弗莱堡修道院，来到维滕堡，其中一名是明斯特堡公爵的女儿乌尔苏拉。萨克森公爵乔治为此向萨克森选侯约翰告状，试图抓回修女，萨克森选侯拒绝了。① 《以赛亚书》德语译本付印，月底出版。

10 月 28 日，开始巡视萨克森各教区。

10 月 29 日，写信安慰鼓励施帕拉丁，因为施帕拉丁时任阿尔滕堡牧师，结婚后，遭到当地教士的攻击，他们指责他违背了独身誓言。

11 月 1 日，致信阿姆斯多夫，谈及维滕堡又暴发瘟疫，以及教区的民众非常贫穷。

11 月 11 日，应汉堡议会 11 月 1 日来信请求，致信萨克森选侯的首相布吕克，请他建议萨克森选侯批准延长布根哈根在汉堡工作的时间。

11 月 26 日，致信萨克森选侯约翰，请求将会计汉斯·冯·陶本海姆(Hans von Taubenheim)留在巡视团中，负责审查教会账目。

12 月，撰写《小教义问答》(*Der Kleine Katechismus*)和《大教义问答》(*Der Große Katechismus*)，通过问答的形式解释基督教的基本信条。背景是：路德在萨克森各教区巡视期间，为很多信徒和神职人员对信仰的无知所震惊，决定为他们撰写教义著作。《大教义问答》是为神职人员

① WA Br. 4, 587.

所写，在 1529 年 4 月出版。《小教义问答》是为普通民众所写，带有插图，大概在 1529 年 5 月完成并出版。《小教义问答》序言中写道：“我近来巡视教会的时候，被平信徒们可悲叹的苦况所震撼……平民在对于基督的道理上是毫不晓得的，乡村的百姓更是如此。更糟糕的是很多牧师本身毫无学识，却教训他人！很多人名义上是基督徒，也受过洗，也跟着领受圣餐礼，却连主祷文、信经和十诫都不晓得，好像可怜的牲畜和无理性的小猪一样度日。”①

12 月 30 日，致信阿姆斯多夫，表示已写好反驳萨克森公爵乔治的文章《被偷的私人信件》(*Vom heimlichen und gestohlenen Briefen*)，谴责非法获得他的私人信件。② 该文在 1529 年 1 月 2 日发表。背景是：乔治公爵在该月发表《哪种形象》(Welcher Gestalt)，批判路德在该年 6 月 14 日致林克信中对乔治公爵的否定。

12 月 31 日，致信萨克森选侯约翰，谴责萨克森公爵乔治。

该年，撰写《〈提摩太前书〉讲解》(*Vorlesung über den 1. Timotheusbrief*)；出版德语《诗篇》修订版，序言中称赞《诗篇》的优美，认为《诗篇》预言了基督的死与复活，将《诗篇》称为“小《圣经》”(*kleine Biblia*)。③ 作关于《教义书》的布道(*Katechismuspredigten*)。斯蒂芬·罗特出版路德的《冬季布道集》(*Winterpostille*)。

该年至 1529 年，作关于《马太福音》第 11—15 章、《约翰福音》第 16—20 章的布道。

1529 年 46 岁

1 月，巴塞尔兴起宗教改革运动，并发生破坏圣像事件。

2 月 26 日至 4 月 12 日，第二次施佩耶尔帝国议会召开，天主教势

① 马丁·路德、菲利普·梅兰西顿：《协同书》(第一册)，逯耘译，南京：译林出版社，2003 年，第 11 页。

② WA Br. 4，627.

③ WA DB 10 Ⅰ，98.

力占据上风。皇帝查理五世未与会，通过官员宣布，废除1526年帝国议会上宽容新教的法令。同时，天主教和新教一致同意视再洗礼派为异端，应予以禁止。

4月19日，萨克森选侯约翰、黑森伯爵菲利普等新教诸侯和斯特拉斯堡、乌尔姆、纽伦堡等新教城市发表抗议书，反对皇帝废除宽容法令，被称为"抗议派"(Protestant)，Protestant后来被用来称呼新教派别。

4月22日，瑞士天主教各州与奥地利成立反对宗教改革的基督教同盟(Christliche Vereinigung)。

5月，土耳其军队入侵匈牙利。

6月，瑞士新教州苏黎世对天主教州宣战，进军至边境的卡佩尔，未发生武装冲突，谈判后签署和平协议，被称为第一次卡佩尔战争。

6月29日，教皇克里门七世与皇帝查理五世签订《巴塞罗那和约》，双方和解，约定次年教皇为皇帝加冕。

8月5日，德国与法国达成《康布雷和约》，确立查理五世在意大利北部的权力；法国放弃在意大利的权力，确认对勃艮第的统治权。

9月8日，土耳其军队攻占布达佩斯。

9月27日，土耳其军队围攻维也纳。10月15日，土耳其军队撤离。

1月1日，完成《〈诗篇〉第119首翻译及其解释》(*Der 119. Psalm verdolmetscht und ausgelegt*)。

1月9日，结束对萨克森教区施维尼茨的巡视后，致信萨克森选侯，请他撤回调整巡视人员的命令。这一请求未被批准。

1月21日，致信阿姆斯多夫，谈及维滕堡的瘟疫已经消失。

1月30日，致信梅明根市议会，请他们坚持福音。

1月31日，致信布雷斯劳牧师约翰·赫斯，谈及患头痛、晕眩和耳鸣已有8日。① 结束教区巡视工作，回到维滕堡。

① WA Br. 5, 13.

2 月 12 日，致信阿姆斯多夫，批评奥地利大公费迪南一世的暴政。

2 月 13 日，致信豪斯曼，对他们完成教会巡查表示高兴；谈及患有头晕症；并向他解释《有关抵抗土耳其人的战争》遗失部分稿件。

2 月 28 日，致信阿姆斯多夫，认为奥地利大公费迪南一世害怕土耳其人。

3 月 3 日，致信豪斯曼，谈及正在准备《教义问答》和《有关抵抗土耳其人的战争》的出版工作；向他推荐科达图斯担任助手。

3 月 7 日，致信文策尔·林克，决定不攻击萨克森公爵乔治，而重点批评伊拉斯谟。

3 月 13 日，致信豪斯曼，将该月翻译的德语版《连祷文》(*Deutsche Litanei*)寄给他。

3 月 15 日，致信阿姆斯多夫，谈及已退出教区巡视的工作，表示对施佩耶尔帝国议会表示乐观。

3 月 17 日，致信萨克森选侯约翰·腓特烈，建议不要调整巡视教区的人员。

4 月 13 日，致信奥斯布吕克的奥古斯丁会修士格哈尔特·赫科尔，肯定他的新教信仰。

4 月 14 日，致信约纳斯，谈及患有严重的感冒，并将神学课委托给克鲁西格讲授。

4 月 19 日，致信约纳斯，谈及病情好转；评论农民“忘恩负义”。①

5 月 4 日，次女玛格达勒娜出生。完成《大教义问答》。致信阿姆斯多夫，谈及已解释《以赛亚书》；关心施佩耶尔帝国议会的消息。

5 月 5 日，致信阿姆斯多夫，告知玛格达勒娜出生的消息，请他担任她的教父。

5 月 6 日，致信文策尔·林克，感谢他送的表，评论施佩耶尔帝国议会没有成果。

5 月 12 日，致信萨克森选侯约翰，请他召回在汉堡布道的布根哈

① WA Br. 5, 55.

根，因为维滕堡大学的课程需要人教授。

5 月 21 日，致信文策尔·林克，请他帮助一位流亡到德国的苏格兰人，并提及已完成《次经》(*Apokryphen*) 中《所罗门智慧书》(Die Weisheit Salomonis) 的翻译。致信梅明根议会，反对他们废除圣餐礼，因为这是基督所立的。

5 月 22 日，致信萨克森选侯约翰，表达了反对结盟的观点，认为结盟没有必要，且会引发敌方也会结成同盟。背景是：4 月 22 日，在施佩耶尔帝国议会结束后，新教诸侯秘密结成了同盟。

5 月 25 日，致信文策尔·林克，谈到已翻译完《箴言》，即将出版。致信萨克森选侯约翰，建议富尔达修道院院长可以留在修道院。① 背景是：当地修道院进行改革，修士离开修道院，院长约翰内斯三世不愿意离开。

5 月 28 日，致信赫尔福德牧师雅各布·蒙塔努斯 (Jakob Montanus)，对伊拉斯谟的观点和写作风格表示蔑视，不想与他继续辩论。

5 月 31 日，致信戈斯拉的民众，警告他们不要暴乱，反抗权威。背景是：当地发生了贫民袭击教会和修道院的事件。

6 月 5 日，致信约纳斯，谈及收留了从萨克森弗莱堡的修道院逃离的 3 名修女。

6 月 20 日，致信文策尔·林克，谈及受累于很多人向他咨询、诉苦和请托等事。

6 月 23 日，致信黑森伯爵菲利普，同意去马堡参加与茨温利的会谈，并提醒，如果对方不妥协，会谈将不欢而散。背景是：施佩耶尔帝国议会后，新教面临天主教的巨大压力，必须团结起来，而路德与茨温利就圣餐礼问题的分歧一直没有解决，新教面临分裂的风险，黑森伯爵菲利普决定邀请他们举行会谈。由于路德一直不愿意参加会谈，菲利普请求萨克森选侯约翰给路德施加压力。

① WA Br. 5, 82-85.

7月8日，在收到黑森伯爵菲利普的正式邀请函后，与梅兰希顿回复，接受去马堡参加会谈的邀请。

7月14日，致信茨维考牧师科达图斯，鼓励他面对茨维考人的忘恩负义，不要失去勇气。

7月18日，致信勃兰登堡-安斯巴赫伯爵乔治(1484—1543年)，建议他保留修道院，让它们自然消亡，以免引发纷争；建议选侯在领地设立高等学校，开设神学、法学等科目，创造共同学习的环境，以培养人才；在所有城市设立儿童学校，并设立奖学金。背景是：6月15日，乔治伯爵致信路德，讲述了领地内宗教改革的情况，请教如何纠正修道院中不符合《圣经》的行为。

7月31日，致信在里加传教的约翰·布里斯曼，告知他即将在马堡举行会谈的事情，不确定是否成行，对会谈期望不高。

8月1日，致信在茨维考布道的豪斯曼和科达图斯，建议他们，如果茨维考处境危险，就离开茨维考。

8月22日，致信萨克森选侯约翰，支持希尔德堡豪森(Hildburghausen)建立公共财库的申请。

8月26日，致信托马斯·勒歇(Thomas Löscher)，认为不应强迫人信仰，但应该让亵渎福音的人听到，且不能让他们在公开场合亵渎。背景是：勒歇是维滕堡附近村庄的牧师，写信询问路德如何对待亵渎福音的人。

8月27日，致信豪斯曼，请他告知人们在面临传染病时不要太惊慌，因为有人因为想象和恐惧而患病，"一个人的心思意念必然会影响他的身体"。① 背景是：当时有一种流行病在德国部分地区爆发。当时传说豪斯曼所在的茨维考有上百人感染，多人死亡。

8月29日，致信约翰·布伦茨，赞扬他对《阿摩司书》的注释；认为黑森会议不会取得结果。

---

① 马丁·路德：《路德劝慰书信》，西奥多·泰伯特选编、英译，孙为鲲译，上海：上海三联书店，2017年，第278页。

9 月 9 日，致信阿格里科拉，鼓励他不惧冲突。背景是：阿格里科拉在 1529 年初出版了一本《俗语集》，其中有冒犯符腾堡公爵的内容，由此遭到公爵的抗议。

9 月中旬，与梅兰希顿等维滕堡神学家在托尔高举行会议，达成了一些基本信条，并以此作为马堡会谈的基础。

9 月 17 日，与梅兰希顿、约纳斯、克鲁西格、乔治·勒赫等人从托尔高出发前往马堡。

9 月 26 日，来自苏黎世的茨温利、厄科拉姆帕迪乌斯和来自斯特拉斯堡的布塞尔等人抵达黑森伯爵领地的首府马堡。

9 月 30 日，抵达马堡。

10 月 1 日，按照黑森伯爵菲利普的安排，茨温利和梅兰希顿，路德与厄科拉姆帕迪乌斯分别举行了预备会议。

10 月 2 日，马堡会谈正式开始。路德、梅兰希顿与茨温利和厄科拉姆帕迪乌斯辩论圣餐问题，黑森伯爵菲利普旁听了会谈。双方在大部分教义上达成一致，争论的焦点在于《马太福音》上的一句经文。据《马太福音》26:26 记载，耶稣在被捕前最后的晚餐中，给门徒分饼时，对门徒说："这是我的身体"（Hoc est Corpus Meum）。这成为后来基督教会圣餐礼的来历。路德在桌上用粉笔写出经文"Hoc est Corpus Meum"，强调按照耶稣的原话"这是我的身体"，圣饼就是耶稣的身体，耶稣的确在场，但不是通过神父的作用。而茨温利则认为，这句话里的"是"应理解为象征①，圣餐礼是为了纪念耶稣的献身，耶稣也不在场。路德还否认了茨温利等以前的观点"一个肉体不能同时在两处出现，它不能是无限的"②，他认为上帝的大能超过人的想象，不能用几何式的方法证明神学。茨温利根据《约翰福音》6:63 经文"叫人活着的乃是灵，肉体是无益的"，反对圣餐礼时基督肉身降临的观点。路德认为这句经文不适用于圣餐礼。该日下午，路德一方的安德烈·奥西安德和约翰·布伦

① LW 38，22.

② LW 38，16.

茨分别从纽伦堡和哈尔(Hall)到达马堡，两人参与会谈，并作了记录。

10 月 3 日，与茨温利等继续会谈。

10 月 4 日，双方达成了《马堡信条》(Marburger Artikel)，在 14 条信条上一致，分别是：(1)上帝是唯一的主和万物的造物主，圣父圣子圣灵三位一体等《尼西亚信经》的内容；(2)耶稣是处女玛利亚所生，道成肉身；(3)耶稣为人类被钉死在十字架上，后复活，将会再次降临，审判人类；(4)原罪论；(5)信仰基督，可得拯救，行善功无效；(6)信仰是上帝的恩典，人不能通过自己的力量获得；人在听福音时，圣灵在人心中生成信仰；(7)因信称义；(8)通过布道，传播基督的福音，圣灵生成信仰；(9)洗礼是上帝所立的圣礼；(10)有信仰的人会行善功；(11)不应该强迫忏悔；(12)世俗政府中的身份是良好的；(13)教会传统要符合上帝的道；(14)给婴儿施行洗礼是正确的。①

双方在第十五条上存在争议：前半条一致同意：基督徒应领两种形式的圣餐(饼和酒)；但在后半条，即圣餐礼中耶稣的临在问题上，分歧较大，这最终导致了宗教改革运动的分裂。同日，致信波拉，详细说明马堡会谈的情况，谈及与茨温利反对视彼此为基督教兄弟。

10 月 5 日，离开马堡。

大概在 10 月 6 日，与梅兰希顿联名致信黑森伯爵菲利普，再次强调圣餐礼时耶稣的真实临在。

10 月 16 日—19 日，为了促进新教团结，新教各派在巴伐利亚的施瓦巴赫开会。路德派以路德、梅兰希顿等人起草的信条为基础，发表《施瓦巴赫信条》(Schwabacher Artikel)，共 17 条，这成为 1530 年《奥格斯堡信条》的重要来源。由于圣餐礼争议，乌尔姆、斯特拉斯堡等城市拒绝接受该信条，团结新教的目的没有实现。

10 月 18 日，回到维滕堡。

10 月 26 日，致信豪斯曼，谈及将撰写关于反抗土耳其人的新文章。

① LW 38，85-89.

10 月 27 日，致信阿姆斯多夫，对马堡会谈和土耳其军队放弃围攻维也纳感到高兴。

10 月 28 日，致信约翰·朗，谈及土耳其战争，认为土耳其人毁灭维也纳，然后又逃走，是上帝显灵的结果。

10 月 29 日，撰写《反抗土耳其的布道》(*Heerpredigt wider den Türken*)，认为应积极抵抗土耳其人，重申对土耳其的战争不是宗教战争。

11 月 5 日，致信普鲁士公爵阿尔布莱希特，派法学家约翰·阿佩尔前往科尼斯堡辅佐他。背景是：普鲁士公国首相去世后，阿尔布莱希特公爵请路德派梅兰西顿来辅佐自己。路德没有答应。①

11 月 7 日，致信哥达牧师腓特烈·米科尼乌斯 (Friedrich Myconius)②，赞扬他为反对土耳其而祈祷。

11 月 10 日，致信豪斯曼，讨论土耳其战争，不希望德国被征服，认为战争是“因忽略福音而受到的惩罚”；同时建议豪斯曼结婚③，但又指出独身更快乐。④ 致信不来梅牧师雅各布·普罗布斯特，认为面对土耳其威胁，皇帝应回到德国。

11 月 18 日，致信萨克森选侯约翰，反对新教诸侯建立同盟，反对宗教战争，认为皇帝不会发动战争，对局势有点乐观。

11 月 23 日，致信萨克森选侯约翰，请他禁止出版埃姆泽翻译的《新约》，认为这是剽窃自己的作品而来。

11 月 27 日，致信梅克伦堡公爵海因里希五世，请他禁止在罗斯托克印刷埃姆泽翻译的《新约》。

12 月 16 日，致信黑森伯爵菲利普，对他关于针对土耳其战争等问

---

① WA Br. 5，173.

② 腓特烈·米科尼乌斯(1490—1546 年)：出身于巴伐利亚的利希滕费尔斯(Lichtenfels)，1510 年加入方济各会修道院，1516 年成为教士，1518 年结识路德后，成为新教徒。1524 年，在哥达创立了中学，教授拉丁语，1524 年，担任哥达牧师。

③ 豪斯曼终生未婚。

④ Martin Luther. *The Letters of Martin Luther*，selected and translated by Margaret A. Currie. London：Macmillan and Co.，1908，p. 199.

题的咨询没有给出建议。

12 月 17 日，与约纳斯致信萨克森选侯约翰，建议尚未巡视的地区改由新的委员会巡视。

12 月 24 日，致信萨克森选侯约翰，认为在当前的形势下，不能武力反抗皇帝，选侯应该寻求与皇帝查理五世的相互理解。背景是：该年 12 月 9 日，黑森伯爵菲利普致信萨克森选侯约翰，请他决定是否武力反抗皇帝。选侯咨询路德的建议，路德于是作了回复。

12 月 25 日，与梅兰希顿致信科堡议会，支持在科堡建立一所学校。①

该年，作关于《申命记》的布道，后以《摩西第五部经书的布道》(*Predigten über das fünfte Buch Mose*)为题出版；出版《〈诗篇〉第 118 首注疏》(*Scholien zum* 118. *Psalm*)，创作两首赞美诗：

(1)《赐予我们和平》(Verley uns frieden gnediglich)，来源 6 至 7 世纪的拉丁语赞美诗。②

(2)《我们赞美主上帝》(Herr Gott dich loben wir)，来源 4 世纪奥古斯丁和安布罗斯所写的拉丁语赞美诗。③

1530 年 47 岁

2 月 24 日，皇帝查理五世在博洛尼亚由教皇克里门七世加冕，这是德意志皇帝最后一次由教皇加冕。查理五世在博洛尼亚期间与教皇讨论了召开公会议的问题，教皇许诺，“如果实属必需，他将召开一次圣公会议。”④

7 月 11 日，斯特拉斯堡、康斯坦茨、林道和梅明根向帝国议会提

① WA Br. 5，212.

② Patrice Veit. *Das Kirchenlied in der Reformation Martin Luthers*. Stuttgart：Franz Steiner Verlag Wiesbaden GmbH，1986，S. 52.

③ Patrice Veit. *Das Kirchenlied in der Reformation Martin Luthers*. Stuttgart：Franz Steiner Verlag Wiesbaden GmbH，1986，S. 52.

④ J. 沃特沃斯英译，陈文海中文译注：《特兰特圣公会议教规教令集》，北京：商务印书馆，2012 年，第 56 页。

交布塞尔起草的《四城告白》(Confessio Tetrapolitana)，主要坚持茨温利的神学观点。

1 月 3 日，致信豪斯曼，将《反抗土耳其的布道》寄给他，提及《新约》翻译修订版出版。

大概在 1 月 6 日，完成《论婚姻事务》(*Von den Ehesachen*)，第一部分主张公开婚约，反对秘密婚约和强迫婚约，应惩罚通奸等；第二部分讨论离婚问题。背景是：当时出现了不少秘密婚姻导致一些婚姻得不到保障的。

1 月 9 日，致信萨克森选侯约翰，建议重新开启巡视教会的计划。

1 月 12 日，致信吕贝克的一些牧师，告知他们宣扬因信称义的教义比改革宗教仪式更为重要。

1 月 14 日，与约纳斯等人前往贝尔茨西(Belzieg)等地巡视教会。

1 月 27 日，萨克森选侯约翰咨询路德，请他与梅兰希顿、布根哈根等神学家商议，在三周内正式回复，面对皇帝查理五世的武力威胁，是否可以武力反抗。

2 月初，致信豪斯曼，谈及时事，如斯特拉斯堡与瑞士结盟反抗皇帝查理五世；还谈及当时土耳其人将再次打过来的谣言等。

2 月 1 日，致信勃兰登堡选侯约阿希姆一世，请他让情妇卡特琳娜·霍尔侬回到其丈夫身边。还致信勃兰登堡主教和骑士，希望他们对选侯施加压力。致信卡特琳娜·霍尔侬，请她回到丈夫身边。卡特琳娜后来回复，表示愿意离婚。①

2 月 15 日，写信安慰给病重的父亲汉斯·路德，在信中解释了不能回家的原因：“不要试探神，将自己置于危险的处境，因为您一定知道贵族和农民对我是怎样地怀恨在心。”②信中希望父母能到维滕堡居

① WA Br. 5，225-234.

② 马丁·路德：《路德劝慰书信》，西奥多·泰伯特选编、英译，孙为鲲译，上海：上海三联书店，2017 年，第 6 页。

住，方便自己和妻子服侍双亲。由于汉斯・路德病重，未能成行。

2 月 25 日，致信豪斯曼，谈及翻译《圣经》的情况，正在出版《但以理书》德语译本①，并为《启示录》撰写了前言。

2 月底，致信尤斯图斯・梅尼乌斯（Justus Menius）②和米科尼乌斯，鼓励他们发表反对再洗礼派的文章。

3 月 5 日，致信西里西亚的牧师亚当・阿达姆斯，批评茨温利派的错误。

3 月 6 日，致信萨克森选侯约翰，回复 1 月 27 日的询问，主张基督徒应该服从世俗权力。

3 月 7 日，开始在维滕堡大学课堂上讲解《雅歌》，直至 1535 年 6 月。后结集出版《关于〈雅歌〉的讲解》（*Vorlesung über das Hohelied*）。

3 月 11 日，萨克森选侯约翰收到皇帝查理五世在 1 月 11 日发出的信，内容是奥格斯堡帝国议会计划在 4 月 8 日召开（后推迟至 6 月）。选侯要求路德等人准备会议文件。

3 月 12 日，致信阿姆斯多夫，退回他关于伊拉斯谟的文章。阿姆斯多夫的文章认为，伊拉斯谟在路德之前就提出人靠信仰而非善功得救。路德不认同这个观点，表示很受打击。③

3 月 14 日，致信约纳斯，通知他，按照萨克森选侯约翰要求，安排起草参加奥格斯堡帝国议会的文件，参加的人有路德、梅兰希顿、布根哈根和约纳斯。

3 月底，完成《对〈诗篇〉第 82 首的解释》（*Der 82. Psalm ausgelegt*）；和梅兰希顿等人起草完参会文件，这一文件后被称为《托尔高信条》

---

① 路德在 1530 年年初将《但以理书》译本献给了萨克森亲王约翰・腓特烈。

② 尤斯图斯・梅尼乌斯（1499—1558 年）：富尔达人，1514 年入读埃尔福特大学，1515 年获学士学位，1516 年获硕士学位；1519 年到维滕堡大学求学，结识了路德等人，成为新教徒。1525 年，担任埃尔福特的牧师，1529—1552 年，在埃森纳赫担任牧师。后卷入路德派内部的分歧，成为菲利普派，1556 年前往莱比锡担任牧师，1558 年在当地去世。

③ Martin Luther. *The Letters of Martin Luther*, selected and translated by Margaret A. Currie. London: Macmillan and Co., 1908, p. 205.

（Torgauer Artikel），成为《奥格斯堡信条》来源之一。

4 月 2 日，致信科达图斯，安慰他丧子之痛，同时请他尽快前往奥格斯堡，参加帝国议会。与约纳斯、梅兰希顿前往萨克森选侯约翰居住的托尔高。

4 月 4 日，与萨克森选侯约翰一行人出发前往科堡①，15 日抵达。

4 月 18 日，致信豪斯曼，谈及在科堡的情况，以及皇帝查理五世在曼图亚庆祝复活节，推迟抵达德国等事情；在附言中提及佛罗伦萨人派人到法兰克福买了 1000 杜卡特路德的著作。

4 月 22 日，致信文策尔·林克，告知留在科堡的情况，以及参加奥格斯堡的人员：梅兰希顿、约纳斯、阿格里科拉和施帕拉丁等。

4 月 23 日，晚上，搬入科堡的城堡。因为《沃尔姆斯敕令》仍在生效，选侯命令路德留在科堡，由秘书维特·迪特里希（Veit Dietrich）②陪同。翻译《以西结书》中第 38 和 39 章，并为之撰写前言《〈以西结书〉第 38 章和第 39 章中的歌革》（Das XXXVIII. und XXXIX. Capitel Hesechiel vom Gog.）。歌革是《圣经》中进攻以色列的领袖，这里指土耳其。③

4 月 24 日，致信约纳斯，描写城堡外的鸟叫，表示非常无聊。同日，萨克森选侯约翰一行人出发前往奥格斯堡，5 月 2 日抵达。

4 月 29 日，致信梅兰希顿，谈及正在撰写对奥格斯堡神职人员的告诫信。

5 月 8 日，致信文策尔·林克，谈及翻译《圣经》的进展，已经翻译完《耶利米书》，正在翻译剩下的《先知书》。

5 月 11 日，萨克森选侯约翰将梅兰希顿起草的《奥格斯堡信条》草稿交给路德。该信条以《施瓦巴赫信条》和《托尔高信条》为基础。

5 月 12 日，致信梅兰希顿，提及正在翻译《以西结书》。

---

① 科堡位于当时萨克森选侯领地的南部边境，现属巴伐利亚州。

② 维特·迪特里希（1506—1549 年）：纽伦堡人，1522 年前往维滕堡大学学习，1529 年获得硕士学位。1535 年，回到纽伦堡担任牧师。

③ WA 30 Ⅱ，220.

5 月 15 日，致信萨克森选侯约翰，表示赞同梅兰希顿起草的信条，希望皇帝不要禁止传播福音。

5 月 19 日，致信梅兰希顿，请他保护好自己。

5 月 20 日，致信萨克森选侯约翰，鼓励他在奥格斯堡帝国议会上坚定信仰，忍耐敌人。

5 月 29 日，父亲汉斯·路德在曼斯费尔德去世。

大概在 5 月，发表《基督教教义和基督教信仰的声明》(Ein Bekenntnis christlicher Lehre und christlichen Glaubens)，阐明新教的基本信仰，共 17 条，内容与 1529 年的《施瓦巴赫信条》大致相同。

6 月 1 日，致信不来梅牧师雅各布·普罗布斯特，对不能参加奥格斯堡帝国议会表示遗憾，希望皇帝查理五世能够宽大仁慈。

6 月 2 日或 3 日，致信梅兰希顿，谈及有“皇帝不会前往奥格斯堡，帝国议会不会召开”的传言。

6 月 5 日，致信文策尔·林克，对帝国议会能否召开表示怀疑。

6 月 7 日，致信梅兰希顿，抱怨他的沉默，提及易北河发生了洪水。

6 月 13 日，出版《致奥格斯堡神职人员的告诫书》(*Vermahnung an die geistlichen, versammelt auf dem Reichstag zu Augsburg*)，提醒出席奥格斯堡帝国议会的高级神职人员应谨慎公正地讨论问题，否则会引发民众的骚乱。

6 月 13 至 26 日，翻译《先知书》。

6 月 19 日，致信加比尔·茨维林，谈及正翻译《先知书》，并为萨克森选侯和奥格斯堡帝国议会祈祷。致信家庭教师希罗尼姆斯·维勒(Hieronymus Weller)①，赞扬他的教学，同时鼓励他坚定信心，“恶劣和悲伤的情感不是来自上帝，而是来自魔鬼。上帝不是带来悲伤的上

① 希罗尼姆斯·维勒(1499—1572 年)：萨克森的弗莱堡人，1512 年到维滕堡大学学习，1519 年获硕士学位，后曾担任教师，1525 年返回维滕堡；1527 年在路德影响下，研究神学，并住在路德家中，担任家庭教师，直至 1535 年博士毕业。1539 年，回到家乡，教授神学。

帝，而是安慰人和带来幸福的上帝”。① 因为路德听说维勒有时会陷入悲伤。致信儿子约翰内斯，鼓励他坚持祈祷和学习。约翰内斯当时刚满4岁，这封信是用一种儿童的语言风格写的。

6月20日—11月19日，皇帝查理五世召开奥格斯堡帝国议会，商讨防御土耳其问题和宗教问题。

6月25日，致信豪斯曼，肯定萨克森选侯约翰和勃兰登堡选侯乔治在奥格斯堡帝国议会上的坚定表现。约纳斯致信路德，告知他，萨克森亲王约翰·腓特烈正委托纽伦堡议会秘书施本格勒给他制作一枚玫瑰印章戒指。② 同日，萨克森代表用德语在帝国议会上宣读《奥格斯堡信条》(Confessio Augustana)。这是一份温和的希望能消弭分歧的信条。

6月27日，致信梅兰希顿，鼓励他要坚定信心，勇敢地面对奥格斯堡帝国议会上的困境。在该年撰写的安慰梅兰希顿等朋友们的语句，后收录为《路德安慰语录》(*Sprüche, mit denen sich Luther getröstet hat*)，于1549年出版。

6月29日，致信梅兰希顿，认为《奥格斯堡信条》已经做了很多让步，如对方不接受，不能再让步了。背景是：梅兰希顿于6月26日寄给路德《奥格斯堡信条》，并询问在哪些教义上可以做一点让步。

6月30日，致信萨克森选侯约翰，请他不要为萨克森公爵乔治攻击《奥格斯堡信条》一事忧虑，请他忍耐、祷告。致信约翰·布伦茨，批评梅兰希顿虽然虔诚地担忧和平与未来，“有热心，但不是按着真知识”③。

6月，完成《〈诗篇〉第118首注疏：美好的忏悔》(*Scholien zum 118. Psalm. Das schöne Confitemini*)。

7月2日，审阅梅兰希顿起草的《辩护书》(*Apologia*)。

7月3日，致信梅兰希顿，赞同他起草的《辩护书》，但认为不会被

① Martin Luther. *Luther Deutsch*(Band 10), *Die Briefe*, herausgegeben von Kurt Aland. Göttingen: Vandenhoeck & Ruprecht, 1983, S. 204.

② WA Br. 5, 393.

③ 《新约·罗马书》10:2。

奥格斯堡帝国议会接受。同日，皇帝查理五世与信仰天主教的贵族开会，讨论如何处理《奥格斯堡信条》。

7 月 6 日，对奥格斯堡帝国议会上新教徒的表现感到高兴。致信豪斯曼，告知他已经有萨克森选侯、勃兰登堡选侯等 7 位君主和 2 个城市签署了《奥格斯堡信条》，该信条已在皇帝查理五世面前宣读，正在等待回复。

7 月 7 日，将《取消炼狱》(Ein Widerruf vom Fegerfeuer)的手稿寄回维滕堡，该文在月内出版。

7 月 8 日，致信纽伦堡议会秘书施本格勒，回复他询问玫瑰印章的话题。信中详细阐述了玫瑰印章的含义：

我试图将该印章作为我神学的标志。最核心的图案是黑色的十字架，位于红色的心中间，这个颜色很自然地让人想起对耶稣的信仰让我们得救。“因为人心里相信，就可以称义。”① 无论是不是真的黑十字架，带来屈辱和疼痛，心都应该是红色的，本性不会堕落，不会死，而会永生。义人将因信仰被钉上十字架的耶稣而生(Iustus enim fide vivet, sed fide crucifixi.)。一颗红心位于白色玫瑰的中间，象征信仰带来欢乐、慰藉与和平，而不是尘世的和平和欢乐，因此玫瑰应该是白色的，而不是红色的，因为白色是圣灵和天使的颜色。玫瑰所在的背景应该是天堂的颜色，这些属灵和信仰的欢乐，是未来天堂之乐的开始，可能在希望中已经拥有，但还没有显示出来。金色的边沿象征天堂的恩典是永恒的，超过所有的欢乐和财物，如最贵重的金属——黄金。②

7 月 9 日，致信约纳斯，判断奥格斯堡帝国议会面临危机，但希望能达成政治上的和平。致信梅兰希顿，认为敌人的威胁是空洞的。③

---

① 《新约 · 罗马书》10:10。

② WA Br. 5, 445.

③ WA Br. 5, 456.

7 月 13 日，致信施帕拉丁，表示对皇帝查理五世不抱希望。致信约纳斯，让他们在奥格斯堡帝国议会上坚定立场。致信梅兰希顿，指出谈判已经没有希望达成一致，“已不能忍受皇帝作为法官”①。大概在该日②，寄出《致美因茨枢机主教的信》(Brief an den Kardinal Erzbischof zu Mainz)，呼吁美因茨大主教阿尔布莱希特在奥格斯堡帝国议会上发挥作用。

7 月 15 日，致信约纳斯、施帕拉丁、梅兰希顿和阿格里科拉，指出：如果接下来与罗马教会的谈判没有进展，就回家；在信仰的问题上不能妥协。

7 月中旬，写完《应让小孩上学的讲道》(*Eine Predigt, daß man Kinder zur Schulen halten soll*)。背景是：在《致德意志所有城市议员，要求设立与维持基督教学校》出版后，很多新教诸侯政府积极兴办学校，但很多父母对此并不积极，于是发表此文，提出国家应实行义务教育：“我认为，世俗政权有责任迫使臣民送其子女入学，特别是上述(不积极的父母)。事实上他们有责任履行上述的职责，这样才能始终有布道者、法学家、牧师、作家、医生、教师和类似的人才，因为人们不能缺少他们。”③这是近代义务教育思想的起源之一。该文在 8 月出版。

7 月 16—19 日，撰写《驳斥所有撒旦学说和地狱之门的信条》(Artikel wider die ganze Satansschule und alle Pforten der Hölle)④，共 40 条，用于奥格斯堡帝国议会上的谈判。

7 月 21 日，致信梅兰希顿，针对他对教会法令问题的咨询，回复：(1)教会和世俗政府的两种治理是分开的和不同的；(2)一人可以同时担任教会职务和世俗政府职务；(3)在没有教会允许的情况下，主教不能擅自更改教规；(4)主教担任世俗职务不能将教会法和世俗法混淆。

---

① Martin Luther. *Luther Deutsch*(Band 10), *Die Briefe*, herausgegeben von Kurt Aland. Göttingen: Vandenhoeck & Ruprecht, 1983, S. 211.

② WA 30 II, 392.

③ WA 30 II, 586.

④ WA 30 II, 414.

(5)主教担任世俗职务时，民众以世俗臣民的身份服从他，而不是以教会成员的身份。致信约纳斯，表示茨温利和布塞尔不可信任。

7 月 27 日，致信阿格里科拉，鼓励他们在奥格斯堡帝国议会上不要退让。致信施帕拉丁，表示反对私人弥撒。致信梅兰希顿，表示反对将弥撒作为感恩献祭。

7 月 31 日，致信梅兰希顿，鼓励他在帝国议会上坚定信仰。

7 月，致信希罗尼姆斯·维勒，鼓励他战胜属灵的焦虑和试探，并回忆在修道院时，施道皮茨的安慰："马丁，你难道不知道这样的试探对你来说是何等的有益和必要吗？神不会无缘无故地让你经受磨炼。你将会看到神的心意是要你成为他的仆人，为他成就大事。"①

8 月 3 日，致信约纳斯，提及翻译《先知书》时遇到困难；打听卡尔施塔特的情况。同日，皇帝查理五世让人在帝国议会上宣读《驳斥奥格斯堡信条》(Confutatio Augustana)，要求每个人都遵守。《驳斥奥格斯堡信条》由埃克和约翰内斯·科赫劳斯等人起草，7 月 12 日提交给皇帝查理五世。

8 月 5 日，致信萨克森选侯的前首相、法律顾问布吕克，提及向皇帝祈祷和平。

8 月 14 日，致信波拉，谈及正着急等待奥格斯堡帝国议会的消息。

8 月 15 日，收到梅兰希顿等人来信，获知奥格斯堡帝国议会消息。给梅兰希顿回信，提及为教会传统谈判是徒劳的。②

8 月 21 日，致信梅兰希顿，谈及《先知书》的翻译，期待他来信告知奥格斯堡新的情况。

8 月 22 日，致信纽伦堡修道院院长腓特烈，将《诗篇》献给他。

8 月 24 日，致信梅兰希顿，将《应让小孩上学的讲道》文稿寄给他，并提及维滕堡爆发了瘟疫。

---

① 马丁·路德：《路德劝慰书信》，西奥多·泰伯特选编、英译，孙为鲲译，上海：上海三联书店，2017 年，第 78 页。

② WA Br. 5，547.

8 月 25 日，将《论钥匙》(*Von den Schlüsseln*)手稿寄给维特·迪特里希，批判教皇滥用《马太福音》中关于钥匙的经文①，指出教皇的权力在于外在的教会法律和诫命，而不能评判上帝的教义。该文后又经过修改，在 9 月出版。

8 月 26 日，致信萨克森选侯约翰，拒绝了选侯寄过来的天主教神学家起草的神学条款。致信施帕拉丁，谈及在奥格斯堡的谈判，听说有人要促成他与教皇的和解，教皇表示不愿意，他也认为不可能。致信约纳斯，谈及奥格斯堡的敌人用武力威胁将一无所获，要小心他们的诡计。

8 月 28 日，致信纽伦堡议会秘书施本格勒，安慰他，因为他对梅兰希顿在奥格斯堡谈判中的让步非常不满。

9 月 8 日，致信波拉，告知他奥格斯堡帝国议会即将结束，正等待皇帝的最后决定；谈及正在翻译《先知书》的最后一章，并在撰写关于圣餐礼的文章。

9 月 11 日，致信黑森伯爵菲利普，安慰并鼓励他坚定信仰，因为伯爵对奥格斯堡谈判破裂感到失望。

9 月 12 日，将《关于翻译的公开信》(*Sendbrief vom Dolmetschen*)手稿寄给文策尔·林克，请他安排出版。该文解释了为什么在翻译《罗马书》3:28 的经文“我们看定了，人称义是因着信，不在乎遵行律法”时，在“人称义是因着信”(der mensch gerecht werde... durch den glauben)一句中间加入“只”(allein)字，变成了“只因着信”(allein durch den glauben)，即“唯信称义”。② 路德认为这是德语的用法，“使得‘没有’(nicht)和‘非’(kein)的含义更加完整和清楚”③，更符合《圣经》的原义。路德在这封信中记录了他翻译《圣经》的过程：

在翻译时，我努力去寻找一种纯粹和清晰的德语，也时常为了一个单词，花去 14 天、三或四周的时间去寻找，往往一无所获。在翻译

① 参见《新约·马太福音》(16:19)经文：“我要把天国的钥匙给你，凡你在地上所捆绑的，在天上也要捆绑；凡你在地上所释放的，在天上也要释放。”

② WA 30Ⅱ, 632.

③ WA 30Ⅱ, 637.

《约伯记》时，菲利普先生、奥罗加卢斯和我有时在 4 天只能完成 3 行……人不能问拉丁字母如何说德语，这像驴子一样蠢，而是必须询问家中的母亲、小巷的孩子们和市场上的普通人，还要注意这些人的嘴巴，看他们是怎样说话的，然后再进行翻译。这样他们才能懂我们，也知道跟他说的是德语。①

9 月 14 日，萨克森亲王约翰·腓特烈参加完奥格斯堡帝国议会后，返程时在科堡拜访路德，感谢路德将《但以理书》译文献给他，并举行盛大仪式，赠予路德一枚带有玫瑰纹章的印章戒指。

9 月 15 日，致信梅兰希顿，提及萨克森亲王约翰·腓特烈来访等事，安慰他不要因为没有达到预期而悲痛，表扬他“已经履行了神圣的工作，正在成为一名圣徒”②。

9 月 20 日，致信梅兰希顿，安慰他，并希望他有更详细的会议报告。背景是：梅兰希顿因在奥格斯堡谈判中有些让步而遭到一些人的批评。致信文策尔·林克，反对他对梅兰希顿的批评。致信约纳斯，对奥格斯堡谈判破裂表示愤怒，请他们回来。

9 月 22 日，梅兰希顿向皇帝查理五世提交为《奥格斯堡信条》写的《辩护书》，遭到拒绝。

9 月 23 日，致信豪斯曼，谈论奥格斯堡帝国议会上的谈判情况，双方争论的焦点在私人弥撒、圣餐礼、已结婚的修士回修道院等问题，正在等待皇帝裁决。而同日，查理五世宣布以 6 个月为期限，将路德宗作为异端消灭。

9 月 24 日，致信波拉，提及将在两周内回家，认为罗马教会“强迫修士和修女回到修道院有困难”③。

9 月 26 日或 27 日，布塞尔到科堡拜访路德，讨论圣餐的教义问

① WA 30Ⅱ，636-637.

② Martin Luther. *The Letters of Martin Luther*, selected and translated by Margaret A. Currie. London: Macmillan and Co., 1908, p. 248.

③ Martin Luther. *The Letters of Martin Luther*, selected and translated by Margaret A. Currie. London: Macmillan and Co., 1908, p. 252.

题，希望能够调解新教教派之间的分歧。

10 月 2 日，致信奥格斯堡的汉斯·霍诺德(Hans Honold)，表示对上帝的道在奥格斯堡被压迫感到遗憾。

10 月 4 日，离开科堡。致信音乐家路易·森夫(Louis Senfl)，肯定了音乐的属灵价值。

10 月 13 日，回到维滕堡。

10 月 17 日，出版《对〈诗篇〉第 111 首的解释》(*Der* 111. *Psalm ausgelegt*)和《对〈诗篇〉第 117 首的解释》(*Der* 117. *Psalm ausgelegt*)。

10 月 28 日，回复黑森伯爵菲利普，认为服从没有罪过。背景是：菲利普正组织一个新教诸侯同盟，反对皇帝，咨询路德的意见。

10 月底，接替布根哈根的布道工作，每周三次。背景是：布根哈根离开维滕堡，前往吕贝克进行宗教改革。

10 月，完成《致亲爱的德意志同胞的警告信》(*Warnung an seine lieben Deutschen*)。该文肯定了保卫福音的自卫战争，较之前反对战争的立场有所松动。背景是：1530 年 6 月奥格斯堡帝国议会上，新教提出的《奥格斯堡信条》被皇帝拒绝接受，新教和天主教决裂。由于印刷原因，该文推迟到 1531 年 4 月出版。

11 月 7 日，致信科尼斯堡的约翰·阿贝尔，谈及夏天时患有耳鸣，对写作有很大影响。致信在里加传教的约翰·布里斯曼，祝福里加的新教事业，谈及自己身体虚弱。

11 月 19 日，奥格斯堡帝国议会颁布禁止新教的敕令，要求新教徒在 1531 年 4 月 15 日前接受，否则将武力镇压。皇帝查理五世再次宣布 1521 年《沃尔姆斯敕令》的效力。奥格斯堡帝国议会结束。

11 月 23 日，出版《关于基督身体和血液的圣餐礼的告诫》(*Vermahnung zum Sakrament des Leibes und Blutes Christi*)，再次详述了圣餐是上帝的恩典，在信仰中居于核心地位，反对罗马教会将圣餐礼作为献祭和善功的做法，信徒应领两种形式的圣餐等观点。

12 月 1 日，致信文策尔·林克，提及罗马等地的洪水，认为这是最后审判的预兆。①

---

① WA Br. 5, 691.

12 月 5 日，致信布雷斯劳牧师约翰·赫斯，表示拒绝奥格斯堡帝国议会的决议。

12 月 12 日，致信萨克森选侯约翰，建议他应参加国王选举，并选举费迪南一世为国王。“如果拒绝选举，会被剥夺选侯资格。”①

12 月 16 日，致信一名叫彼得·哈肯堡(Peter Hackenberg)的修士，表示对奥格斯堡帝国议会的结果表示失望，请他离开修道院。

12 月 18 日，致信哥廷根议会，表示将派 2 名布道人前往当地，希望当地为他们支付较好的薪酬。

12 月 22 日至 31 日，为了应对奥格斯堡帝国议会禁止新教的敕令，萨克森选侯、黑森伯爵新教诸侯在施马卡尔登召开会议。

该年，还出版《十诫注释》(*Glossen zum Dekalog*)、《对〈诗篇〉第 25 首第一部分的讲解》(*Auslegung der 25 ersten Psalmen*)。撰有《论称义》(*De iustificatione*)、《关于圣餐礼的告诫》(*Zu Vermanung zum Sacrament*)、《论圣徒的代祷》(*Vom Fürbitte der Heiligen*)、《圣马太日的布道》(*Sermon am Tage Matthäi*)等文的草稿。编译《伊索的若干寓言》(*Etliche Fabeln aus Äsop*)，后于 1557 年出版。

该年至 1532 年，作关于福音书的布道，后结集出版《关于〈马太福音〉第 5—7 章的每周布道》(*Wochenpredigten über Matth.* 5-7)、《关于〈约翰福音〉第 6—8 章的每周布道》(*Wochenpredigten über Joh.* 6-8)。

1531 年 48 岁

1 月 5 日，奥地利大公费迪南一世在科隆被选为德意志国王。第二届帝国执政府解散。

2 月 27 日，新教诸侯在施马卡尔登成立联盟。这个同盟得到法国的支持。

① Martin Luther. *The Letters of Martin Luther*, selected and translated by Margaret A. Currie. London: Macmillan and Co., 1908, p. 256.

10 月，瑞士新教州与天主教州之间爆发第二次卡佩尔战争。10 月 11 日，苏黎世被打败，茨温利作为随军牧师参加了战役，阵亡。

11 月，瑞士新教州与天主教州签署和约，承认两种信仰的并存和选择信仰的自由。基督教市民同盟被迫解散，苏黎世失去了瑞士地区新教领导城市的地位。

1 月 11 日，致信哥廷根议会，表示将派两名牧师将前往当地。

1 月 12 日，致信埃森纳赫学校的校长海因里希·索尔（Heinrich Scholl），建议他继续在学校工作，尽管当地有人反对。

1 月 15 日，致信文策尔·林克，讨论是否可以反抗皇帝的问题，表示没有什么建议，但如果法学家能够依据法律条款证明其合理性，自己不会反对。开始修订德语《诗篇》，持续到 3 月 15 日，该修订版于 4 月 6 日出版。

1 月 16 日，致信萨克森选侯约翰，对布塞尔关于圣餐礼的信条表示高兴。布塞尔在信条中承认“我们的主真实的身体和血在圣餐礼中临在”，符合路德的教义。①

1 月 21 日，致信豪斯曼，提及布塞尔的立场转向与自己接近。

1 月 22 日，致信布塞尔，希望在圣餐礼的教义上与他达成一致。背景是：布塞尔试图调和路德与茨温利在圣餐教义上的分歧。

1 月 24 日，致信斯特拉斯堡的卡特琳娜·策尔，请她帮忙促进维滕堡神学家与斯特拉斯堡神学家达成一致。

2 月 1 日，致信布伦瑞克-吕讷堡公爵恩斯特（Ernst），谈及希望与布塞尔在信条上达成一致。恩斯特公爵非常关心此事。

2 月 2 日，致信豪斯曼，认为斯特拉斯堡已转向瑞士一边，提及英国的宗教改革。

2 月 15 日，致信纽伦堡议会秘书施本格勒，表示在武力反抗权立场上没有改变。在信中详述了在托尔高的争论：法学家认为，在帝国法

① LW 50，5.

中，如果遇到政府施行不义的时候，臣民有权武力反抗。路德不确定是否有这个法律，将是否有反抗权的问题归于法律家是否能提出确证，因此在武力反抗权上没有明确表态。背景是：新教诸侯计划组建自卫同盟，主张用武力反抗皇帝的权力，纽伦堡代表对此表示反对，萨克森代表则提出路德已经转变态度，认可了这项权力。① 施本格勒于是在 2 月 3 日写信询问路德此事。

2 月 16 日，致信萨克森选侯约翰，针对选侯关于神学信条谈判的询问，表示仍在等待布塞尔的回复。

3 月 1 日，致信哥廷根议会，将《教会条例》寄给他们。

3 月 4 日，致信茨维考的市长和议会，批评他们随意解雇一名叫劳伦提乌斯·索纳诺（Laurentius Sorano）的牧师，② 并通过信件告知了萨克森选侯约翰。

3 月 12 日，致信阿姆斯多夫，谈及土耳其人将会来到的谣言。③

3 月 17 日，致信弗劳恩施泰因（Frauenstein）的市长，建议他们坚定信仰，但不要反抗领主权力。背景是：该市试图采用饼和酒两种形式的圣餐，但遭到领主的反对，于是向路德咨询。

3 月 18 日，致信纽伦堡议会秘书施本格勒，认为“一名基督徒不应反抗，应忍受……但不作为基督徒，而作为一名市民，是可以的”④。背景是：施本格勒写信再次询问路德，是否可以结盟反对皇帝不正义的武力进攻。

3 月 28 日，致信奥格斯堡牧师约翰内斯·弗洛施，介绍了布塞尔为达成和解做的努力，表示自己不会转向茨温利的圣餐理论。

3 月下旬，致信约纳斯，告诉他，布塞尔致信自己和梅兰希顿，将采用与自己相同的圣餐理论，即基督在圣餐礼时真实临在；表示不轻易相信。

---

① LW 50, 10.
② WA Br. 6, 46.
③ WA Br. 6, 52.
④ WA Br. 6, 56.

4 月上旬，出版《评所谓的皇帝敕令》(*Glosse auf das vermeinte kaiserliche Edikt*)，重申自己是《圣经》的捍卫者，批判罗马教会的圣餐礼(平信徒只领一种圣餐)、弥撒、苦修、斋戒、修道等传统。

4 月 16 日，致信萨克森选侯约翰，为刚出版的《致亲爱的德意志同胞的警告信》和《评所谓的皇帝敕令》承担责任。

4 月 17 日，致信茨维考牧师豪斯曼，鼓励他继续在当地担任牧师。

4 月 24 日，致信施帕拉丁，提及维滕堡突然物价上涨。

4 月 30 日，致信希罗尼姆斯·维勒的妹妹芭芭拉(Barbara)，让她坚定对基督的信仰，“你们信仰神，便会蒙召；若你们蒙召，那必然是被神所拣选的”①。背景是：当时芭芭拉正为自己是否被上帝所拣选而忧虑。

5 月初，出版《反对德累斯顿的行刺者》(*Wider den Meuchler zu Dresden*)，回应萨克森公爵乔治的警告，拒绝收回观点。背景是：4 月，萨克森公爵乔治发表了《驳路德之警告信》，认为路德在煽动暴乱和起义，不顺从权威。后续是：乔治公爵看到《反对德累斯顿的行刺者》一文后，认为自己受到了诽谤。萨克森选侯约翰让法律顾问布吕克劝说路德要克制一点。5 月 8 日，致信萨克森选侯的法律顾问布吕克，对这篇文章未先呈送萨克森选侯，而是先出现在萨克森公爵宫廷感到歉意。7 月 29 日，给选侯回信，表示同意不再批评乔治公爵，但前提是乔治公爵也要克制。②

5 月 12 日，致信文策尔·林克，反对有条件洗礼的做法。有条件洗礼就是针对弃儿或不确定儿童是否受过洗礼的情况，神父在洗礼时会说：“我不会再次为你施行洗礼，但如果你还没有被施洗礼，那我以同样的圣父、圣子和圣灵的名义为你施行洗礼。阿门。”③

5 月 13 日，致信纽伦堡牧师奥西安德，讨论婴儿洗礼的问题，不

① WA Br. 6，87.

② WA Br. 6，154.

③ LW 50，13.

反对对身体虚弱的婴儿进行紧急洗礼(Nottaufe)，拒绝有条件洗礼。

5 月 19 日，致信茨维考牧师豪斯曼，认为茨维考人忘恩负义，让他以探视自己的借口离开茨维考，科达图斯可一并离开。① 背景是：当地议会和牧师之间发生了矛盾。

5 月 20 日，写信安慰病重的母亲。在信中向母亲讲解了新教和天主教关于基督的不同教义：在天主教中，耶稣像一个严厉的审判官，而在新教中，耶稣基督“并不是一位法官，他只向那些不信他、拒绝他安慰和恩典的人显得严厉”②。

5 月 23 日，致信茨维考牧师科达图斯，建议他离开茨维考。因为科达图斯在布道时批评茨维考市议会，被禁止布道。

5 月底，致信萨克森选侯的法律顾问布吕克，建议新教阵营与天主教阵营继续谈判。背景是：新教诸侯成立施马卡尔登同盟后，美因茨大主教阿尔布莱希特等建议继续谈判，同时土耳其威胁越来越严重。

6 月 7 日，致信卡斯帕·勒纳(Kaspar Löner)和尼克劳斯·梅德勒(Nikolaus Medler)③。他们当时在勃兰登堡宣传新教教义，遭到当地人反对，于是致信路德，询问是否应该离开。路德在信中回复，不能主动撤离，除非被强行驱逐。6 月 13 日，两人被驱逐。

6 月 16 日，致信萨克森选侯约翰，向他举报维滕堡市长约翰·梅茨希(Johan Metzsch)嫖娼的丑闻以及维滕堡部分城墙被毁坏的事情。信中写道：“我不应该也不愿意插手干预世俗政府的事务，贬低殿下的官员。”④但由于民意沸腾，路德认为不能再保持沉默。

6 月 21 日，致信茨维考的传教士，让他们不要在市议会和豪斯曼的争端中站队，而是等待萨克森选侯的裁决；致信安慰茨维考的基督

---

① WA Br. 6，101.

② WA Br. 6，105.

③ 尼古拉斯·梅德勒(1502—1551 年)：法兰克尼亚地区的霍夫(Hof)人，曾就学于维滕堡大学，1532 年获硕士学位，1535 年获神学博士学位。1536 年，担任瑙姆堡的神父，推动当地的宗教改革。

④ WA Br. 6，122.

徒，让他们不要驱逐反对路德派的神父，“除非有诸侯的法令”①。

6 月 27 日，致信弗劳恩施坦因的基督徒，指出他们应不顾传教士的阻挡，领取两种形式的圣餐。致信希罗尼姆斯·维勒，批评一些传教士不负责任，让弗劳恩施泰因人陷入危险之中。

6 月 30 日，母亲玛格丽特在曼斯费尔德去世。

7 月 3 日，致信萨克森选侯约翰，请他关注巡视教区的事情。该日，开始再次讲解《加拉太书》，直至 12 月 12 日。

7 月 13 日，致信西滕(Sitten)的牧师伯恩哈特，关心他提及的一些布道人忽视传道和一些农民蔑视道的现象。②

8 月 3 日，与约纳斯和梅兰希顿前往托尔高，到萨克森选侯约翰面前解决茨维考的牧师任命问题。茨维考市长向萨克森选侯控告路德的“权力欲”(Herrschsucht)，萨克森选侯约翰认为“任用和解雇牧师由君主负责”。③

8 月 13 日，致信布伦瑞克市议会，请议会让当地牧师约翰·科普曼(Johann Kopmann)不要发表茨温利派的言论。

8 月 14 日，致信萨克森选侯约翰，鼓励他承受重担。

8 月 15 日，致信萨克森选侯约翰，请他资助巴西利乌斯·阿尔特(Basilius Art)前往普鲁士的 20 古尔登路费。该月 24 日，致信普鲁士公爵阿尔布莱希特和科尼斯堡牧师约翰·布里斯曼，推荐阿尔特前往科尼斯堡传教。

8 月 18 日，致信茨维考的马提阿斯·卡拉齐(Mattias Kratsch)，表示将不再向茨维考派遣牧师。

9 月 3 日，致信在维滕堡的英国人罗伯特·巴尼斯(Robert Barnes)，针对英国国王亨利八世的离婚案表态，质疑亨利八世与寡嫂凯瑟琳结婚

① Martin Luther. *The Letters of Martin Luther*, selected and translated by Margaret A. Currie. London: Macmillan and Co., 1908, p. 268.

② WA Br. 6, 150.

③ Andrea van Dülmen. *Luther-Chronik, Daten zu Leben und Werk*. München: Deutscher Taschenbuch Verlag, 1983, S. 192.

的合法性，因此没有必要离婚。该年 11 月，巴尼斯回到英国，将路德的意见发表出来。但路德的观点与亨利八世的离婚计划并不完全符合。

9 月 14 日，致信勃兰登堡选侯乔治，批评当地的布道人没有勤于提醒民众参加圣餐礼，应巡视一下教区。

9 月 22 日，致信黑森伯爵菲利普，表示收到马堡大学对英国国王亨利八世离婚的意见。

10 月 7 日，致信策尔布斯特市议会，表示应他们请求，已为他们找到一名法律人才康拉德 · 毛瑟尔(Konrad Mauser)，将于 10 日到达当地。

10 月 10 日，致信施帕拉丁，谈及正在修订《先知书》的翻译，豪斯曼在茨维考的困境以及皇帝查理五世与教皇的争斗等消息。

10 月 25 日，与约纳斯致信萨克森选侯约翰，请他救助一名贫穷的原奥古斯丁修会修士。

10 月 30 日，致信约翰 · 吕俄，请他担任即将出生的孩子的教父。

10 月 31 日，致信豪斯曼，批评茨维考人的忘恩负义，邀请他到家里来。11 月 22 日，再次写信邀请。后续是：豪斯曼离开茨维考，路德推荐他前往德绍担任宫廷牧师。

10 月底，致信萨克森选侯约翰，讨论对再洗礼派的惩罚问题，赞同选侯用刀剑惩罚再洗礼派。

11 月 9 日，次子小马丁 · 路德出生。在路德生日前一天出生，因此取了与路德相同的名字。

11 月 10 日，与梅兰希顿联名致信罗斯托克议会，请他们解雇不合格的传道人。

11 月 16 日，致信勃兰登堡选侯乔治，希望选侯坚持新教信仰，保护传道人。

11 月 24 日，致信布根哈根，期待他早日从吕贝克回到维滕堡帮忙，因为自己非常繁忙，经常生病。

12 月 16 日，致信萨克森选侯的元帅汉斯 · 冯 · 勒泽，并将《对〈诗篇〉第 147 首的解释》献给他。

12 月 28 日，致信阿姆斯多夫，批评瑞士新教州和天主教州的和约，反对与皇帝查理五世谈判。

该年，还出版《对〈诗篇〉第 19 首的解释》(*Auslegung über den 19. Psalm*)。

该年，路德的桌边谈话被记录并保存下来。① 康拉德 · 科达图斯、维特 · 迪特里希、约翰 · 施拉根豪芬(Johann Schlaginhaufen)②、尼克劳斯 · 梅德勒、乔治 · 勒赫等人记录了路德的桌边谈话，科达图斯记录至 1534 年初，迪特里希记录至 1533 年，施拉根豪芬记录至 1532 年，勒赫记录至 1535 年。

1532 年 49 岁

4 月 17 日—7 月 27 日，召开雷根斯堡帝国议会。

7 月 12 日，土耳其大军再次进攻匈牙利。10 月，撤军。

1 月上旬，出版《关于伪善者和私人布道人》(*Von den Schleichern und Winkelpredigern*)，让虔诚的信徒警惕"再洗礼派"的布道人。

1 月 3 日，致信布伦瑞克牧师马丁 · 格里茨(Martin Görlitz)，让他做好准备，可能将他调往耶拿附近的卡伦担任牧师；因为布伦瑞克可能会倾向苏黎世。致信文策尔 · 林克，对纽伦堡流传的对福音的错误理解表示担忧。

1 月 12 日，致信托尔高议会，请他们为一名牧师提供奖学金。

---

① 桌边谈话的记录早于 1531 年，但没有保存下来。有的研究认为最早的桌边谈话记录可能开始于 1524 年，由康拉德 · 科达图斯记录。参见 Preserved Smith. *Luther's Table Talk, a Critical Study*. New York: The Columbia University Press, 1907, p. 19. 还有研究认为桌边谈话的记录开始于 1528 年，由卡斯帕 · 阿奎那(Caspar Aquila, 1488—1560)记录。参见 Helmar Junghans. Die Tischreden Martin Luthers, in *D. Martin Luthers Werke, Sonderedtion der kritischen Weimarer Ausgabe, Begleitheft zu den Tischreden*. Weimar: Verlag Hermman Böhlaus Nachfolger, 2000, S. 39.

② 约翰 · 施拉根豪芬(约 1498—1560 年)：1520 年前往维滕堡大学学习，后成为路德派神学家。1537 年，参与签署了《施马卡尔登信条》。

1 月 31 日，致信赫尔福德（Herford）议会，请他们允许当地修士和修女离开修道院。

2 月 4 日，萨克森选侯约翰确定，路德及其后代是维滕堡奥古斯丁修道院的合法使用人。

2 月 12 日，致信萨克森选侯约翰，请求他同意美因茨大主教和普法尔茨伯爵拟定的和平条款。背景是：美因茨大主教和普法尔茨伯爵从 1531 年秋以来，一直在努力缔结和约。

2 月 13 日，致信普鲁士公爵阿尔布莱希特，请他支付一名军队向导的工资。后来，公爵支付了工资。

2 月 19 日，前往托尔高，看望患病的萨克森选侯约翰。

2 月 26 日或 27 日，致信梅兰希顿，谈及正在写《先知书》的前言；提及在早餐前眩晕发作，差点死去。

2 月 27 日，致信波拉，告知她萨克森选侯的身体在好转，以及路德的助手约翰·利西曼（John Richmann）即将离开，请波拉为他准备一份礼物。

2 月 28 日，回到维滕堡。

大概在 2 月，发表《致普鲁士公爵阿尔布莱希特的信》（*Sendschreiben an Herzog Albrecht von Preußen*），让他警惕属灵派的圣餐理论。背景是：很多尼德兰人移民到普鲁士，并宣扬了这种理论。

3 月中旬，出版《旧约》的第四部分《先知书》（从《以赛亚书》到《玛拉基书》）德语译本。至此，完成德语《圣经》（《次经》部分除外）的翻译。

3 月 28 日，致信安斯巴赫的官员乔治·福格勒（Georg Vogler），请他照顾贫穷的传教士。

3 月，出版《在弥撒之后关于民族的祝福，源于摩西第四部书》（*Der Segen, so man nach der Messe spricht über das Volk, aus dem Vierten Buch Mose*），解读了《民数记》6:22—27 等经文。

4 月 2 日，致信阿姆斯多夫，讨论茨维考、维滕堡等地的牧师人选问题。

4 月 4 日，致信博纳的牧师乔治·摩尔，表示自己与茨维考的事务无关，也不反对他接受茨维考的牧师职位。背景是：摩尔被任命为茨维考牧师后，咨询路德意见。后续是：摩尔未接受此项任命。4 月 13 日，路德致信摩尔，建议他向萨克森选侯说明不接受任命的原因，选侯不会强迫人接受。

4 月 19 日，花 900 古尔登向尼克劳斯·赫弗勒在维滕堡买了一个带有鱼塘和果树的园子，位于猪肉市场旁边，交给妻子经营。因此，路德有时将妻子称为“猪市场的女士”（Säumarkterin）①。

4 月 22 日，与梅兰希顿致信赫尔福德修道院，请修道院允许修士们自由离开。致信该修道院的哈尔特·维斯坎普（Gerhard Wiskamp），建议他和修士们离开修道院。致信赫尔福德女修道院院长安娜·冯·林姆堡（Anna von Limburg），将给赫尔福特修道院的信副本寄给了她，请她帮助维护和平。

4 月 23 日，致信勃兰登堡约阿西姆王子，告诫他，领受一种形式的圣餐违背了上帝的旨意。

4 月 30 日，致信索斯特（Soest）议会，提出牧师的建议人选，如不来梅牧师雅各布·普罗布斯特等；并让他们防范不正确的圣餐礼学说。

5 月 20 日，致信施帕拉丁，谈及施魏福特谈判取得了一些成果。背景是：美因茨大主教和普法尔茨伯爵主导的和平谈判在 1532 年 4 月转移到了施魏福特（Schweinfurt）。

5 月 21 日，致信萨克森选侯约翰，建议继续推动宗教和约的谈判。

6 月 13 日，致信阿姆斯多夫，谈及最近身体不好，也请他保重身体；谈论与土耳其的战争：教皇和法国国王不会援助皇帝，皇帝将倚靠世俗诸侯，有助于宗教问题的和解。

6 月 17 日，致信索斯特议会，为他们选定了一名牧师。背景是：路德之前建议的人选，都没有谈成。

---

① Andrea van Dülmen. *Luther-Chronik, Daten zu Leben und Werk*. München: Deutscher Taschenbuch Verlag, 1983, S. 197.

6 月 24 日，致信阿姆斯多夫，推荐维滕堡大学毕业的牧师路加·罗森塔尔(Lukas Rosenthal)担任马格德堡的牧师，谈及埃克被逐出因戈斯塔特。

6 月 29 日，致信萨克森选侯约翰，赞同他寄来的《纽伦堡宗教和约》(Nürnberger Religionsfrieden)草案，希望以此实现和平。致信萨克森亲王约翰·腓特烈，请他不要错过签署和约的机会。背景是：该月，美因茨大主教和普法尔茨伯爵主导的宗教和谈的地点转移到了纽伦堡。

7 月 23 日，皇帝查理五世与新教诸侯达成《纽伦堡宗教和约》。查理五世同意给予新教诸侯一定的宗教自由，并维持宗教和平；新教诸侯同意支持查理五世抵抗土耳其军队。该和约大概在 8 月 4 日被公之于众。

8 月 1 日，与约纳斯、布根哈根、梅兰希顿联名致信勃兰登堡-安斯巴赫伯爵领地官员和议员与纽伦堡议会，整体上赞同他们起草的《教会条例》，请他们注意禁令的合理使用、应废除干弥撒(missa sicca，没有圣餐礼的弥撒)，防止世俗权威的滥用等。背景是：两地在 1528 年开始商讨建立新教教会，1532 年 7 月 17 日将起草的《教会条例》送到维滕堡，请路德等神学家审阅。

8 月 3 日，致信勃兰登堡约阿希姆王子，建议“要怀着对上帝的敬畏和唯独依靠他恩典去争战。因为我们在上帝面前也是不义的”①。背景是：1532 年 7 月，约阿西姆王子被选为萨克森军队的司令，将参与反抗土耳其人的战争。他致信路德，咨询建议。

8 月 7 日，致信雷瓦尔(Reval)议会，推荐维滕堡大学的一名硕士前往当地担任校长。

8 月 16 日，萨克森选侯约翰因患中风在施维尼茨(Schweinitz)去世。路德、梅兰希顿在选侯临终时赶到。约翰之子约翰·腓特烈一世继位。选侯约翰·腓特烈一世后来被称为“宽宏者”(der Großmütige)。

8 月 18 日，为纪念去世的萨克森选侯约翰进行布道，讲解《帖撒罗

① WA Br. 6，344.

尼迦前书》4：13—14等经文。①

8月21日，新任萨克森选侯约翰·腓特烈来维滕堡拜访路德，听路德布道。“从童年时起，他就是路德的跟随者，他把路德看作他属灵上的父亲。”②

9月7日，致信萨克森选侯约翰的财政官约翰·里德泽尔（Johann Riedesel），安慰他，他在约翰选侯去世后被免了职。

9月10日，致信卡门茨（Kamenz）议会，建议他们不要任命一名未经自己同意的牧师人选，让他们另觅人选。③

9月14日，致信安哈尔特侯爵约翰和约阿希姆，派豪斯曼前往德绍担任宫廷牧师。

9月19日，致信在纽伦堡牧师奥西安德，鼓励他忍耐痛苦，坚持传道。背景是：奥西安德在纽伦堡传道时，与其他传道人有一些争执，关系不是很好。

9月25日，致信安哈尔特侯爵约翰，请他帮助一名牧师的遗孀。

9月28日，写信安慰被囚禁的前丹麦国王克里斯蒂安二世。致信丹麦国王腓特烈一世，请求他释放克里斯蒂安二世。腓特烈一世没有答应。

10月4日，写信安慰被萨克森公爵乔治驱逐的路德派信徒。背景是：秋季，萨克森公爵乔治命令，查出不遵守天主教圣礼的新教徒，逼迫他们离开领地。

10月17日，致信萨克森选侯约翰·腓特烈，对他继位之初便在一个案件中对嫌犯从重处罚感到惊讶，请求他从轻处罚。

11月2日，致信阿姆斯多夫，谈及正在翻译《西拉书》。

11月3日，写信安慰刚经历丧妻之痛的洛伦茨·措赫（Lorenz Zoch）。措赫曾是马格德堡的官员，因为支持路德的主张，被囚禁，后

① WA 36，237.

② 詹姆斯·基特尔森：《改教家路德》，李瑞萍等译，北京：中国社会科学出版社，2009年，第195页。

③ WA Br. 6，355.

逃至维滕堡，担任法学教授。他的妻子也是新教徒。12 月 7 日，再次写信安慰措赫，并强调要从《圣经》和上帝那里获得安慰。

11 月 6 日，致信豪斯曼，祝贺他在德绍的安哈尔特侯爵那里获得宫廷牧师职位。

11 月 24 日，受安哈尔特侯爵约翰和约阿西姆邀请，与梅兰希顿等人前往沃利茨(Wörlitz)，作关于《提摩太前书》第 1 章 1:25 等经文的布道。①

12 月 12 日，写信安慰阿尔滕堡牧师布里斯格，因为他因信仰新教被剥夺了继承权。

12 月 13 日，致信但泽市议会，请议会帮当地一名贫穷的妇女继承亲戚的财产。

12 月 21 日，致信明斯特议会，要警惕茨温利和狂热派的圣餐理论。

12 月 23 日，致信明斯特的宗教改革家伯恩哈特·罗特曼(Bernhard Rothmann)，提醒他警惕茨温利等人的学说。

1533 年 50 岁

2—3 月，英国通过《禁止向罗马上诉法》，否定了罗马教廷的司法管辖权。坎特伯雷大主教宣布国王亨利八世与王后凯瑟琳婚姻无效。

11 月，法国巴黎大学发生支持德国宗教改革的演讲事件，约翰·加尔文(Jean Calvin)被牵连其中，被迫逃离巴黎。

1 月 1 日，致信多萝西·约格尔，告知她，她的 500 古尔登捐款将被设立为奖学金，资助学生学习神学。著作《〈诗篇〉总结与翻译的原因》(*Summarien über die Psalmen und Ursachen des Dolmetschens*)出版，简要概述了各首《诗篇》的含义。

① WA 36, 352.

1月14日，致信阿姆斯多夫，谈及皇帝查理五世与教皇的斗争。

大概在1月17日，致信纽伦堡修道院的腓特烈·皮斯托里乌斯(Friedrich Pistorius)，祝贺他结婚。

1月20日，写信安慰从奥沙茨(Oschatz)被驱逐的基督徒。

1月28日，幼子保罗出生。

1月29日，致信萨克森选侯的元帅汉斯·冯·勒泽，请他担任儿子保罗的教父。

1月，发表《致美茵河畔法兰克福的一封信》(Ein Brief an die zu Frankfurt am Main)，让他们警惕茨温利的圣餐理论。经路德审阅的《勃兰登堡-纽伦堡教会条例》(Brandenburg-Nürnbergische Kirchenordnung)颁布。

2月27日，应萨克森选侯约翰·腓特烈要求，与布根哈根、约纳斯和梅兰希顿致信不来梅议会，反对他们恢复教会中的传统仪式。

3月9日，致信萨克森选侯约翰·腓特烈，请他帮助一名贫穷的病人。

3月28日，致信安哈尔特侯爵乔治①和约翰，鼓励他们坚持对基督的信仰，信靠福音。背景是：勃兰登堡选侯约阿希姆一世、萨克森公爵乔治等诸侯对他们施加压力，阻挠他们信仰路德的教义；路德的论敌约翰内斯·科赫劳斯写信给他们，让他们远离路德的学说。

4月5日，为莱比锡的新教徒向萨克森公爵乔治写请愿信，反对他对新教徒的压迫。背景是：3月23日，萨克森公爵乔治命令莱比锡市议会督促神职人员记录参加和没有参加忏悔礼和圣餐礼的名单。市议会于是制作带有市徽图案的铁片，让神职人员发给参加忏悔礼和圣餐礼的人，以此区分出顺从的天主教徒。② 路德在4月3日获知了此事。

4月11日，给莱比锡的新教徒回信，反对他们在圣餐礼上的做法。

① 安哈尔特侯爵乔治(1507—1553年)：安哈尔特侯爵恩斯特之子，曾就学于莱比锡大学，1526年担任教士。1530年起，与兄弟约阿希姆和约翰共同治理安哈尔特-德绍侯爵领地。1545年8月，担任路德派的梅泽堡主教。

② WA Br. 6, 444.

背景是：当地的新教徒询问，“他们是否可以只领一种形式的圣餐，以满足世俗当局的要求，而在良心上，感觉领取了两种形式的圣餐？”①

4 月 18 日，与梅兰希顿联名致信纽伦堡市议会，回复该市关于《教会条例》中赦罪的疑问，认为只要有信仰，公开和私人的赦罪都是可行的。

4 月 25 日，莱比锡市长沃尔夫·魏德曼(Wolf Wiedemann)致信路德，询问在莱比锡流传的一封信是否路德所写。

4 月 27 日，给沃尔夫·魏德曼回信，问魏德曼受谁指令来询问？路德猜出，可能是萨克森公爵乔治所为。②

4 月 30 日，萨克森公爵乔治向萨克森选侯约翰·腓特烈控告路德给莱比锡信徒的信造成了混乱。萨克森选侯后来回复萨克森公爵，路德有权利和义务去“安慰那些遭受逼迫的人们”③。

5 月 13 日，致信莱比锡的医生乔治·库里奥，鼓励他再次接受两种形式的圣餐，与妻儿共命运。背景是：库里奥曾接受两种形式的圣餐，后出于恐惧放弃了。他的妻儿则因坚持两种形式的圣餐被驱逐。

5 月 15 日，致信安哈尔特侯爵沃尔夫冈，向他推荐送信人西蒙·哈弗尼茨(Simon Haferitz)担任霍斯维希(Roswig)的牧师。

6 月 16 日，致信豪斯曼，告知他，最近忙于为萨克森选侯布道，以及讨论如何回复教皇和皇帝的使臣送来的关于早期公会议的文章。路德认为，按照早期公会议的做法，自己会被谴责和处以火刑。路德的回复是教廷有很多坏人，身为皇帝使者是荣耀，教皇使者则不是。④

6 月 17 日，参加维滕堡大学神学院授予布根哈根、克鲁西格、艾平神学博士学位的仪式，致辞。

---

① WA Br. 6，448.

② WA Br. 6，457.

③ 詹姆斯·基特尔森：《改教家路德》，李瑞萍等译，北京：中国社会科学出版社，2009 年，第 196 页。

④ Martin Luther. *Luther Deutsch*(Band 10)，*Die Briefe*，herausgegeben von Kurt Aland. Göttingen：Vandenhoeck & Ruprecht，1983，S. 238-239.

6 月 19 日，致信安哈尔特侯爵约阿西姆，鼓励他推动宗教改革。

6 月 24 日，致信米歇尔·施蒂费尔，向他解释不同意他计算的耶稣再次降临的日期的原因，表示不理解他的算法，认为这个事情不重要，请他不要因此情绪激动。

7 月 9 日，致信拉瓦尔议会，推荐送信人、维滕堡大学的神学学士尼克劳斯·格罗森尼乌斯（Nikolaus Glossenius）担任拉瓦尔的牧师。

7 月 14 日，出版《引发暴乱的责任》（*Verantwortung der aufgelegten Aufruhr*），为自己辩解。背景是：萨克森公爵乔治批评路德的学说引发了暴乱。

7 月 20 日，致信纽伦堡的教会，建议他们解决与奥西安德的争执。致信文策尔·林克，建议他与奥西安德和解。后续是：9 月 27 日，纽伦堡议会回复路德和梅兰希顿等人，详细解释了教会与奥西安德争论的详情：教会保留了公开赦罪（gemeine Absolution）的传统，奥西安德则表示反对，请路德裁决。10 月 8 日，与梅兰希顿等人致信纽伦堡议会，赞同保留公开赦罪，认为“福音本身就是一种公开赦罪”①。致信奥西安德，请他放弃争议。致信林克，请他宽容奥西安德。纽伦堡议会在 10 月 20 日赠送了 100 塔勒给路德，感谢他调解了这次纷争。②

7 月 21 日，致信奥格斯堡的汉斯·霍诺德，感谢他对自己疾病的关心，谈及“患有严重的眩晕症”。③ 在信中回复了关于是否可以在家中举行圣餐礼的问题，表示反对这种做法。

8 月 8 日，致信奥格斯堡议会，请他们阻止一些传教士以路德的名义传播茨温利的圣餐理论。

8 月 26 日，致信埃森纳赫牧师尤斯图斯·梅尼乌斯，告知他，米歇尔·施蒂费尔计算出了世界末日在当年的万圣节前后，准备公布；担心这会引发一些暴动，于是计划将施蒂费尔召到身边来。后续是：施蒂

① WA Br. 6，529.

② WA Br. 6，542.

③ WA Br. 6，508.

费尔公布世界末日在 1533 年 10 月下旬，但世界末日并没有到来，施蒂费尔后被免去了洛绍牧师的职务。

9 月 14 日，致信不来梅议会，同意他们的《教会条例》，反对刑罚太严厉，并请他们定期给牧师发放工资。

9 月 24 日，写信安慰生病的豪斯曼，提及萨克森公爵散布批判路德的小册子，认为公爵“已经成为原告和法官，用谎言来控诉这个世界，还中伤上帝之言”。①

9 月底，出版《对乔治公爵下本书的简短回答》(*Kleine Antwort auf Herzog Georgen nächstes Buch*)，批判修道主义。背景是：萨克森公爵乔治非常重视修道院，并指责路德脱离了修道生活。

10 月 15 日，致信安哈尔特侯爵约翰和约阿西姆，希望他们在与美因茨大主教阿尔布莱希特和萨克森公爵乔治等 10 月 19 日在德绍会面时，能坚持福音信仰。背景是：萨克森选侯与埃尔福特之间出现了一些误会，萨克森公爵乔治召开这次调解会议。②

10 月 29 日，致信奥格斯堡议会，批评当地布道未遵循自己的学说。

12 月 11 日，完成《论私人弥撒和圣职授立》(*Von der Winkelmesse und Pfaffenweihe*)，认为洗礼让信徒变成了教士，圣餐礼是给全体信徒的。文中批判了罗马教会对圣礼的破坏。其中写道，“教皇大胆地破坏了洗礼、圣餐礼和福音的传播，也通过他讨厌的圣油扼杀了教会秩序、天职(Vocatio，beruff)和为传道天职(Predigampt)或神父天职(Pfarrampt)准备的正确的授职礼。但耶稣在这个神圣的城市显示了他的大能和奇迹，抵抗了可恶的暴行，保存了布道的职责(ampt)和天职(beruff)。③

12 月 17 日，致信豪斯曼，谈及萨克森选侯约翰·腓特烈与萨

① Martin Luther. *The Letters of Martin Luther*, selected and translated by Margaret A. Currie. London: Macmillan and Co., 1908, p. 291.

② WA Br. 6, 537.

③ WA 38, 236.

克森公爵乔治在11月达成了和解，认为这带来了和平。① 背景是：两位君主于11月18日会晤，解决了因路德致信莱比锡信徒引起的纷争。

该年，开始患有痛风病，排尿困难，左脚特别疼痛。②

该年，阅读伊拉斯谟写的《新约》序言后，评论道："他竟然说《罗马书》无论此前成书于何时，都不太适合现在的状态……无论我何时祈祷，我都会祈求神降罪给伊拉斯谟。"③还称伊拉斯谟是"最令人可憎的异教徒""该亚法一样的人"④。完成《旧约》的第五部分——《西拉书》《马加比书》等《次经》的德语翻译。

1534年 51岁

2月，明斯特的再洗礼派发动起义，建立了政权。次年被镇压。

4月，黑森伯爵菲利普率军进入符腾堡，驱逐了哈布斯堡的统治者。

6月，符腾堡公爵乌尔里希恢复统治，开始进行宗教改革。

8月，西班牙贵族罗耀拉在巴黎建立耶稣会，主张对修会和教皇绝对服从，消灭异端，对外对抗宗教改革。

9月25日，教皇克里门七世去世。

10月13日，教皇保罗三世继位。保罗三世对召开公会议较为积极。

10月，法国国王弗朗索瓦一世镇压巴黎的宗教改革活动。

---

① WA Br. 6, 562.

② Volker Leppin und Gury Schneider-Ludorff (Hrsg.). *Das Luther-Lexikon*. Regensburg: Verlag Bückle & Böhm, 2015, S. 369.

③ Martin Luther. *The Table Talk of Martin Luther*. Translated and Edited by William Hazlitt. London: G. Bell & Sons, Ltd., 1911, p. 283.

④ Martin Luther. *The Table Talk of Martin Luther*. Translated and Edited by William Hazlitt. London: G. Bell & Sons, Ltd., 1911, pp. 283-286.

11 月，英国颁布《至尊法案》，国王亨利八世成为英国教会的最高领袖。

该年，波莫瑞公爵巴尼姆十一世开始进行宗教改革。由于宗教纷争，施瓦本同盟瓦解。卡尔施塔特前往巴塞尔担任牧师和教授。

1 月 3 日，致信阿姆斯多夫，建议他不要去纽伦堡担任教长职务。阿姆斯多夫接受了路德的建议。

2 月 4 日，《对〈诗篇〉第 101 首的解释》(*Auslegung des* 101. *Psalms*)出版。

2 月 8 日，致信豪斯曼，讨论洗礼的问题，认为洗礼是上帝的安排，不会被主持洗礼的人的罪所玷污。

大概在 3 月 10 日，发表《马丁·路德关于其私人弥撒著作的一封信》(Ein Brief D. Martin Luthers von seinem Buch der Winkelmessen)，再次澄清他关于圣餐礼和弥撒的观点，在圣餐礼中必须有信徒的参与，否则只是一场献祭。

3 月 11 日，致信萨克森选侯约翰·腓特烈，请求选侯为莱昂哈德牧师分配一间住房。致信阿姆斯多夫，批评伊拉斯谟的著作充满矛盾和混乱。

3 月 25 日，致信施帕拉丁，谈及在教区巡视过程中，巡视人员可以对神职人员的错误(杀人、暴乱、纵火和通奸等重大罪行之外)进行惩罚。

3 月 28 日，致信豪斯曼，赞扬安哈尔特的宗教改革。

4 月 1 日，在布根哈根的帮助下，在吕贝克出版带有插图的低地德语版《圣经》。①

4 月 5 日或 6 日，致信安哈尔特的约翰、乔治和约阿西姆三位侯

① Andrea van Dülmen. *Luther-Chronik*, *Daten zu Leben und Werk*. München: Deutscher Taschenbuch Verlag, 1983, S. 210-211.

爵，对他们采用两种形式的圣餐表示高兴，鼓励他们继续推动宗教改革。①

4 月 27 日，致信多萝西·约格尔，感谢他给维滕堡的贫困学生提供的奖学金，告知她奖学金的分配情况。

5 月 23 日，写信安慰因患病而意志消沉的安哈尔特侯爵约阿西姆，鼓励他与朋友们一起娱乐，“因为得体、正当的喜乐和欢娱对于年轻人而言是最好的良药，对所有人来说也是如此”②。建议他不要认为娱乐是罪恶的。

6 月 3 日，前往德绍，看望生病的安哈尔特侯爵约阿西姆。

6 月 5 日，在德绍进行关于《诗篇》第 65 首的布道，提出上帝设立了三种治理：一是属灵治理；二是属世治理；三是家庭治理，包括家庭组织的农业生产。③ 致信萨克森选侯约翰·腓特烈，请他帮助被美因茨大主教驱逐的哈勒的新教徒。这些新教徒一部分居住在德绍附近，在路德访问德绍期间，向路德寻求了帮助。

6 月 18 日，致信安哈尔特侯爵约阿西姆，鼓励他从生病和情绪低落状态中恢复过来。

6 月 29 日，写信安慰病重的约翰·吕俄，并承诺将吕俄两个孩子抚养成人。当时这两个孩子正住在路德家中。

6 月 30 日，致信雷根斯堡议会，让他们防范再洗礼派。

7 月 10 日，与兄弟姐妹签署了关于继承父亲遗产的协议。背景是：1530 年，汉斯·路德去世时，留下 1250 古尔登的遗产。④

9 月 16 日，与梅兰希顿商量之后，向黑森伯爵菲利普提出，由梅兰希顿担任与布塞尔谈判的代表，推进《协同书》(Konkordie)的谈判。

---

① WA Br. 7，55-56.

② 马丁·路德：《路德劝慰书信》，西奥多·泰伯特选编、英译，孙为鲲译，上海：上海三联书店，2017 年，第 87 页。

③ WA 37，426.

④ Volker Leppin und Gury Schneider-Ludorff (Hrsg.). *Das Luther-Lexikon*. Regensburg：Verlag Bückle & Böhm，2014，S. 190.

大概在 9 月 25 日，黑森伯爵菲利普请求路德调解新教各派间的圣餐问题。

9 月，出版包含《次经》的《圣经》德语全译本。路德认为《次经》的地位不能与《圣经》等同，但“有用且易于阅读”。①

10 月 17 日，致信黑森伯爵菲利普，表示愿意就圣餐问题进行会谈。

10 月 20 日，致信安哈尔特侯爵约翰，请他防范再洗礼派。

10 月 27 日，写信安慰陷入忧郁的马提亚斯·维勒(Matias Weller)②，建议他弹琴，“向神唱歌”，通过音乐“抵挡魔鬼的攻击”。③

11 月，接替前往波莫瑞传教的布根哈根的布道工作，直到 1535 年 8 月。

12 月 8 日，致信向他求助的商人汉斯·科尔哈泽(Hans Kohlhase)④，表示同情他的遭遇，但反对他暴力复仇。⑤ 大概于该日，致信豪斯曼，祝贺安哈尔特侯爵约翰生了一个儿子；提及帝国北部出现反对帝国法院针对茨温利派的禁令的运动。

12 月 16 日，致信尤斯图斯·约纳斯，希望与茨温利派讨论和平的提议。⑥

12 月 17 日，幺女玛格丽特出生。致信黑森伯爵菲利普，对新教在

---

① WA DB 12，2.

② 马提亚斯·维勒(1507—1563 年)：希罗尼姆斯·维勒的弟弟，曾在萨克森公爵府任职，并在萨克森弗莱堡的教堂担任司琴。

③ 马丁·路德：《路德劝慰书信》，西奥多·泰伯特选编、英译，孙为鲲译，上海：上海三联书店，2017 年，第 92 页。

④ 汉斯·科尔哈泽(约 1500—1540 年)：原是勃兰登堡的商人。1532 年 10 月，科尔哈泽经过萨克森领地时，两匹马被当地领主无理扣留，多次申诉无果，通过法律途径无法获得补偿和正义，遂于 1534 年 3 月起兵造反。1540 年 2 月，失败，被勃兰登堡选侯约阿希姆二世逮捕，3 月被勃兰登堡法庭判处死刑。1808 年，克莱斯特以这件事件为原型创作了中篇小说《米歇尔·科尔哈斯》(*Michael Kohlhaas*)。

⑤ WA Br. 7，124.

⑥ Martin Luther. *The Letters of Martin Luther*，selected and translated by Margaret A. Currie. London：Macmillan and Co.，1908，p. 302.

圣餐礼上的分裂感到遗憾，希望能够达成统一。

12 月 19 日，致信安哈尔特侯爵约阿西姆，请求他担任幺女玛格丽特的教父。

12 月 20 日，致信阿尔滕堡牧师布里斯格，表示自己很穷，无法购买他欲出售的位于维滕堡埃斯特城门附近的一处房产，建议他可卖给布鲁诺·布劳尔(Bruno Brauer)。后续是：路德在 1541 年 6 月从布鲁诺处购买了这个房子。

12 月，致信施帕拉丁，反对托尔高人因牧师布道声音太小等原因更换牧师。

该年，撰写《鸟类反对沃尔夫冈·西贝格的控告书》(Klageschrift der Vögel gegen Wolfgang Sieberger)。背景是：路德家的仆人西贝格建了一座捕鸟场，路德表示反对。

1535 年 52 岁

1 月，加尔文逃亡到巴塞尔。

6 月，明斯特再洗礼派被镇压。

6—7 月，查理五世远征突尼斯，打败土耳其帝国，占领了突尼斯。

7 月 11 日，勃兰登堡选侯约阿西姆一世去世，其子约阿西姆二世继位。

12 月 15 日，新教诸侯在施马卡尔登召开会议，签订了 10 年盟约；英国代表参加会议，承诺加入施马卡尔登同盟。后未加入。

1 月，着手校对《圣经》译文。致信朋友彼得·贝肯斯多夫，寄去《为一名好友所撰写的一种简单祷告方式》(Eine einfältige Weise zu beten für einen guten Freund)，鼓励他在每天清晨和夜晚向上帝祷告。该文提出，在起床后和睡觉前的第一件事就是祷告；祷告要专注；使用《主祷文》和十诫进行祷告。对于十诫，应思考十诫的命令，再感恩，认罪和求告。

1 月 5 日，萨克森选侯约翰·腓特烈让法律顾问布吕克给路德送来布塞尔的《协和信条》(Konkordienformel)，请路德发表意见。路德的意见是分歧太大，不要急于签订。1 月 27 日，萨克森选侯约翰·腓特烈将路德对信条的意见转达给黑森伯爵。背景是：1 月初，梅兰希顿与布塞尔等在卡塞尔会谈，布塞尔提出的《协和信条》获得认可。教皇派特使皮特罗·保罗·威格利奥(Pietro Paolo Vergerio)①参会，目的是推动德国方面参与曼图亚公会议。

1 月 18 日，致信一名作曲家，提及在家时，餐前餐后都会练习唱歌。

2 月 24 日，致信施帕拉丁，请他给克里斯多夫·斯托贝尔(Christopher Strobel)找一份工作。

3 月 2 日，致信文策尔·林克，让他帮忙收集"所有德国图画、短诗、歌曲、书籍和民歌，就是今年你那里的德国诗人、木刻或印刷匠人所画的、写的、做的、印刷的东西"。② 路德一直在收集德语谚语。

3 月 7 日，致信希罗尼姆斯·维勒的妹妹，反对她在家中举行圣餐礼，因为人若效仿，"教会将会变得空荡荡，不再是人聚集的场所"。③

3 月 21 日至 4 月 18 日，与梅兰希顿和波希米亚派来的两名代表在维滕堡举行会谈。4 月 18 日，致信本尼迪克·巴沃里斯基(Benedikt Bavorinsky)，对波希米亚派来的两名代表表示满意，双方在教义上基本一致。背景是：波希米亚派了两名代表到德国，目的是了解各个宗教改革的派别。

3 月，英国国王亨利八世派遣代表团访问维滕堡，讨论宗教问题。

6 月 3 日，开始重新讲授《创世记》。

---

① 皮特罗·保罗·威格利奥(1498—1565 年)：斯洛文尼亚科珀(Koper)人，1535 年担任教皇特使期间与路德认识后受到新教思想影响。1536 年担任科珀主教，后在教区进行改革，受到威尼斯宗教裁判所审查；1548 年皈依路德宗，1549 年被罗马教会撤销主教职位并处以绝罚；1553 年到符腾堡地区传播新教；1565 年，在图宾根去世。

② WA Br. 7，163-164.

③ Martin Luther. *The Letters of Martin Luther*，selected and translated by Margaret A. Currie. London：Macmillan and Co.，1908，p. 308.

6 月 7 日，致信埃森纳赫牧师尤斯图斯·梅尼乌斯，抱怨巡视工作令他非常疲惫。

6 月 27 日，致信安东·劳特巴赫(Anton Lauterbach)①，向他解释未能公开写信支持萨克森公爵领地米特韦达受驱逐的新教徒的原因：路德考虑到他给莱比锡信徒的公开信导致他们受到更多的迫害，不希望再次发生这样的情况。

7 月 9 日，致信萨克森选侯约翰·腓特烈，提及维滕堡发生瘟疫，婉拒选侯让自己离开维滕堡避难的要求；同时提及疫情期间有的孩子不安心学习，对疫情期间的教育表示担心。

7 月 20 日，致信奥格斯堡的教会，认为："在宗教改革的道路上，没有比看到令人痛心的纷争终于结束，最终有希望获得完全的一致意见，更让我感到快乐喜悦的了。"②背景是：7 月 1 日，奥格斯堡市派出两名代表拜访路德，提交他们关于教义的文章，希望在圣餐问题上达到统一。

7 月 31 日，致信美因茨大主教阿尔布莱希特，对他威胁路德的一个访客路德维希·拉伯(Ludwig Rabe)③表示抗议，并提及了十多年前关于赎罪券的恩怨。

8 月 17 日，致信萨克森选侯约翰·腓特烈，请求选侯同意梅兰希顿去法国三个月。背景是：6 月 23 日，法国国王弗朗索瓦一世邀请梅兰希顿去法国，调解那里的宗教关系。8 月 15 日，梅兰希顿向选侯提出申请。选侯没有同意。

8 月 20 日，致信萨克森选侯约翰·腓特烈，认为罗马教廷大使对公会议没有具体的说明，教皇不一定是认真的。背景是：选侯获知教廷

---

① 安东·劳特巴赫(1502—1569 年)：萨克森的斯托本(Stolpen)人，1529 年到维滕堡大学学习，1531 年获硕士学位，1539 年担任皮尔纳的主教，直至去世。

② Martin Luther. *The Letters of Martin Luther*, selected and translated by Margaret A. Currie. London: Macmillan and Co., 1908, pp. 312-313.

③ 路德维希·拉伯(1514—1592 年)：路德派牧师，曾在 16 世纪 30 年代参与记录路德的桌边谈话。

大使韦尔杰里奥(Nuntius Pietro Paolo Vergerio)召开公会议的提议后，要求路德发表意见。

8 月 29 日，致信梅兰希顿，作为神学院院长寄给他博士生辩论的论题，请他分配给在耶拿的博士生。背景是：因为瘟疫，维滕堡大学大部分师生包括梅兰希顿迁移到耶拿，继续教学活动，路德留在了维滕堡。该年，路德开始担任神学院院长。

9 月 1 日，致信约纳斯，表示对法国代表不信任，很高兴没有参与到与法国的谈判中。

9 月 4 日，致信约纳斯，批评萨克森公爵乔治和美因茨主教阿尔布莱希特命令领地坚持采用一种形式的圣餐。

9 月 6 日，致信施帕拉丁，提及英国国王亨利八世派遣的代表团再次来到维滕堡，请梅兰希顿参与英国的宗教谈判；提及维滕堡的瘟疫已经结束。

9 月 11 日和 14 日，主持希罗尼姆斯·维勒和尼古劳斯· 梅德勒的博士答辩，并提供了论纲，即《希罗尼姆斯·维勒和尼古劳斯· 梅德勒的博士答辩》(Die Doktorpromotion von Hieronymus Weller und Nikolaus Medler)，主题是“因信称义”和“律法”。9 月 12 日，与约纳斯、克鲁西格和布根哈根联名致信萨克森选侯约翰·腓特烈，请求他接见英国国王亨利八世代表罗伯特·巴恩斯(Robert Barnes)，并支持梅兰希顿前往英国谈判。① 同日，回信给多萝西·约格尔，回复她可否在家中布道的问题。回答是可以，尽量获得牧师的允许，否则会被人阻止；同时，“无论是谁，受到了呼召就是神圣的，可以向那些呼召他的人宣道：这就是我们的主的圣命和授职，也是公正并受人尊敬的”②。

9 月 15 日，致信萨克森选侯的法律顾问布吕克，请他帮忙安排选侯接见英国使节巴恩斯，认为亨利八世支持福音，如在接受《奥格斯堡

① LW 50，101.

② Martin Luther. *The Letters of Martin Luther*，selected and translated by Margaret A. Currie. London：Macmillan and Co.，1908，p. 320.

信条》的基础上，加入施马卡尔登同盟，会挫败教皇的公会议计划。后续是：萨克森选侯在 9 月下旬在耶拿附近接见了巴恩斯，表示愿意就宗教改革和结盟问题谈判，梅兰希顿推迟访问英国。① 后来谈判在萨克森领地举行，梅兰希顿没有去英国。

9 月 28 日，致信萨克森选侯约翰·腓特烈，再次批评美因茨大主教阿尔布莱希特杀害他的财务官员汉斯·煦尼茨(Hans Schönitz)，并谈及奥格斯堡、乌尔姆和斯特拉斯堡等城市很乐意编撰一部《协同书》。

10 月 5 日，致信斯特拉斯堡的神职人员，提议召开神学家会议，编撰《协同书》。

10 月 28 日，致信约纳斯，提及维滕堡瘟疫已平息下来；提及准备写反对秘密弥撒的文章，以及阐释《歌林多前书》第 13 章等关于称义的章节。

11 月 7 日，教皇使节韦尔杰里奥访问维滕堡，邀请路德参加即将在曼图亚举行的公会议。与韦尔杰里奥进行了会谈。没有拒绝参会，但如他开始所料，公会议一再拖延。

11 月，乔治·勒赫根据自己和同学笔记，出版拉丁语版《〈加拉太书〉注释》。

12 月初，致信梅兰希顿，告知他英国使节巴恩斯再次将访问耶拿，请他做好迎接准备；期待梅兰希顿等同事们回来，以及提醒大学同事们不要被瘟疫传闻所影响以至于不敢回维滕堡。

该年，还出版《康斯坦茨会议论纲》(*Disputation de concilio Constantiensi*)，反对该公会议只允许信徒领取一种圣餐的决议。该文的德语版为《反康斯坦茨对公会议的一些格言》(*Etliche Sprüche wider das Concilium Obstantiense Constantiense*)。创作 2 首赞美诗：

1.《我从高高的天上来》(Vom himel hoch da kom ich her)。

2.《她是我喜欢的女孩》(Sie ist mir lieb die werde magd)

① LW 50，106.

1536年53岁

1536年至1538年，皇帝查理五世与法国国王弗朗索瓦之间爆发了第三次战争。该年，皇帝查理五世提议在德国召开宗教会议，解决争端，他认为“德意志分裂的根本原因是由于对我们的神圣的宗教所引起的争论”。①

2月，瑞士宗教改革家海因里希·布林格尔(Heinrich Bullinger)②和斯特拉斯堡宗教改革家卡皮托、布塞尔在巴塞尔颁布《瑞士信条》(Confessio Helvetica Prior)，即一本改编的忏悔书，依然否定了基督在圣餐时的物质临在。

2月18日，法国与土耳其签订协议，正式结盟。

3月，加尔文在巴塞尔出版《基督教要义》(*Christinanae Religionis Institutio*)。7月，加尔文从意大利前往斯特拉斯堡时，途径日内瓦。当时日内瓦刚从萨伏伊公国的统治下独立出来，并于5月开始进行宗教改革。当地宗教领袖纪尧姆·法雷尔请求加尔文，协助进行宗教改革。加尔文留了下来，开始参与日内瓦的宗教改革。

7月11日，人文主义者伊拉斯谟去世。

该年，丹麦在国王克里斯蒂安三世的推动下，完成宗教改革。

1月11日，英国代表团到访维滕堡。建议萨克森选侯约翰·腓特烈让梅兰希顿参与谈判。

1月14日，致信纽伦堡牧师维特·迪特里希，祝贺他新婚快乐，

① 齐思和、林幼琪选译：《中世纪晚期的西欧》，北京：商务印书馆，1962年，第190页。

② 海因里希·布林格尔(1504—1575年)：瑞士宗教改革家，曾就学于科隆大学，1523年担任苏黎世卡佩尔修道院的教师。布林格尔早年受路德思想影响，成为宗教改革家，后受茨温利影响更大。1531年，茨温利去世后，布林格尔成为他的继承人，在瑞士继续推动宗教改革。

嘱咐他要节制，按照圣保罗的教导，要敬重妻子。发表《论人的提纲》(Die Disputation de homine)，强调人通过信仰，而不是善功称义。

1 月 19 日，致信卡斯帕·米勒，提及学生自耶拿返回后，家中已住满，不能再接受新的寄宿生。

1 月 25 日，致信萨克森选侯约翰·腓特烈，希望约定与斯特拉斯堡和奥格斯堡的神学家的会议安排。致信弗兰茨·布克哈特(Franz Burkhard)，祝贺他被任命为萨克森副首相，提及目前正与英国代表团谈判，抱怨谈判无用，且选侯招待代表团开支太大；谈及即将举行关于私人弥撒的谈判，请他来参加。

1 月 29 日，发表《反对私人弥撒的论纲》(Disputation contra missam privatam)。

2 月 11 日，批评美因茨大主教阿尔布莱希特非法处死了朐尼茨。

2 月 27 日，前往托尔高，为波莫瑞公爵菲利普和萨克森选侯妹妹玛利亚主持婚礼。作关于婚姻的布道。①

3 月 20 日，致信文策尔·林克，谈及德语的缺点，请他帮忙找人收集德语资料。信中写道："我也希望我可以说德语，但是德语又难又费劲、变化太多、太深奥。我请求你能找个小伙子收集下今年德国诗人和印刷商在德国画的画、谱的曲、写的歌、印的书等等。"②

3 月 25 日，致信布塞尔，告知他萨克森选侯约翰·腓特烈已选定在埃森纳赫举行新教的神学家会议。

3 月 28 日，致信萨克森选侯约翰·腓特烈，汇报与英国代表团的会谈，联盟是否达成取决于英国国王亨利八世是否决定接受《奥格斯堡信条》等神学信条。

4 月 9 日，致信英国大臣克伦威尔，希望他在宗教上能发挥更大的作用。背景是：英国代表巴恩斯转交了克伦威尔给路德的信。

---

① WA 41，516.

② Martin Luther. *The Letters of Martin Luther*，selected and translated by Margaret A. Currie. London：Macmillan and Co.，1908，p. 327.

4 月 10 日，英国代表团离开维滕堡。

4 月 20 日，致信萨克森选侯的副首相布克哈特，表示不愿意向英国国王做太多妥协。

5 月 21 日，布塞尔、卡皮托、梅兰希顿、克鲁西格等神学家以及德国南部城市代表到维滕堡拜访路德。背景是：由于路德生病，之前计划在埃森纳赫举行的神学家会议改在路德家中进行。

5 月 23 日，新教神学家们就圣餐礼时耶稣的临在问题达成妥协，同意和平相处。

5 月 26 日，新教神学家们同意了梅兰希顿编写的《协和信条》，即《维滕堡协同书》(*Wittenberger Konkordie*)。

5 月 27 日，与其他新教神学家们签署梅兰希顿起草的神学文件，神学家们离开路德家。请他们征询各地方政府的意见。

5 月 29 日，致信勃兰登堡伯爵乔治，对乔治父亲腓特烈伯爵的去世表示哀悼，汇报乔治资助的学生在维滕堡学习的情况。

7 月 12 日，致信奥格斯堡布道人约翰·福斯特(Johann Forster)①，表示希望《维滕堡协同书》得到奥格斯堡教会和政府的认可。

7 月 24 日，获知教皇将在曼图亚召开会议，担心这会重演 1414 年的康斯坦茨会议时胡斯被判为异端并被处以火刑的悲剧，于是编辑胡斯的三封信，并写了前言，将之出版；这篇前言即《约翰·胡斯三封书信的前言》(Vorrede zu Tres epistolae Joh. Hussii)。与布根哈根、施帕拉丁联名致信茨维考的神父拜尔，指示他要反对当地议会对教会事务的干涉，属世和属灵两种治理应该分开。

8 月 17 日，致信约纳斯，谈及自己在教皇 6 月 2 日颁布的谕令中被诅咒。背景是：教皇保罗三世在该日发布谕令，谴责路德，并宣布将于 1537 年 5 月在意大利北部小城曼图亚召开公会议。

---

① 约翰·福斯特(1496—1556 年)：奥格斯堡人，曾就学于因戈斯塔特大学、维滕堡大学，是希伯来语专家，曾帮助路德翻译《旧约》。1535—1538 年，担任奥格斯堡传教士。1539—1541 年，任教于图宾根大学神学系，后在纽伦堡等地任教，1549 年，回到维滕堡大学任教。著有《希伯来语拉丁语词典》。

8 月底，出版《世俗政府有责任刑罚再洗礼派：在维滕堡的一些思考》(*Daß weltliche Oberkeit den Wiedertäufern mit leiblicher Strafe zu wehren schuldig sei, etlicher Bedenken zu Wittenberg*)，认为世俗诸侯应惩罚再洗礼派，其中写道："世俗政府有责任刑罚亵渎上帝者、错误的教师、异端及其信徒。"①背景是：1536 年初，一些再洗礼派信徒进入黑森伯爵菲利普的领地，菲利普伯爵将他们逮捕后，没有进一步惩罚，而是向符腾堡公爵、吕讷堡公爵等诸侯以及马堡大学和维滕堡大学神学家征询意见，于是路德写了此文。②

9 月 20 日，致信豪斯曼，请他暂离德绍，到自己家来，因为当地伯爵已经背离了福音。信中还介绍了英国宗教改革的情况，国王亨利八世蔑视教皇，新王后简(Jane)反对福音。

9 月 24 日，致信施帕拉丁，批评一些教会不帮助穷人，而是让他们都去维滕堡。

10 月 5 日，致信曼斯费尔德伯爵阿尔布莱希特，谈及向自己咨询婚姻问题的人太多。

10 月 10 日，主持维滕堡大学神学院雅各布・申克(Jakob Schenk)和菲利普・莫茨(Philipp Motz)的博士答辩，提供了论纲，即《雅各布・申克和菲利普・莫茨的论纲》(Disputation von Jak. Schenk und Philipp Motz)，辩论的主题仍是"因信称义"。大概在该日，出版《关于公会议权力的论纲》(Disputatio de potestate Concilii)，认为公会议也可能犯错。

10 月 23 日，致信奥格斯堡教会副主祭卡斯帕・胡伯尼卢斯(Kaspar Huberinus)，表示了解到《维滕堡协同书》遭遇到困境，仍希望它能在奥格斯堡被接受。

11 月 2 日，致信萨克森公爵乔治的弟弟海因里希，为一名地图画师马特斯(Mathes)求情，因为他有双亲和 7 个孩子需要抚养。背景是：马特斯被怀疑是一名再洗礼教徒，路德认为这不属实。

---

① WA 50，13.

② WA 50，7.

11 月 28 日，与梅兰希顿、约纳斯和克鲁西格联名致信纽伦堡议会，认为讲道和忏悔具有同样的力量。背景是：纽伦堡的神学家和奥西安德就此问题发生了争论。

12 月 2 日，致信丹麦国王克里斯蒂安三世，赞同国王罢免天主教神职人员的举措，但反对国王完全没收教会财产，希望为教会留下足够的教产。

12 月 6 日，萨克森选侯约翰・腓特烈要求维滕堡的神学家为计划召开的公会议做准备，讨论新教徒是否可以武力反对皇帝的问题。①

12 月 10 日，致信萨克森选侯的法律顾问布吕克，解释他对美因茨大主教阿尔布莱希特的批评不等于对整个勃兰登堡的霍亨佐伦家族的攻击。

12 月 11 日，萨克森选侯约翰・腓特烈致信路德和梅兰希顿等人，指示他们起草一份声明，说明哪些信条可以让步，哪些信条必须坚守。②

12 月 15 日，邀请施帕拉丁、阿格里科拉和阿姆斯多夫在 12 月 28 日和 29 日来维滕堡参加神学家会议。

12 月 28 日，将起草的声明书《施马卡尔登信条》（Die Schmalkadischen Artikel）交给在维滕堡的神学家审阅和讨论。《施马卡尔登信条》分为三个部分：第一部分是三位一体、道成肉身、处女因圣灵感孕等基督教的基本信条。第二部分是关于因信称义等路德认为不能妥协的新教的基本信条，并批判了罗马教会的弥撒、炼狱学说、修道和教皇制度。第三部分是关于罪、律法、悔改、洗礼、圣餐礼、按立、神父结婚、修道誓言等信条的讨论。约纳斯、布根哈根和阿姆斯多夫等神学家们在声明书上签了字，梅兰希顿在有所保留的情况下签字。③

---

① Andrea van Dülmen. *Luther-Chronik*, *Daten zu Leben und Werk*. München: Deutscher Taschenbuch Verlag, 1983, S. 231.

② WA 7, 613.

③ 《施马卡尔登信条》认为教皇没有高于其他主教的权威。梅兰希顿认为，教皇如果允许福音传播，那么他的权威可以超过其他主教。参见 Martin Brecht. *Martin Luther*（Band 3）. Stuttgart: Calwer Verlag, 2013, S. 182.

12 月 30 日，致信耶森(Jessen)牧师沃尔夫冈·布劳尔，反对在家中举行圣餐礼，“没有人可以为自己施洗。圣礼乃属教会，不能与某个家庭之长的职责相混淆”①。

该年，出版《关于〈路加福音〉7:47 的论纲》(*Disputation über Luk. 7:47*)、《在夜晚所作关于〈诗篇〉第 23 首中宴席的解释》(*Der 23. Psalm auf ein Abend über Tisch ausgelegt*)、《关于称义的论纲》(*Disputation de iustificatione*)。

该年，安东·劳特巴赫和希罗尼姆斯·维勒记录了桌边谈话，劳特巴赫记录至 1539 年，维勒记录至 1537 年。

1537 年 54 岁

该年，约翰内斯·埃克出版罗马教会的德语《圣经》。

1 月 3 日，将与神学家们讨论后的《施马卡尔登信条》寄给萨克森选侯约翰·腓特烈，认为这个信条没有能够让步的地方。1 月 7 日，选侯回信，感谢他起草这个信条，表示完全同意。②

1 月 27 日，致信长子约翰内斯，鼓励他勤奋学习，敬畏上帝，服从父母。

1 月 31 日，与梅兰希顿、布根哈根等人从维滕堡前往施马卡尔登。

2 月 1 日，在途中致信约纳斯，对即将召开的施马卡尔登会议，充满期望：“上帝准许这成为一个有权威的会议！”③

2 月 7 日，抵达施马卡尔登。

2 月 8 日或 9 日，应萨克森选侯约翰·腓特烈要求，对罗马教会计

① Martin Luther. *The Letters of Martin Luther*, selected and translated by Margaret A. Currie. London: Macmillan and Co., 1908, p. 337.

② WA Br. 8, 5.

③ Martin Luther. *The Letters of Martin Luther*, selected and translated by Margaret A. Currie. London: Macmillan and Co., 1908, p. 340.

划召开的曼图亚公会议做出评价，认为这个会议不受欢迎。后续是：4 月 2 日，教皇保罗二世宣布曼图亚公会议延期至 11 月，后取消。

2 月 9 日，向到会的诸侯们布道。致信约纳斯，谈及来施马卡尔登参会的代表很多，而参加教皇组织的曼图亚公会议的人很少，并讽刺他们“不可像那无知的骡马”。① 这次会议规模很大，共有 18 名君主和 28 名城市代表、不少于 42 名神学家以及丹麦、法国使者，皇帝和教皇派来的观察员参加。②

2 月 10 日，施马卡尔登会议开幕，新教联盟代表召开会议，讨论是否出席罗马教会召开的公会议。路德由于结石病发作，情况严重，未能与会。

2 月 11 日，在住所作关于信仰的布道。会议决定，不参加教皇召开的公会议。

2 月 12 日，考虑到路德病情，神学家会议在路德住所举行，讨论《奥格斯堡信条》。

2 月 14 日，致信约纳斯，谈及在施马卡尔登待了 8 天，毫无成果，所有人都想离开。

2 月 17 日，结石病发作。从布塞尔那里获得瑞士改革宗的信纲，致信巴塞尔市长雅各·布迈耶，对文件没有表态，对他们“严肃要求福音感到高兴”。③ 神学家会议同意了梅兰希顿的《论教皇权力》。

2 月 18 日，作关于《马太福音》4:1—11 等经文的布道。④ 结石病发作，感到非常痛苦，医生治疗也没有疗效。

2 月 23 日，神学家举行会议，讨论圣餐信条问题，布塞尔等人指责路德的信条言辞激烈。

---

① 《旧约 · 诗篇》32:9。

② Heinz Schilling. *Martin Luther, Rebell in einer Zeit des Umbruchs*. München: Verlag C. H. Beck, 2016, S. 499.

③ Andrea van Dülmen. *Luther-Chronik, Daten zu Leben und Werk*. München: Deutscher Taschenbuch Verlag, 1983, S. 233.

④ WA 45, 25.

2 月 24 日，《施马卡尔登信条》未被会议正式接受，多名神学家在《施马卡尔登信条》上签字，“将其作为表明他们个人信心和信仰的标志”。① 该信条在 1538 年出版，1580 年收入路德宗的《协同书》，成为路德宗的重要信条。

2 月 26 日，离开施马卡尔登，抵达塔姆巴赫(Tambach)，结石病情好转。

2 月 27 日，从塔姆巴赫前往哥达，由于路上颠簸，排出部分结石。② 致信梅兰希顿，谈及自己的病得到治疗。

2 月 28 日，抵达哥达，结石再次发作，非常痛苦，感觉死亡临近，向布根哈根忏悔，口述了第一份遗嘱。遗嘱首先肯定了宗教改革的事业：“用上帝的道对教皇的统治进行了猛攻”；再向梅兰希顿等朋友问好，并请他们照顾波拉，之后的主要内容是为新教诸侯占据教会财产进行辩护：“他们正在用这些财产去做与信仰相关的事情”。③ 4 月 9 日，布根哈根将此份遗嘱誊写，交给萨克森选侯约翰·腓特烈。

3 月 5 日，抵达魏玛，在医生治疗下，病情好转。

3 月 14 日，回到维滕堡。

3 月 21 日，致信施帕拉丁，谈及身体正在恢复，但四肢无力。

3 月 24 日，恢复布道，作关于《路加福音》1：26—38 等经文的布道。④

4 月 6 日，与布根哈根联名致信波莫瑞公爵巴尼姆十一世，与他商量什切青和吕讷堡的牧师人选。

4 月 17 日，丹麦国王克里斯蒂安三世致信路德，请求路德让布根哈根早日到达丹麦，推进宗教改革，并转交丹麦制定的《教会条例》，

① 马丁·路德、菲利普·梅兰西顿：《协同书》(第一册)，逯耘译，南京：译林出版社，2003 年，第 186 页。

② Volker Leppin und Gury Schneider-Ludorff (Hrsg.). *Das Luther-Lexikon*. Regensburg：Verlag Bückle & Böhm，2014，S. 369.

③ Martin Luther. *Luther Deutsch*(Band 10)，*Die Briefe*，herausgegeben von Kurt Aland. Göttingen：Vandenhoeck & Ruprecht，1983，S. 260.

④ WA 45，48.

请路德审阅。后续是：该年 6 月，布根哈根被派往丹麦，工作至 1539 年。

4 月 27 日，撰写《基督信仰的三个标志或信条》(*Die drei Symbola oder Bekenntnis des Glaubens Christi*)①，阐释了基督教历史上的三个信条——《使徒信经》《阿塔纳修信经》和《赞美颂》(Te deum laudamus)，出版于 1538 年。

4 月，出版《关于圣约翰·克里索斯托莫的谎言》(*Die Lügend von S. Johanne Chrysostomo*)，驳斥教会历史上关于圣徒约翰·克里索斯托莫(约 347—407 年)隐修的传说。出版《魔王致教皇的神圣教会》(*Beelzebub an die heilige päpstliche Kirche*)，通过虚构魔王提醒罗马教会镇压新教来讽刺罗马教会。

5 月 21 日，致信科达图斯，对他接受艾斯莱本的牧师职位表示高兴，鼓励他不要有太多疑虑。科达图斯之前犹豫了很长时间。

6 月 1 日，主持维滕堡大学神学院彼得·帕拉迪乌斯(Petrus Paladius)和提勒曼·冯·胡森(Tilemann von Hussen)的博士答辩，为他提供论纲，即《帕拉迪乌斯和提勒曼的论纲》(Die Promotionsdisputation von Palladius und Tilemann)，辩论的主题是"因信称义"。

6 月 4 日，将《帕拉迪乌斯和提勒曼的论纲》寄给哥达牧师米科尼乌斯。

6 月 11 日，致信犹太人约瑟·冯·罗斯海姆(Josel von Rosheim)，拒绝为犹太人在萨克森选侯约翰·腓特烈那里求情；因为他认为犹太人拒绝承认耶稣是救世主，滥用了他之前对犹太人的好意。背景是：1536 年 8 月 6 日，萨克森选侯约翰·腓特烈颁布法令，驱逐领地内所有的犹太人。1537 年 4 月 26 日，沃尔夫冈·卡皮托致信路德，就此事请求路德帮助。

6 月 15 日，主持关于"婚礼礼服"的循环辩论，论纲整理为《论婚礼礼服》(De veste nuptiali)，认为"'穿上'基督的义的信仰，才是真正的

① WA 50，255.

婚礼礼服”①。

6 月 29 日，致信萨克森选侯约翰·腓特烈，向他转交布来廷(Brettin)一位牧师的要求改善经济困境的请愿书。

7 月 9 日，致信约翰·施莱讷，批评贵族对牧师的要求太高，待遇却太低。致信沃尔夫冈·卡皮托，回复他在 1536 年 6 月向路德提及的在斯特拉斯堡出版路德文集的请求，认为自己认可的著作只有《论意志的捆绑》和《教义问答》，其他著作宁愿消失；肯定他和布塞尔推广《维滕堡协同书》的努力。②

7 月 22 日，出版《一篇关于最神圣的罗马教皇信仰的伟大文章，名为〈君士坦丁献土〉》(*Einer aus den hohen Artikeln des allerheiligsten päpstlichen Glaubens, genannt Donatio Constantini*)，批判罗马教皇通过伪造罗马皇帝的文件《君士坦丁献土》来加强权力。

7 月 26 日，致信萨克森选侯约翰·腓特烈，请他推迟执行法官对一名硕士的宽大判决，并派人到维滕堡继续调查。③

7 月 27 日，致信哥达牧师米科尼乌斯，祝贺他儿子的出生，并开玩笑说，感谢他曾拒绝将路德葬在哥达。背景是：路德 2 月下旬从施马卡尔登返回，路过哥达时，病得很重。

8 月 1 日，致信马堡大学的科班·黑塞(Coban Hesse)教授，赞扬他翻译的《诗篇》拉丁语版。

8 月 9 日，写信安慰安哈尔特侯爵约翰，因为他的婚姻遭遇了不幸。他于 1534 年与勃兰登堡选侯约阿西姆一世与伊丽莎白的女儿、波莫瑞公爵乔治的遗孀玛格丽特结婚，但感情不和。

8 月 21 日，致信托尔高议会，请求他们拨一块土地给他们的牧师建房子居住。

---

① Martin Luther. *Martin Luther Lateinisch-Deutsche Studienausgabe* (Band 2), herausgegeben und eingeleitet von Johannes Schilling. Leipzig: Evangelische Verlagsanstalt, 2006, S. 445.

② WA Br. 8, 99.

③ WA Br. 8, 102-103.

9月16日，萨克森选侯约翰·腓特烈请路德调解弗莱堡牧师雅各布·申克与梅兰希顿之间分歧。申克认为梅兰希顿在《教会条例》中让步太多。

9月26日，致信安哈尔特侯爵夫人玛格丽特，请她到维滕堡探望母亲伊丽莎白。① 背景是：伊丽莎白自1528年逃离勃兰登堡，来到萨克森领地，1537年在维滕堡等地居住了几个月。

10月14日，与约纳斯和梅兰希顿致信瑙鲁堡议会，同意该地神父尼克劳斯·梅德勒9月27日提交的《教会条例》。

11月2日，致信一位名叫约翰·威克曼(Johann Wickmann)的牧师，回复他关于婚姻的问题：一个妇女的丈夫如果失踪7年，可由教会宣布，该名妇女恢复单身状态。②

11月7日，致信萨克森选侯约翰·腓特烈，请他帮助科堡的一名贫穷的神职人员约翰·费泽尔(Johann Fesel)。③

11月16日，致信萨克森选侯约翰·腓特烈，请他让勃兰登堡选侯约阿希姆一世的遗孀伊丽莎白离开维滕堡。路德觉得接待很累。

12月1日，致信瑞士的苏黎世、伯尔尼和巴塞尔等改革派城市的议会和市长，对他们承认《维滕堡协同书》表示高兴。

12月6日，致信布塞尔，对瑞士的忏悔方式评价不高，介绍了丹麦的教会情况。

大概在12月17日，将两份新教信条寄给波希米亚的莱托米施(Leitomischl)的兄弟会，他们于1537年11月27日致信路德提出了这项要求。

12月上旬，发表《驳反律法主义的第一份论纲》(Disputatio prima contra Antinomos)。关于该论纲的辩论在12月18日举行。④ 路德主张，律法和称义无关，但律法仍是必要的，会惩罚犯罪。背景是：1537年，路德外出期间，曾由阿格里科拉代为布道。阿格里科拉在布道中宣扬了

① WA Br. 8，127.

② WA Br. 8，136.

③ WA Br. 8，137-138.

④ WA 39 Ⅰ，335.

反律法主义的观点，造成了路德宗内部的神学冲突。①

12 月 23 日，致信萨克森选侯约翰·腓特烈，谈及安哈尔特宫廷请求派约纳斯前往策尔布斯特布道，表示同意让约纳斯去几个星期。②

12 月，撰写《马丁·路德博士驳反律法主义的第二份论纲》(Disputatio secunda D. Martini Lutheri contra Antinomos)。关于该论纲的辩论在 1538 年 1 月 12 日举行。③

该年至 1538 年，在布道中讲解《约翰福音》，撰有《1537 和 1538 年布道中对〈约翰福音〉第 1 章和第 2 章的讲解》(*Auslegung des ersten und zweiten Kapitels Johanns in Predigten* 1537 *und* 1538)、《马丁·路德博士关于〈约翰福音〉第 14 和 15 章的布道和讲解》(*Das XIV und XV Capitel S. Johannis durch D. Mart. Luther gepredigt und ausgelegt*)。

该年至 1540 年，在布道中讲解《马太福音》，撰有《〈马太福音〉第 18—24 章的布道和讲解》(*Matth.* 18-24 *in Predigten ausgelegt*)。

1538 年 55 岁

4 月，因加尔文的教规非常严厉，日内瓦人驱逐了加尔文和法雷尔。加尔文来到斯特拉斯堡，法雷尔前往纳沙泰尔。

5 月，哥达牧师米科尼乌斯等路德宗代表前往英国，与亨利八世的神学家就《奥格斯堡信条》中的教义进行谈判，没有成功。

6 月，国王费迪南一世与巴伐利亚公爵、美因茨大主教等天主教诸侯签订《纽伦堡条约》，建立与施马卡尔登同盟相对抗的同盟。

该年，布塞尔担任黑森伯爵菲利普的顾问，与再洗礼派举行一系列辩论，使得数百名再洗礼派重归新教教会。④

---

① 卡尔·楚门：《路德的人生智慧：十架与自由》，王一译，上海：上海三联书店，2019 年，第 215 页。

② WA Br. 8，173.

③ WA 39 Ⅰ，335.

④ Tim Dowley. *Der Atlas zur Reformation in Europa*. Neukirchen-Vluyn：Neukirchener，2016，S. 72.

1 月 4 日，致信萨克森选侯约翰·腓特烈，汇报调查一个名为约翰·卡格尔的年轻人可能有异端思想的问题。

1 月 6 日，致信阿格里科拉，禁止他讲授神学，因为他发表反律法主义的言论，违背了路德的主张。

1 月 7 日，致信萨克森选侯的副首相弗兰茨·布克哈特，谈及将安排反律法主义的辩论。寄出反驳阿格里科拉的《马丁·路德博士的第三份论纲》(Disputatio tertia D. Martini Lutheri)和《马丁·路德博士的第四份论纲》(Disputatio quarta D. Martini Lutheri)，两篇文章在 9 月前发表。

2 月 23 日，致信豪斯曼，批评罗马教会即将用拉丁语和德语出版的《教会改革建议书》(*Consilium de emendanda ecclesia*)，并将自己画的讽刺性教皇纹章寄给他。

3 月初，出版《驳守安息日派，马丁·路德致位一位好友的信》(*Ein Brief D. Martini Luther. Wieder die Sabbather an einen guten Freund*)，反对行割礼，认为犹太人已经被上帝所抛弃。这是路德收到好友沃尔夫冈·施立克·祖·法尔肯瑙(Wolfgang Schlick zu Falkenau)关于摩拉维亚的守安息日派①活动的消息后，回复的一封公开信。

4 月 8 日，致信在布伦瑞克传教的约纳斯，盛赞他的工作。

5 月 12 日，致信英国赫里福德主教爱德华·福克斯(Edward Fox)，问及英国宗教改革的情况，担心英王亨利八世再次与教皇结盟。

5 月 14 日，致信瑞士宗教改革家海因里希·布林格尔，感谢他在 3 月寄来的书籍，希望在生前与瑞士人达成共识。

5 月 29 日，致信萨克森选侯约翰·腓特烈，请他支持反抗土耳其的战争。

6 月 15 日，致信托尔高法学家安东·乌恩鲁赫，感谢他为一名穷苦妇女辩护，财产免遭贵族剥夺。

6 月 27 日，致信瑞士宗教改革地区的代表，对他们接受《协同书》感到高兴，不清楚的部分请布塞尔和卡皮托解释。

---

① 守安息日派是基督徒中的主张遵守《旧约》中的犹太安息日等律法的派别。

7 月 1 日，致信拿骚-韦尔堡伯爵菲利普三世，表示已按他的要求找到了一名牧师。

7 月 31 日，致信安哈尔特的约翰、乔治和约阿希姆三位侯爵，请他们同意豪斯曼调往萨克森的弗莱堡担任牧师。

8 月 4 日，致信匈牙利的弗兰茨·雷瓦伯爵，批判他所信奉的茨温利的圣餐礼学说。

8 月 31 日，致信萨克森弗莱堡牧师伯恩哈特·冯·杜伦（Bernhard von Dölen），希望他的婚姻不要破裂，并且不要再次结婚。①

9 月 6 日，主持维滕堡大学神学院举办的克里亚库斯·格里希乌斯（Cryiacus Gerichius）的博士答辩，提供论纲，即《马丁·路德博士驳反律法主义的第五份论纲》（Quinta disputatio D. Martini Lutheri, contra Antinomos）。

9 月 15 日，致信不来梅牧师雅各布·普罗布斯特，推荐一名教士给他；提及身体好转，“因为不断有新教派起来反对我，正是从与他们的斗争中，我重新获得了活力”。②

11 月 3 日，好友豪斯曼去世。

11 月 7 日，科尔哈泽率领部队劫掠了维滕堡附近的村庄马扎纳（Marzahna）。路德批评萨克森选侯约翰·腓特烈没有维持好和平。③

11 月 20 日，致信黑森伯爵菲利普，讨论如何对待再洗礼派信徒，认为：他们有一次改变信仰的机会，如果不改变，就应该被驱逐。④

11 月 29 日，撰写《驳反律法主义者》（Wider die Antinomer），强调律法是激发人悔改的基本途径，反对基督徒不需要律法的观点。该文主

① Martin Luther. *Luther Deutsch*（Band 10）, *Die Briefe*, herausgegeben von Kurt Aland. Göttingen：Vandenhoeck & Ruprecht, 1983, S. 269.

② Martin Luther. *The Letters of Martin Luther*, selected and translated by Margaret A. Currie. London：Macmillan and Co., 1908, p. 363.

③ Martin Brecht. *Martin Luther*（Band 3）. Stuttgart：Calwer Verlag, 2013, S. 22.

④ 詹姆斯·基特尔森：《改教家路德》，李瑞萍等译，北京：中国社会科学出版社，2009 年，第 206-207 页。

要是继续批评自己阵营的阿格里科拉，在 1539 年发表。

11 月 30 日，与约纳斯和梅兰希顿致信安堡市长和议会，向该地派遣牧师，督促他们传播福音。

12 月 12 日，致信包岑一个学校的校长尼克劳斯·施派希特，对不能参加其婚礼表示遗憾，送约翰·胡斯的画像作为礼物。

该年，饱受结石、痛风、晕眩等疾病带来的痛苦。病痛严重影响工作，写作急剧下降。

该年至 1540 年，在布道中讲解《约翰福音》，撰有《对〈约翰福音〉第 16 章的布道和讲解》(*Das XVI Capitel S. Johanns gepredigt und ausgelegt*)、《对〈约翰福音〉第 3 章和第 4 章的布道和讲解》(*Auslegung des dritten und vierten Capitels S. Johanns in Predigten gepredigt*)。

1539 年 56 岁

2 月初，萨克森选侯领地的教会监理会制度形成，规范了婚姻和纪律问题。

4 月 19 日，国王费迪南一世与施马卡尔登同盟签订《法兰克福休战书》，其中规定："新教徒从 5 月 1 日开始在未来的 15 个月中将不会受到攻击。"①新教诸侯同意支持皇帝抵抗土耳其的战争。

1 月初，尽管很多人反对，坚持发表批判美因茨大主教阿尔布莱希特滥用权力的文章《驳斥马格德堡主教、枢机主教阿尔布莱希特》(*Wider den Bischof zu Magdeburg, Albrecht Kardinal.*)。

1 月 11 日，致信阿姆斯多夫，寄给他《马太福音》注解和《雅歌》谱曲；谈及人们在议论皇帝查理五世可能到来之事。主持循环辩论，主题为"道成肉身"，后整理为论纲《道成肉身》(Verbum caro factum est)。

① G. R. 埃尔顿编：《新编剑桥世界近代史》(第二卷)，中国社会科学院世界历史研究所组译，北京：中国社会科学出版社，2003 年，第 225 页。

2 月 3 日，致信维滕堡市长希罗尼姆斯·克拉普(Hieronymus Krapp)，请他保持教堂墓地的宁静。

2 月 8 日，致信约翰内斯·卢迪克(Johannes Ludicke)，回复他关于是否抵抗皇帝或是否允许自卫的问题，表示不相信皇帝查理五世会对诸侯发动战争，建议皇帝不要成为教皇的雇佣军，认为："现在正确的是，发动对土耳其的战争，保卫自己；然后对付更坏的教皇。"①

2 月 13 日，国王费迪南一世向施马卡尔登同盟寻求和解，因为皇帝查理五世计划对土耳其展开军事行动。萨克森选侯约翰·腓特烈在梅兰希顿等人陪同下前往法兰克福谈判。

2 月 21 日，致信不来梅牧师雅各布·普罗布斯特，谈及黑森伯爵菲利普与布伦瑞克-沃尔芬比特公爵冲突严重，在法兰克福进行了和谈；提及自己"精力下降，但不会停止与错误学说和精神折磨的斗争"②。

2 月底，撰写致所有路德派牧师的公开信《致所有牧师的告诫》(Eine Vermahnung an alle Pfarrherrn)，号召他们在土耳其入侵威胁和与天主教徒斗争的背景下，劝诫信徒，坚定信仰。

3 月 2 日，致信正在法兰克福参加会谈的梅兰希顿，希望在会议上不要让步。

3 月 14 日，致信梅兰希顿，非常期待知道达成和平的条件，希望不要让步。完成《论公会议和教会》(*Von den Konziliis und Kirchen*)，认为公会议应捍卫《圣经》中的信仰，而不能创立新的信仰。"教会也承认，'神的话，必永远立定'(《以赛亚书》40:8)，人必须以此为标准，而不要试图制定新的或不同的上帝的道，并建立新的或不同的信条。"③该文认为真正的教会有七个标志：上帝的道、洗礼、圣餐礼、钥匙权、牧职、赞美上帝和背负十字架。

---

① Martin Luther. *Luther Deutsch*(Band 10), *Die Briefe*, herausgegeben von Kurt Aland. Göttingen: Vandenhoeck & Ruprecht, 1983, S. 270.

② Martin Luther. *Luther Deutsch*(Band 10), *Die Briefe*, herausgegeben von Kurt Aland. Göttingen: Vandenhoeck & Ruprecht, 1983, S. 272.

③ WA 50, 617.

3 月 19 日，致信托尔高神父加比尔·茨维林，提及："我们的诸侯必须成为紧急主教(nottbischoff)和紧急官员。"①

3 月 26 日，致信梅兰希顿，希望他们在法兰克福达成和平协议。

3 月，致信维滕堡市议会，请他们帮助一名贫困的学生。背景是：1539 年春季，图林根地区出现饥荒和物价上涨的情况，维滕堡等地出现了粮食危机，一些大学生因此而离开学校。

4 月 9 日，致信萨克森选侯约翰·腓特烈，请求他干预谷物贸易，解决维滕堡地区的粮食危机。

4 月 17 日，致信布塞尔，评论英国的宗教改革自由度不够；提及阅读约翰·斯图姆(John Sturm)和加尔文的著作令他愉快，让布塞尔转达问候。

4 月 18 日，致信瑞典国王古斯塔夫一世，推荐诺曼(Normann)担任瑞典王子的导师。背景是：瑞典国王命令大使尼古拉斯为王子寻找导师。信中还请国王为芬兰人米歇尔·阿格里科拉(Mikael Agricola)提供一个岗位②。当时芬兰属于瑞典。

5 月 20 日，致信安哈尔特侯爵乔治，鼓励他进一步推动宗教改革。

5 月 22 日，与约纳斯、克鲁西格、梅兰希顿前往萨克森公爵领地莱比锡，主持新教的礼拜仪式。背景是：4 月 17 日，萨克森公爵乔治去世，由于没有子嗣，他倾向新教的弟弟海因里希继任公爵。

5 月 25 日，拜访萨克森新任公爵海因里希的夫人卡特琳娜。卡特琳娜已经皈依新教。

6 月 4 日，致信乌尔苏拉·施内德韦因，反对她阻挠其子约翰·施内德韦因的婚姻，认为子女不得未经父母同意与他人订婚，但父母也不得强迫阻挠。路德为此事给乌尔苏拉写了 3 封信，均未收到回复。7 月 27 日，约翰与妻子结婚。

---

① WA Br. 8，395.

② 米歇尔·阿格里科拉(1510—1557 年)：芬兰宗教改革家，1536—1539 年在维滕堡大学学习，师从路德等人，获得硕士学位。回到芬兰后，推动当地的宗教改革，并将《圣经》翻译成芬兰语。

6 月 23 日，致信普鲁士公爵阿尔布莱希特，提及国王费迪南一世和巴伐利亚等正在迫害福音，批评美因茨大主教和其他主教的堕落。

7 月初，致信萨克森公爵海因里希，建议取消领地的偶像崇拜和弥撒，对教会机构进行巡视。

7 月 1 日，与约纳斯、梅兰希顿致信萨克森选侯约翰·腓特烈，评价选侯寄来的一篇迈森神父的神学文章，认为不合格，不能采用。

7 月 8 日，致信萨克森选侯约翰·腓特烈，请选侯阻止吕贝克人盗印他翻译的德语《圣经》。

7 月 17 日，开始与梅兰希顿、布根哈根、克鲁西格、约纳斯等人对德语《旧约》进行修订，直至 1541 年。

7 月 24 日，致信萨克森选侯约翰·腓特烈，请他赦免皈依的再洗礼派信徒。

7 月 25 日，致信萨克森公爵海因里希，建议对领地教会进行巡视，替换不称职的牧师。

8 月 13 日，致信安哈尔特的约翰、乔治和约阿希姆三位侯爵，请他制止当地的渎神行为。

9 月，委托卡斯帕·克鲁西格和乔治·勒赫收集和整理的《路德德语著作集》第一卷在维滕堡出版。路德在序言中提醒读者，在《圣经》翻译为德语后，要多阅读和研究《圣经》，“所有其他的著作是引导人走向《圣经》的道路”①。

10 月 14 日，致信布塞尔，希望能发自内心地团结；提及卡拉托（Crato）让自己为《圣经》注释撰写前言，认为自己拉丁语不够好，于是请布塞尔写；提醒布塞尔不要对英国国王亨利八世有期待；请布塞尔向加尔文等人转达问候，对阅读他们的著作感到高兴。

10 月 23 日，致信萨克森选侯约翰·腓特烈，认为在与英国国王亨利八世谈判这件事上，德国新教已经尽力，而亨利八世没有严肃对待福音，已无必要再谈判。后续是：德国新教诸侯与英国的谈判没有成功。

10 月 26 日，致信文策尔·林克，不赞成林克放弃现有的纽伦堡牧

① LW 34，284.

师职位去莱比锡，因为当地就人选问题还没有达成一致；认为萨克森公爵乔治的精神影响仍然存在；提及维滕堡又发生瘟疫。

11 月 6 日，致信萨克森选侯约翰·腓特烈，请选侯让克鲁西格从莱比锡返回维滕堡；提及自己去世后，将由克鲁西格接替自己在神学院的位置。

11 月 26 日，致信安东·劳特巴赫，提出应废止私人圣餐。

12 月 4 日或 5 日，致信勃兰登堡选侯约阿西姆二世，表达了对勃兰登堡《教会章程》的意见，强调要实行两种形式的圣餐，不反对临终涂油，但不能按照天主教会的仪式进行，且不要写入章程中。致信柏林教会执事乔治·布赫霍尔策(George Buchholzer)，建议他容忍一些传统宗教礼仪，认为只要基督的福音被纯正地宣讲，洗礼和圣餐礼能够按照上帝设立的样式施行，传统的宗教礼仪可以保留。背景是：11 月，勃兰登堡开始进行宗教改革，所使用的一份教会章程中含有一些天主教的礼仪，布赫霍尔策对此存有疑问，于是约阿西姆二世派人去维滕堡咨询路德的意见。

12 月 10 日，与梅兰希顿联名给黑森伯爵菲利普回信，同意他秘密重婚。背景是：1523 年，菲利普与萨克森公爵乔治的女儿克里斯蒂娜(1505—1549 年)结婚，两人育有 7 名子女，但菲利普并不满意。1539 年，菲利普结识萨克森的贵族女子玛格丽特(Margarethe von der Saale，1522—1566 年)后，决定与她结婚。于是他向路德咨询是否可以重婚。

重婚在基督教教义和世俗法律上都是被禁止的。路德并不赞同重婚，但最后在一份文件上签了字，同意菲利普秘密重婚，梅兰希顿、布塞尔等神学家也签了字。文件上写道：“牧师在个别特殊情况下，为避免事态恶化，完全可以破例批准重婚；这种重婚上帝和良心都认为是正当的婚姻(证明是必要的)；但从公法或习惯来说，它就不是正当的婚姻了。所以这样的婚姻应当秘密进行，同意这种结合的特许必须严格保守秘密。如果被人知道，这一特许自动失效，这一婚姻也就成为姘居”。① 次年 3

① 托马斯·马丁·林赛：《宗教改革史》(上卷)，孔祥民等译，北京：商务印书馆，2016 年，第 379 页。

月 4 日，菲利普与玛格丽特举行婚礼。梅兰希顿和布塞尔等人参加了这场婚礼。这件事情很快被泄露出来，新教和路德的名声都受到了很大影响，并影响了新教诸侯的团结。

该年，还撰有《论祝圣的水和教皇的羔羊颂》(*Von dem geweihten Wasser und des Papsts Agnus Dei*)，创作赞美诗《我们在天国的父》(Vater unser im Himmelreich)。

1540 年 57 岁

6 月，法国颁布《枫丹白露敕令》，要求消灭宗教异端。

9 月 27 日，教皇保罗三世发布谕令，耶稣会正式成立，旨在复兴罗马教会，反对宗教改革。

1 月 1 日，发表《致神父，通过布道反对高利贷》(An die Pfarrherrn, wider den Wucher zu predigen)，坚持反对高利贷的立场。

1 月 2 日，致信萨克森选侯约翰・腓特烈，推荐奥古斯丁・西莫(Augustin Himmel)前往德累斯顿担任布道人。致信萨克森选侯的法律顾问布吕克，建议革除债务人要宴请担保人的制度，因为这会大大增加债务人的负担。

1 月 7 日，致信勃兰登堡选侯约阿希姆二世，请求选侯允许其境内的谷物出口。之前，因为饥荒，选侯颁布了出口禁令。

1 月 15 日，致信格鲁纳的宫廷大臣施皮格(Spiegel)，请他不要侮辱当地的一名牧师。

1 月 18 日，致信萨克森选侯约翰・腓特烈，向他提交施马卡尔登同盟讨论的议题资料。

2 月 12 日，与梅兰希顿致信勃兰登堡选侯乔治，请他为维滕堡大学的学生提供奖学金。

2 月 13 日，致信萨克森选侯约翰・腓特烈，请他同意贝尔根(Belgern)议会提出的将修道院财产用于供养当地神职人员的申请。

2 月 28 日，发表《关于基督神性和人性的论纲》(Die Disputaion de divinitate et humanitate Christi)。

3 月 3 日，致信安东·劳特巴赫，批评萨克森公爵海因里希对福音的漠不关心；批评德国的君主面临土耳其的威胁无所作为。

3 月 5 日，致信梅兰希顿，问及施马卡尔登会议的情况，谈及发动暴乱的科尔哈泽已被捕等事宜。背景是：3 月，新教诸侯在施马卡尔登举行会议，商议如何对付天主教势力。萨克森选侯约翰·腓特烈、梅兰希顿、布根哈根、约纳斯和克鲁西格等人与会。

3 月 19 日，致信在施马卡尔登参加会议的约纳斯、布根哈根和梅兰希顿，赞同他们在会议上的表现，认为无论是战争还是和平，都是上帝的旨意。

4 月 8 日，致信在施马卡尔登开会的梅兰希顿，评论皇帝查理五世，尽管皇帝身边很多主教鼓动他镇压新教，但皇帝迟迟没有行动，认为这是一个不可思议的奇迹。

4 月 10 日，致信黑森伯爵菲利普，再次建议他对重婚一事保密。

4 月 12 日，致信萨克森选侯约翰·腓特烈，汇报黑森伯爵菲利普重婚一事。

4 月，撰写《反对艾斯莱本》(*Eine Schrift wider den Eisleben*)，批判艾斯莱本的阿格里科拉反律法主义的观点。

5 月中旬，从波拉的兄弟汉斯·冯·波拉手中购买了一处位于莱比锡南面的楚尔斯多夫(Zülsdorf)的房产，这是波拉娘家的家族产业，花费 610 古尔登。

5 月 6 日至 11 月 7 日，约翰内斯·马特希乌斯(Johannes Mathesius)①

① 约翰内斯·马特西乌斯(1504—1565 年)：1504 年生于萨克森的罗赫利茨，1521 年在纽伦堡拉丁学校学习，1523—1524 年在因戈斯塔特大学学习神学，后来前往奥德茨豪森城堡担任教师，在那里阅读到路德著作，成为新教徒。1529 年，被路德学说吸引，到维滕堡大学学习神学。1530—1531 年在阿尔滕堡担任教师，1532 年前往约阿希姆斯塔尔担任拉丁学校校长，并参与当地的宗教改革。1540 年重返维滕堡大学学习神学。由于约拿斯和罗赫的推荐，加入路德的桌上谈话。1542 年再次前往约阿西姆斯塔尔，担任教士和牧师，1565 年在当地去世。

记载了路德桌边谈话。① 5 月至 6 月间，与梅兰希顿在家中谈到遗嘱问题时，决定把妻子波拉作为全部遗产的继承人。②

5 月 24 日，致信曼斯费尔德伯爵阿尔布莱希特，请他善待领地内的矿冶业主。

6 月 10 日，致信萨克森选侯约翰·腓特烈，请他命令参加哈格瑙宗教会议的代表不要让步；又另写了一封信解释黑森伯爵菲利普重婚的问题。

6 月 18 日，写信安慰梅兰希顿，希望他不要压力太大，因为他参加了黑森伯爵重婚的婚礼，受到批评。

6 月 23 日，抵达魏玛，准备参加哈格瑙宗教会议。背景是：6 至 7 月，皇帝查理五世安排新教与天主教在哈格瑙举行宗教会议。原计划梅兰希顿参加，但梅兰希顿在途中受伤，萨克森选侯约翰·腓特烈于是召集路德和克鲁西格前往魏玛。

7 月 2 日，致信波拉，告知她梅兰希顿已脱离生命危险，以及帮助布根哈根选派一名牧师前往格罗伊森(Greussen)。致信约翰·朗，告知计划到达哈格瑙的时间。后续是：萨克森选侯约翰·腓特烈不同意路德去哈格瑙，路德放弃了参会计划。克鲁西格、布塞尔等新教神学家和约翰内斯·科赫劳斯等天主教神学家参加了哈格瑙宗教会议。会议没有达成协议，决定在沃尔姆斯继续会谈。

7 月 7 日，与梅兰希顿抵达埃森纳赫休养。

7 月 10 日，致信波拉，提及梅兰希顿正在康复，阿姆斯多夫到埃森纳赫相聚等。

7 月 24 日，致信黑森伯爵菲利普，建议他因重婚问题接受惩罚。背景是：7 月 18 日，菲利普致信路德，不愿意承担重婚的后果。后续是：8 月 22 日，应菲利普要求，将 7 月 18 日来信寄还给了他。

---

① Helmar Junghans. Die Tischreden Martin Luthers, in *D. Martin Luthers Werke, Sonderedtion der kritischen Weimarer Ausgabe, Begleitheft zu den Tischreden*. Weimar: Verlag Hermman Böhlaus Nachfolger, 2000, S. 39.

② WA TR 4, 631.

7 月 27 日，离开埃森纳赫，返回维滕堡。

8 月 2 日，回到维滕堡。

9 月 3 日，致信希罗尼姆斯·维勒，批评企图重新开设妓院的人。背景是：1537 年，萨克森关闭了当地的妓院，但后来有人企图重新开放，当时在萨克森弗莱堡担任《圣经》教师的维勒写信告知了路德。同日，致信卡斯帕·古特尔，提及维滕堡又暴发瘟疫，生病的人很多；提及阿格里科拉前往柏林选侯宫廷担任牧师。

9 月 10 日，参加维滕堡大学神学举行的约阿希姆·莫林(Joachim Mörlin)①的博士答辩，提供了论纲，主题是“反律法主义”，即《马丁·路德博士第六份反对法律主义的论纲》(Disputatio sexta D. Martini Lutheri contra Antinomos)。

10 月 10 日，致信普鲁士公爵阿尔布莱希特，告知他，按照皇帝查理五世的安排，即将召开新教和天主教神学家参加的沃尔姆斯帝国议会；认为这是浪费时间，对会议不抱希望。

11 月 10 日，路德生日。妻子波拉让人在奥古斯丁修道院大门两侧修建了两个圆形浮雕，一个是路德头像，一个是路德玫瑰纹章[纹章边沿写有拉丁语 V. I. V. I. T，意思是“他(基督)永生”]，作为生日礼物送给路德。

11 月 21 日，致信去沃尔姆斯参加宗教会谈的梅兰希顿，提醒他不要让步。

11 月 27 日，致信安东·劳特巴赫，谈及刚召开的沃尔姆斯帝国议会，对会议没抱太大希望。同日，致信梅兰希顿，同意梅兰希顿在会议上提交的文章。背景是：11 月 25 日，梅兰希顿、布塞尔、卡皮托、加尔文等新教各派神学家与埃克、约翰内斯·科赫劳斯等天主教神学家与在沃尔姆斯召开会议。会议至 1541 年 1 月 14 日结束，以失败告终。

---

① 约阿西姆·莫林(1514—1571 年)：维滕堡人，1531 年入读维滕堡大学，1536 年获硕士学位，1540 年获神学博士学位，曾担任路德助理。1540 年，担任阿恩施塔特的主教，因批评当地贵族被解职。1544 年，任哥廷根牧师。1550 年前往科尼斯堡担任牧师。1571 年，在科尼斯堡去世。

12 月 6 日，致信柏林的雅各布·施塔德勒（Jakob Stradner），批判阿格里科拉的反律法主义思想。

12 月 7 日，致信梅兰希顿，请他和克鲁西格审校《新约》翻译。

1541 年 58 岁

4 月 5 日至 7 月 29 日，皇帝查理五世召开雷根斯堡帝国议会。

6 月，皇帝查理五世在雷根斯堡与新教诸侯谈判，新教诸侯同意为抵抗土耳其军队而征税。① 查理五世与黑森伯爵菲利普达成协议，菲利普答应阻挠于利希-克莱沃-贝格公爵威廉五世（萨克森选侯约翰·腓特烈的妹夫）参加施马卡尔登同盟，以换取皇帝不处罚他的重婚。② 施马卡尔登同盟的力量被削弱了。

8 月，萨克森公爵海因里希去世，其子莫里茨（Moritz）继任。莫里茨信奉新教。该年，他娶了黑森伯爵菲利普的女儿安娜。

8 月 21 日，土耳其军队攻占匈牙利的布达，占领匈牙利大部分地区。

该年，日内瓦陷入混乱，9 月，邀请加尔文从斯特拉斯堡返回日内瓦，恢复秩序。加尔文返回日内瓦的条件是市政府不能干涉教会。11 月，加尔文在日内瓦发表《教会条例》，确立了长老会的教会模式。

1 月 9 日，写信安慰生病的哥达牧师米科尼乌斯，并告知了他沃尔姆斯帝国议会的情况。

1 月 12 日，致信施帕拉丁，请他不必担心教会监理会（Konsistorium）会干涉巡视员的工作。

1 月 23 日，与约纳斯和布根哈根联名致信萨克森选侯约翰·腓特

① 詹姆斯·基特尔森：《改教家路德》，李瑞萍等译，北京：中国社会科学出版社，2009 年，第 211 页。

② 托马斯·马丁·林赛：《宗教改革史》（上卷），孔祥民等译，北京：商务印书馆，2016 年，第 380 页。

烈，讨论瑙鲁堡主教的选任问题。

2 月 9 日，致信萨克森选侯约翰·腓特烈，请他帮助一名因贫穷变疯的神父。

2 月 13 日，致信勃兰登堡选侯约阿西姆二世，表示将就《雷根斯堡书》(*Regensburger Buch*)发表意见。背景是：约阿希姆二世在该年 2 月将《雷根斯堡书》寄给路德。该书由天主教神学家约翰·格罗伯和新教神学家布塞尔撰写，在称义问题上倾向新教，在弥撒、圣餐和教会等级问题上倾向天主教，试图统一教义。

大概在 2 月 21 日，致信勃兰登堡选侯约阿西姆二世，认为天主教和新教都不可能接受《雷根斯堡书》。

3 月 9 日，致信曼斯费尔德伯爵约翰·乔治的私人牧师米歇尔·克柳斯(Michael Cölius)，让他规劝伯爵停止对臣民的压迫。

3 月 12 日，致信安哈尔特侯爵沃尔夫冈，祝愿他的雷根斯堡会议之行顺利。

3 月 20 日，致信萨克森选侯约翰·腓特烈，请他为维滕堡大学聘请一名音乐教师。3 月 22 日，选侯回信，由于财政问题没有同意。①

大概在 3 月 24 日，致信计划前往雷根斯堡开会的梅兰希顿，鼓励他们不要害怕罗马教会的红衣主教。

3 月 25 日，发表《反对汉斯·沃斯特》(Wider Hans Worst)，认为布伦瑞克-沃尔芬比特公爵海因里希才是真正的汉斯·沃斯特。背景是：汉斯·沃斯特是 16 世纪德国的小丑角色，形象是脖子上围着一个皮制的香肠。1540 年，反对宗教改革的海因里希公爵辱骂路德："马丁·路德称呼萨克森选侯是亲爱的虔诚的汉斯·沃斯特"②，这迫使路德撰文反击。该文还阐述了路德的教会观，认为新教教会是真正的教会，拥有正确的洗礼、圣餐礼、讲道和上帝的话，批判罗马教会背叛了原始教会，崇拜圣徒和圣骨，歪曲了洗礼和圣餐礼。

---

① WA Br. 9, 341.
② WA 51, 462.

4 月 4 日，致信萨克森选侯的法律顾问布吕克，表达了对黑森伯爵菲利普的不信任。

4 月 12 日，写信安慰梅兰希顿，因为他在前往雷根斯堡路上摔断右臂。

4 月 18 日，致信梅兰希顿，希望他们在雷根斯堡谈判顺利；提及自己耳朵流脓。

4 月 20 日，致信梅兰希顿，提及约纳斯复活节时在哈勒布道，引起当地宫廷发怒，但受到当地市民欢迎；以及自己耳朵流脓仍未好转，想到了生死问题。

4 月 21 日，致信梅兰希顿，提醒他在会议期间防范被投毒，提及自己正忙于校订《摩西五经》，同时“忍受听力减退之苦，时而思考生命，时而思考死亡”①。

4 月 25 日，致信萨克森选侯约翰 · 腓特烈，感谢他派医生来给自己看病。致信在哈勒传教的约纳斯，建议他采用新教的圣餐仪式。

4 月 27 日至 5 月 22 日，埃克、约翰内斯 · 科赫劳斯等天主教神学家和梅兰希顿、加尔文、布塞尔等新教神学家在雷根斯堡举行宗教谈判，讨论《雷根斯堡书》，最终没有达成协议。加尔文在《奥格斯堡信条》上签了字。

4 月，出版《历史年表》(*Supputatio annorum mundi*)，按时间列举教会史上的重要事件，供查询使用。

5 月 1 日，致信克鲁西格，批评《雷根斯堡书》，认为这是“撒旦的图谋”②。提及自己听力正在恢复。

5 月 10 日或 11 日，与布根哈根致信萨克森选侯约翰 · 腓特烈，评论选侯寄来的雷根斯堡会议上起草的称义信条，认为这是拼凑的文件。

5 月 22 日，致信约纳斯，谈及身体不好，“连续一小时的阅读和书

① Martin Luther. *The Letters of Martin Luther*, selected and translated by Margaret A. Currie. London: Macmillan and Co., 1908, p. 399.

② Martin Luther. *The Letters of Martin Luther*, selected and translated by Margaret A. Currie. London: Macmillan and Co., 1908, p. 399.

写都难以维持"①；计划次日起，根据书商的要求，再次修订《新约》译文。

5 月 25 日，致信安哈尔特侯爵乔治，反对在雷根斯堡会议上为罗马教会的变质论制定信条。

6 月 10 日，皇帝查理五世派代表拜访路德，请他同意雷根斯堡会议上谈判的称义信条，遭到拒绝。

6 月 12 日，致信正在雷根斯堡开会的梅兰希顿，建议他尽快回到维滕堡；认为会谈不会取得成果，并表示现在很讨厌皇帝查理五世。

6 月 17 日，致信梅兰希顿，批评皇帝查理五世是伪君子。

6 月 25 日，致信梅兰希顿，希望了解更多雷根斯堡的事情；谈及自己听力衰退、头部疼痛、黏膜炎和风湿等疾病。

6 月 29 日，与布根哈根联名致信萨克森选侯约翰·腓特烈，拒绝接受《雷根斯堡书》。委托仆人沃尔夫·西贝格(Wolf Seberger)作为代理购买了布鲁诺·布劳尔位于维滕堡埃斯特城门附近的一个房子，花费 430 古尔登。②

8 月 3 日，致信萨克森选侯约翰·腓特烈，讨论维滕堡大学的教职问题和给梅兰希顿的补助问题。

8 月 4 日，致信萨克森选侯约翰·腓特烈，报告《雷根斯堡书》的出版工作，准备为它撰写批判性的导言，并增加注释。信中认为："自从我们的福音开始传播以来，这是对我们发起伤害最大的一次，而上帝凭借其奇迹般的力量阻止了天主教徒在帝国议会上接受它。"③

8 月 14 日，致信乔治·维斯，认为人要认识到自身的罪，土耳其战争是上帝的惩罚。④ 背景是：维斯是一名宫廷侍从，想参加抵抗土耳

① Martin Luther. *The Letters of Martin Luther*, selected and translated by Margaret A. Currie. London: Macmillan and Co., 1908, p. 400.

② WA Br. 9, 577.

③ Martin Luther. *The Letters of Martin Luther*, selected and translated by Margaret A. Currie. London: Macmillan and Co., 1908, p. 403.

④ WA Br. 9, 492.

其的战争，向路德咨询建议。

9 月 6 日，致信萨克森选侯约翰·腓特烈的长子约翰·腓特烈亲王和次子约翰·威廉亲王，表扬他们的学习情况，提醒他们警惕魔鬼，坚持祈祷。

9 月 8 日，以 8 月 14 日致维斯的信为基础，撰写《通过祈祷反对土耳其人的劝诫》(*Vermahnung zum Gebet wider den Türken*)，认为土耳其的威胁来自德国人的不虔诚，新教牧师应让信徒承认罪，士兵们应“坚持祷告，听道和领受圣餐”。①

9 月 17 日，致信萨克森公爵莫里茨，请他归还一名修士的全部或部分的财产。背景是：该修士将自己的祖产交给了修道院，后来修道院被萨克森公爵全部没收，包括该修士的祖产。

9 月 18 日，致信波拉，希望她从楚尔斯多夫回家，让她不要担心土耳其人进攻的谣言。自 1540 年，购此房产后，波拉有时会前往此地居住一段时间。

10 月 4 日，致信瑞典国王古斯塔夫一世，谈及在土耳其的威胁下，皇帝查理五世已经去了意大利，国王费迪南一世躲起来了，造成德国“群龙无首”的局面。②

11 月 10 日，致信约纳斯，认为土耳其战争的危机在德国内部。

11 月 17 日，致信萨克森选侯约翰·腓特烈，请求选侯为妻舅汉斯·冯·波拉安排一份工作。选侯后来给他安排了一份管理修道院的工作。③

11 月 26 日，致信安哈尔特的约翰、乔治和约阿西姆三位侯爵，请他们在一个案件中公正判决，批判司法中有很多不公。④

12 月 26 日，萨克森选侯约翰·腓特烈为路德及其子女设立一笔

① 詹姆斯·基特尔森：《改教家路德》，李瑞萍等译，北京：中国社会科学出版社，2009 年，第 211 页。

② WA Br. 9，531.

③ WA Br. 9，554.

④ WA Br. 9，556.

1000 古尔登的基金，路德每年可从中获得 50 古尔登的利息作为津贴，死后可由子女继承。①

12 月 28 日，致信曼斯费尔德伯爵阿尔布莱希特，再次批评他没收民众的冶金场，警告他会受到上帝的惩罚。

该年，出版《圣经》翻译的修订本，并创作 2 首赞美诗：

1.《基督我们的主来到约旦河》(Christ unser Herr zum Jordan kam)。

2.《西律敌人，你怕什么》(Was furchstu，Feind Herodes)，来源是 5 世纪塞杜尼乌斯所写的拉丁语赞美诗。② 后于主显节(Epiphania)礼拜时使用。

1542 年 59 岁

1542—1544 年，皇帝查理五世与法国国王弗朗索瓦一世之间爆发第四次战争。

1542—1546 年，在布塞尔的帮助下，科隆大主教赫尔曼·冯·维特(Hermann von Wied)试图推行宗教改革，没有成功。

6 月 11 日，教皇保罗三世发布谕令，决定于当年 11 月在意大利北部小城特兰特(Trent)召开公会议，解决宗教争端，“保持基督教的完整统一”。③ 但由于皇帝查理五世和法国国王弗朗索瓦一世都反对召开，会议在该年没有召开，几经推迟，直至 1545 年 12 月才召开。

7 月 21 日，教皇保罗三世建立罗马宗教裁判所(Inquisition)。

1 月初，出版《对无法正常生育妇女的慰藉》(*Ein Trost den Weibern, welchen es ungerade gegangen ist mit Kinder gebären*)，反对将生出死婴视

① WA Br. 9，563.

② Patrice Veit. *Das Kirchenlied in der Reformation Martin Luthers*. Stuttgart：Franz Steiner Verlag Wiesbaden GmbH，1986，S. 52.

③ J. 沃特沃斯英译，陈文海中文译注：《特兰特圣公会议教规教令集》，北京：商务印书馆，2012 年，第 2 页。

为上帝的惩罚。

1月1日，致信萨克森选侯约翰·腓特烈，支持茨维考市长在当地建立一所学校。

1月6日，第二次立遗嘱，将房产和其他财产安排给妻子波拉继承，并请她养育子女。这主要是为了照顾波拉。因为按照当时的法律，寡妇不能继承夫家的房产；房产由子女继承，如果没有子女，则由丈夫近亲继承。① 路德在遗嘱中请萨克森选侯约翰·腓特烈保护和管理这些财产，请好朋友们帮助他的妻子免受伤害。梅兰希顿、克鲁西格和布根哈根是遗嘱的见证人。致信阿姆斯多夫，建议他与瑙鲁堡主事(Superintendent)和解。

1月14日，致信克里亚库斯·格里克(Cyriakus Gericke)，讨论葬礼问题。

1月20日上午9点之后，在瑙姆堡教堂完成对阿姆斯多夫的按立，并布道。阿姆斯多夫成为路德宗第一位主教。背景是：1541年，瑙姆堡主教去世后，教士会议选举出支持天主教的尤里乌斯·冯·普夫卢克(Julius von Pflug)作为主教，萨克森选侯侯约翰·腓特烈表示反对，决定由路德按立阿姆斯多夫为主教。

1月21日7点—8点，出席阿姆斯多夫担任瑙鲁堡主教的宣誓仪式。

2月3日，主持维滕堡大学举行的约翰内斯·马夏博伊斯·斯科图斯(Johannes Machabäus Scotus)的博士答辩，为其提供论纲，即《约翰内斯·马夏博伊斯·斯科图斯的博士答辩论纲》(Die Promotionsdispution von Johannes Machabäus Scotus)，主题是"教会"。

2月16日，致信正在哈勒传教的约纳斯，提及卡尔施塔特之死，表示"想知道他去世时，心里是否已忏悔"。② 卡尔施塔特于1541年12月24日死于巴塞尔的一场瘟疫。

① LW 34，291.

② LW 50，227.

2 月 18 日，讲解关于《创世记》第 26 章的经文。发表《对维滕堡的大学、议会和市民的告诫》（Vermahnung an Universität, Rat und Bürgerschaft zu Wittenberg），市议会应惩罚恶习，大学生“行为要安静、庄重和正直”①。背景是：维滕堡出现不遵守秩序的事情，而政府无所作为。

3 月 10 日，致信安东·劳特巴赫，鼓励他坚定信仰，主张“我们绝不应停止向支持我们的王子呼吁、致信、求告”②。还因劳特巴赫的母亲回归到天主教信仰而安慰他，并谈及福音传播到法国并受到迫害。

3 月 14 日，致信曼斯费尔德伯爵菲利普和汉斯·乔治，请他们阻止阿尔布莱希特伯爵压迫臣民。

3 月 26 日，致信萨克森选侯约翰·腓特烈，表示积极支持抵抗土耳其的战争，提交了自己的财产清单③，用于计算土耳其战争税。信中还担心死后修道院存在争议。选侯后来替路德缴纳了土耳其战争税。④致信约纳斯夫人，请她督促丈夫给自己写信，并提及货币贬值和土耳其战争税的事情。

3 月底，出版《一个授立真正基督教主教的范例》（*Exempel, einen rechten christlichen Bischof zu weihen*），为该年 1 月的瑙鲁堡主教按立事件进行辩护，他将萨克森选侯约翰·腓特烈称为“紧急主教”（Not Bischove）。⑤ 背景是：1 月，选侯确立阿姆斯多夫为瑙鲁堡的主教后，遭到了一些天主教徒的反对。该文还认为：“传道是教会中最高的职责。”⑥

4 月 7 日，致信阿姆斯多夫，批评萨克森公爵领地迈森民众的骄傲、享乐、高利贷、不虔诚等行为。致信萨克森选侯约翰·腓特烈与萨

① WA 53，212.

② 马丁·路德：《路德劝慰书信》，西奥多·泰伯特选编、英译，孙为鲲译，上海：上海三联书店，2017 年，第 179 页。

③ 路德提及的财产清单主要包括四处房产和一些牲畜。参见 WA Br. 10，21.

④ WA Br. 10，18.

⑤ WA 53，255.

⑥ WA 53，253.

克森公爵莫里茨，调解“乌尔岑冲突”（Wurzener Fehde）。背景是 1485 年，萨克森分家后，乌尔岑由萨克森选侯和萨克森公爵共同管理。该年 3 月，萨克森选侯约翰·腓特烈派兵占领该地，并征税，引发与萨克森公爵莫里茨的冲突。

4 月 8 日，致信萨克森选侯法律顾问布吕克，获知黑森伯爵菲利普正在调解乌尔岑冲突。

4 月 9 日，致信黑森伯爵菲利普，请他劝说萨克森公爵莫里茨；并附了一封致萨克森选侯约翰·腓特烈的信，信中请他尽可能温和处理乌尔岑冲突。

4 月 10 日，致信黑森伯爵菲利普，表示很高兴得知萨克森选侯约翰·腓特烈与萨克森公爵莫里茨的关系得到调解。

4 月 12 日，致信萨克森选侯法律顾问布吕克，感谢他告知乌尔岑冲突将有希望结束，对萨克森选侯有利。

4 月 28 日，致信安哈尔特侯爵沃尔夫冈，请他在修道院改革问题上与安哈尔特的其他侯爵达成一致。

4 月，撰写《反对重婚的著作》（*Schrift wider die Bigamie*），未完稿。

5 月 5 日，致信黑森伯爵菲利普，请他推动萨克森公爵莫里茨与曼斯费尔德伯爵阿尔布莱希特等人建立良好关系。

5 月 15 日，写信安慰患病的约纳斯。约纳斯与路德一样患有肾结石，信中建议他注意饮食，同时推荐他喝啤酒，因为“我们这里的啤酒有利尿的作用”①。信中批评罗尼堡有神父用热水给小孩行洗礼，认为“这样的洗礼加入了火这种元素，所以被加热的水不再是洁净的水了”②。在信中还谈及对土耳其的战争不抱什么希望。

5 月 17 日，致信勃兰登堡选侯约阿西姆二世，祝贺他担任抵抗土耳其的司令，请他让军队保持军纪，注重祈祷，并许诺为他祈祷。

---

① 马丁·路德：《路德劝慰书信》，西奥多·泰伯特选编、英译，孙为鲲译，上海：上海三联书店，2017 年，第 31 页。

② 马丁·路德：《路德劝慰书信》，西奥多·泰伯特选编、英译，孙为鲲译，上海：上海三联书店，2017 年，第 32 页。

5 月 23 日，致信赫特施泰特的冶金厂主汉斯·克格尔，因他的冶金场被没收的事情①，以《圣经》中约伯的故事和《诗篇》等经文安慰他。

5 月 29 日，与梅兰希顿致信巴塞尔议会，请他们照顾卡尔施塔特的遗孀和孩子。

6 月 9 日，致信普鲁士公爵阿尔布莱希特，提醒他不要卷入教派之争；谈及对土耳其的战争，认为阿尔布莱希特没有对土耳其作战的义务，因为他“没有被帝国要求”。② 致信安哈尔特侯爵约翰，请他保护一名新教牧师伊拉斯谟·阿尔伯(Erasmus Alber)。

6 月 16 日，致信德累斯顿牧师丹尼尔·格莱泽(Daniel Gresel)，安慰并鼓励他，因为他担心自己不能胜任牧师之职。

7 月 7 日，主持维滕堡大学神学院举行的海因里希·施麦登施泰德(Heinrich Schmedenstedt)的博士答辩，为其提供论纲，即《海因里希·施麦登施泰德的博士答辩论纲》(Disputation von Heinrich Schmedenstedt)，主题是“永恒的耶稣基督”。

7 月 25 日，致信文策尔·林克，解释因为印刷商的问题，迟迟没有拿到《圣经》。

8 月 18 日，与布根哈根等人致信约纳斯，建议开放哈勒的圣莫里茨教堂用于新教礼拜。约纳斯当时在哈勒传教。

8 月 19 日，致信萨克森选侯约翰·腓特烈，称赞选侯在对布伦瑞克-沃尔芬比特公爵战争中的胜利，尤其他能仁慈地对布伦瑞克民众。背景是：该月，萨克森选侯约翰·腓特烈和黑森伯爵菲利普打败布伦瑞克-沃尔芬比特公爵海因里希，使该领地成为新教地区。

8 月 26 日，致信托尔高的教师马库斯·克罗德(Marcus Crodel)，希望长子约翰内斯能在学校学习文法和音乐。

---

① 很可能是曼斯费尔德伯爵所为。约翰·克格尔的儿子安德烈·克格尔因此致信路德，请求路德帮助自己的父亲。参见 WA Br. 10，69.

② WA Br. 10，73.

8月29日，致信施帕拉丁，评价对布伦瑞克-沃尔芬比特公爵战争的胜利是一场奇迹。①

9月3日，致信萨克森选侯法律顾问布吕克，建议萨克森选侯不要与美因茨大主教阿尔布莱希特和解。

9月4日，致信萨克森选侯约翰·腓特烈，转达哈勒的新教徒希望得到选侯保护的请求。背景是：哈勒属于美因茨大主教阿尔布莱希特管辖。

大概在9月16日，派马车去托尔高接长子约翰内斯回家看他病重的妹妹玛格达勒娜，并致信老师马库斯·克罗德，解释此事，并嘱咐不要告诉约翰内斯回家的原因。

9月20日，次女玛格达勒娜去世。

9月23日，致信约纳斯，批判美因茨大主教阿尔布莱希特，将之称为"美因茨的撒旦"，要求在哈勒自由传播福音。②

10月6日，致信萨克森选侯约翰·腓特烈，劝他不要与美因茨大主教阿尔布莱希特和解。

10月27日，致信巴塞尔议会，请议会批准出版《古兰经》。巴塞尔议会在1543年1月批准出版，路德为该书写了序。

11月6日，致信约纳斯，承认自己是《莱茵新报》(*Neue Zeitung von Rhein*)的作者。《莱茵新报》是讽刺美因茨大主教阿尔布莱希特收藏和展示圣骨的作品。

11月20日，致信阿尔滕堡议会，请他们宽容施帕拉丁，自己将调解双方的矛盾。背景是：施帕拉丁1525年起担任当地牧师，1542年因情绪不好，引发了与当地的矛盾。

11月21日，致信萨克森选侯约翰·腓特烈和黑森伯爵菲利普，提醒他们新教诸侯结盟可能带来不好的结果。

---

① WA Br. 10，138.

② Martin Luther. *The Letters of Martin Luther*, selected and translated by Margaret A. Currie. London：Macmillan and Co.，1908，p. 416.

11 月 23 日，致信阿姆斯多夫，谈及罗马教会筹办的特兰特公会议，认为这最终将成为一个笑话。

12 月 21 日，致信约纳斯，谈及正在撰写《论犹太人及其谎言》(*Von den Juden und ihren Lügen*)。该文主张驱逐不肯皈依基督教的犹太人，焚烧他们的会堂和书籍，于 1543 年 1 月 4 日出版。

12 月 29 日，致信约纳斯，赞扬新教在哈勒的成功传播。

该年，还出版《反对撒旦与犹太会堂》(*Contra Satanam et Synagogam ipsius*)等著作。

该年至 1543 年，卡斯帕・海登莱希(Kaspar Heydenreich)①记录了桌边谈话。

1543 年 60 岁

1 月 31 日至 4 月 23 日，国王费迪南一世在纽伦堡召开帝国议会。

该年，皇帝查理五世发动于利希(Jülich)战争，进攻信仰新教的于利希-克莱沃-贝格公爵威廉五世，夺取了他的格尔登(Geldern)领地。当代学者认为：这"意味着那个时代的决定性转折：皇帝由守势转为进攻，它开启了一种发展趋势，直接导致了新教在施马卡尔登战争中的失败。"②

该年，波兰天文学家哥白尼的《天体运行论》在纽伦堡出版。

1 月 4 日，致信施帕拉丁，请他以温和的方式耐心地对待阿尔滕堡教会的分歧和不满。

1 月 6 日，致信萨克森选侯法律顾问布吕克，讨论圣礼中的一些程

① 卡斯帕・海登赖希(1516—1586 年)，1516 年生于弗莱堡。1528 年至 1529 年在维滕堡大学学习。后曾担任约阿希姆斯塔尔学校的校长。1541 年，回到维滕堡，取得硕士学位。1586 年去世。

② Martin Luther. *Luther Deutsch*(Band 10), *Die Briefe*, herausgegeben von Kurt Aland. Göttingen: Vandenhoeck & Ruprecht, 1983, S. 390.

序问题，表示要与梅兰希顿商量后再作决定。

1月20日，致信文策尔·林克，将《〈创世记〉讲解》等寄给他，解释因非常忙累，身体不好，故未能及时回信。

1月27日，致信克罗伊茨堡司法官员乔治·冯·哈施塔尔与市议会，反对他们驱逐当地的牧师乔治·斯本莱等人，认为他们没有这样的权柄，建议双方和好。背景是：乔治·斯本莱在当地任牧师，非常严厉，被当地解聘。路德曾建议将他调往别的教区。而来此地巡视的哥达牧师米科尼乌斯等人却支持斯本莱。路德了解到这个情况后，写了这封信。

2月初，与布根哈根撰写《致维滕堡教会牧师的劝告书》(*Vermahnung an die Pfarrherrn in der Superattendenz der Kirchen zu Wittenberg*)，主张通过祷告反对土耳其人。

2月9日，致信弗莱堡牧师卡斯帕·佐伊勒(Kaspar Zeuner)，认为在宗教仪式上可以不一致。

2月16日，参加约翰内斯·马尔巴赫(Johannes Marbach)的博士答辩，为其提供论纲，即《约翰内斯·马尔巴赫的博士论纲》(Die Promotionsdisputation von Johann Marbach)，主题为“教会”。

3月7日，致信但泽牧师潘卡拉茨(Pancratz)，对但泽宗教改革的进展表示高兴，批评波兰国王反对宗教改革的举措。

3月17日，致信萨克森选侯约翰·腓特烈，请他照顾妻弟汉斯·冯·波拉，让汉斯在转让一个修道院过程中不要受到损失。

3月19日，致信安哈尔特侯爵乔治，请他免除一名牧师的债务。

3月28日，撰写《论哈姆法拉斯的幽魂和基督的家族》(*Vom Schem Hamphoras und vom Geschlecht Christi*)，这是《论犹太人及其谎言》的续篇，谴责犹太人处死耶稣，否认《福音书》中耶稣家谱有矛盾之处。

4月4日，致信哥达牧师米科尼乌斯，为一名被解职的牧师康拉德求情，请米科尼乌斯再听一下他的说明，康拉德家庭负担非常重。在信中提及该年“好几次我都是在死亡的边缘徘徊，那时我感觉自己被尘世的重负压得喘不过气来”。①

4 月 5 日，致信安哈尔特侯爵乔治，反对禁止赞美诗和宗教戏剧。致信安哈尔特侯爵约阿希姆的顾问乔治·赫尔特(George Held)，认为传播上帝的道的方式“不仅有《圣经》的文字，还有雕刻图像、著作、赞美诗、乐器”②，戏剧比布道对民众的影响要大，只要是为了传播福音，就不能反对这些戏剧。背景是：安哈尔特出现了一些基于《圣经》的宗教戏剧，遭到很多人的反对，约阿希姆侯爵咨询路德的意见。

4 月 24 日，主持维滕堡大学神学院举行的希罗尼姆斯·诺普(Hieronymus Nopp)和腓特烈·巴赫奥芬(Friedrich Bachofen)的博士答辩，并提供论纲，即《腓特烈·巴赫奥芬和希罗尼姆斯·诺普的博士答辩论纲》(Die Promotionsdisputation von Hieronymus Nopp und Friedrich Bachofen)，主题是“论称义的信仰”(De fide iustificante)。

5 月 4 日，致信约纳斯，赞同他的再婚。背景是：约纳斯的妻子在 1542 年去世。

5 月 13 日，在维滕堡大学张贴公告，警告大学生应远离妓女，小心梅毒，克制欲望。

6 月 1 日，撰写《大卫的遗言》(*Von den letzten Worten Davids*)，阐释了《撒母耳记下》23:1—7 经文记载的大卫遗言，论述了基督的神性和人性。

6 月 13 日，致信意大利威尼斯、维琴察和特雷维索的新教徒，赞扬他们的信仰。

6 月 14 日，致信阿姆斯多夫，解释因身体虚弱，没有办法按约定去拜访他；鼓励阿姆斯多夫在担任主教遇到困难时，要忍耐、坚强并乐观面对。

6 月 20 日，致信文策尔·林克，谈及饱受工作与结石等疾病之苦，

① Martin Luther. *The Letters of Martin Luther*, selected and translated by Margaret A. Currie. London: Macmillan and Co., 1908, p. 425.

② Martin Luther. *The Letters of Martin Luther*, selected and translated by Margaret A. Currie. London: Macmillan and Co., 1908, p. 425.

请他为自己祷告，让上帝平静地带走自己的灵魂，欣慰于新教教会正蓬勃发展；祈祷反抗土耳其人；期待敌基督的覆灭。

7 月 4 日，致信艾斯莱本牧师西蒙·沃尔夫尼乌斯（Simon Wolferinus）①，批评他未处理好与当地教士劳勃的关系，只会谩骂；告诫他要与劳勃和解，克制复仇和骄傲的情绪。

8 月 18 日，致信阿姆斯多夫，谈及萨克森选侯在于利希战争中对于利希-克莱沃-贝格公爵的支援不够，以及科隆大主教赫尔曼·冯·维特皈依新教的情况。

8 月 19 日，致信波希米亚约阿希姆斯塔尔（Joachimsthal）地区的牧师约翰内斯·马太（Johannes Matthesius）②，让他鼓起勇气，不要担心。背景是：兼任波希米亚国王的费迪南一世在该年 6 月 19 日颁布法令，要求驱逐所有结婚的神职人员。

8 月 24 日，主持维滕堡大学神学院举行的伊拉斯谟·阿尔伯（Erasmus Alber）的博士答辩，为其提供论纲，即《伊拉斯谟·阿尔伯的博士答辩论纲》（Die Promotionsdisputation von Erasmus Alber），主题为“论神圣本质的统一”。

8 月 31 日，致信苏黎世出版商克里斯托弗·弗洛施霍尔（Christoph Froschäuer），批评出版商所送的《圣经》为错误的版本，要求他不要再送。

9 月 30 日，致信安东·劳特巴赫，鼓励他对上帝的道坚定信仰，教导众人；并提及抵抗土耳其人的局势，令人恐慌。

10 月 8 日，与布根哈根、梅兰希顿等人致信普鲁士公爵阿尔布莱希特，反对他派人前往意大利学习医学，建议在莱比锡大学或维滕堡大

① 西蒙·沃尔夫尼乌斯：生卒年不详，1529 年到维滕堡大学学习，是路德和梅兰希顿的学生，1534 年获硕士学位，1540 年前往艾斯莱本担任牧师，与当地教士劳勃（Rauber）关系紧张，1546 年离开艾斯莱本。

② 约翰内斯·马太（1504—1565 年）：萨克森的霍赫里茨（Rochlitz）人，1530 年就读于维滕堡大学，与路德、梅兰希顿等宗教改革家交往密切，曾在路德处住宿，参与桌边谈话。1540 年获维滕堡大学硕士学位。1542 年，到波希米亚的约阿希姆斯塔尔担任布道人和神父，直至去世。著有《马丁·路德传》（*Luther-Historien*），1566 年出版。

学学习。

10 月 22 日，致信德累斯顿主教丹尼尔·格雷泽尔（Daniel Greiser），批评萨克森公爵莫里茨关于政府有权将犯人开除教会的规定，希望“教会的功用和政府的功用能够彼此有清楚的区分”①。

11 月 7 日，致信维特·迪特里希，催促他出版《圣经》讲解的书籍。致信阿姆斯多夫，解释因为身体不好取消了拜访他的计划，表示遗憾。信中提及头痛、脚痛，怀疑原因“是年龄过大、工作过度、身边的纠葛太多，特别是由于魔鬼的攻击，医学对这些事是没有用处的”。②

12 月 3 日，致信萨克森选侯约翰·腓特烈，向他推荐路加·埃登贝格（Lucas Edenberger）担任维滕堡大学希伯来文的教授。背景是：奥罗加卢斯去世后，维滕堡大学的希伯来文教席出现了空缺。

12 月 10 日，致信布雷斯劳牧师约翰·赫斯，认为近亲结婚应遵循各地的法律。

12 月 14 日，致信波希米亚的牧师约翰内斯·马太，谴责国王费迪南一世驱逐结婚牧师的行为。③

12 月 16 日，收到约纳斯寄来的 1520 年教皇谴责路德的谕令原件；给约纳斯回信，讨论了德法战争、土耳其战争，谴责战争给穷人带来的灾难。

该年，创作 3 首赞美诗：

1.《主的道牧养我们》（Erhalt uns Herr bey deinem Wort）。

2.《一群天使从天而降》（Vom Himel kam der Engel Schar）。后于圣诞节礼拜时使用。

3.《你是三位一体》（Der du bis drei in einigkeit），来源是 5 世纪的

---

① 马丁·路德：《路德劝慰书信》，西奥多·泰伯特选编、英译，孙为鲲译，上海：上海三联书店，2017 年，第 399 页。

② Martin Luther. *The Letters of Martin Luther*, selected and translated by Margaret A. Currie. London: Macmillan and Co., 1908, pp. 429-430.

③ Martin Luther. *The Letters of Martin Luther*, selected and translated by Margaret A. Currie. London: Macmillan and Co., 1908, p. 432.

拉丁语赞美诗。①

该年，维特·迪特里希出版路德的《家庭布道集》(*Hauspostille*)。

1544 年 61 岁

2 月至 6 月，皇帝查理五世召开施佩耶尔帝国议会，对新教徒做了一些妥协，以换取新教诸侯支持皇帝对抗法国和土耳其人。

3 月 16 日，普法尔茨伯爵路德维希二世去世，他的弟弟、信仰新教的腓特烈二世继位。

7 月，普鲁士公爵阿尔布莱希特创立科尼斯堡大学。

8 月，教皇保罗三世发布警告信，批评皇帝查理五世对新教徒的让步，认为这干涉了教会的权力。

9 月 17 日，皇帝查理五世与法国国王弗朗索瓦一世签订《克莱比和约》(Peace of Crépy)。条约签订后，弗朗索瓦一世不再反对召开公会议。

11 月 19 日，教皇保罗三世颁布谕令，宣布 1545 年 3 月在特兰特召开公会议。后推迟到 12 月召开。皇帝查理五世"指望这次会议成为他既能制服新教徒又能制服教皇的工具。他有意使这次会议能革新教会，清除教会已经沾染的种种弊端"②。

12 月 15 日，皇帝查理五世召开沃尔姆斯帝国议会，持续到次年 8 月。

1 月 10 日，致信法兰克尼亚地区的一名司法官员阿伯哈特·冯·德尔·坦恩(Eberhard von der Thann)，为萨克森选侯约翰·腓特烈变卖修道院的行为进行辩护。因为选侯之前将修道院交给他人管理，却遭受

---

① Patrice Veit. *Das Kirchenlied in der Reformation Martin Luthers*. Stuttgart: Franz Steiner Verlag Wiesbaden GmbH, 1986, S. 52.

② 托马斯·马丁·林赛：《宗教改革史》(上卷)，孔祥民等译，北京：商务印书馆，2016 年，第 380 页。

损失；且现在已不需要修道院。

1 月 15 日，著作《信仰基督的主要条款》(*Die Hauptartikel des Christlichen Glaubens*)出版。

1 月 22 日，致信萨克森选侯约翰·腓特烈，表示反对秘密婚姻，认为这损害了父母的权威。

2 月 1 日，在维滕堡市政厅登记第三份遗嘱。这份遗嘱在 1542 年 1 月 6 日遗嘱的基础上对地产等信息进行了进一步的补充，并说明这些地产“都在尊敬的市议会的管辖之下，经过慎重考虑后，授予凯特琳女士，供她使用，增进她的福利和快乐，孩子们不能存有异议和反对”①。

2 月 10 日，致信勃兰登堡选侯约阿希姆一世遗孀伊丽莎白，感谢她同意宫廷牧师约翰内斯·法贝尔(Johannes Faber)前往布来廷担任牧师。

2 月 12 日，致信施帕拉丁，回复他关于粮食定价的问题。信中认为，关于市面上粮食的合理定价问题，只能诉诸人的良心。人应扪心自问：“自己向他人所做的一切，是否也愿意以同样的方式做在自己身上。”②

2 月 23 日，致信哥达牧师米科尼乌斯，对他调解阿恩施塔特主教约阿西姆·莫林与当地民众之间的矛盾非常满意。

3 月 30 日，致信萨克森选侯约翰·腓特烈的妻子西碧娜(Sibylla)，安慰她，希望她通过上帝的道和祈祷文摆脱家人不在身边导致的孤独。背景是：她的丈夫正在参加施佩耶尔帝国议会。信中认为选侯参会，有益于基督的国度和德意志民族。在信中还提及自己“已经活得足够长了”③。

4 月 12 日，致信丹麦国王克里斯蒂安三世，请他转告瑞典国王，其臣属普廷格尔对妻子凯瑟琳始乱终弃，与别人重婚，并谎称通过路德

---

① WA Br. 9，575.

② 马丁·路德：《路德劝慰书信》，西奥多·泰伯特选编、英译，孙为鲲译，上海：上海三联书店，2017 年，第 142-143 页。路德这句话来自《新约·马太福音》7:12 的经文：“无论何事，你们愿意人怎样待你们，你们也要怎样待人。”

③ Martin Luther. *The Letters of Martin Luther*，selected and translated by Margaret A. Currie. London：Macmillan and Co.，1908，p. 439.

和梅兰希顿完成了离婚的恶劣事迹，请求公正处理。背景是：凯瑟琳将普廷格尔的劣迹告知了路德，并请他代为申诉。该日，克鲁西格整理出版新版《夏季布道集》。

大概在 4 月 17 日，致信不来梅牧师雅各布 · 普罗布斯特，情绪很悲观，信中写道："我已经活够……我不关心皇帝和整个帝国，除了劝他们向上帝祈祷。对我而言，仿佛世界末日即将来临……"①信中还批评了诸侯间的仇恨和分裂、贪婪和欲望；还提及小女儿玛格丽特已经生病很久，病情很严重。玛格丽特后来康复了。

4 月 21 日，写信安慰匈牙利埃普里斯(Eperies)的神职人员。当时匈牙利正遭受土耳其的侵略。

5 月 11 日，致信西本比尔根(Siebenbürgen)的牧师约翰内斯 · 霍恩特卢斯(Johannes Honterus)，支持当地的宗教改革。

5 月 23 日，致信阿姆斯多夫，告知将前往蔡茨，并与他见面的旅行计划，请他保密。主持维滕堡大学神学院举行的奥多尔 · 法布里希乌斯(Theodor Fabricius)和斯坦尼斯劳斯 · 拉帕格兰卢斯(Stannislaus Rapagelanus)的博士答辩，并提供论纲，即《特奥多尔 · 法布里希乌斯和斯坦尼斯劳斯 · 拉帕格兰卢斯的博士论纲》(Die Promotionsdisputation von Theodor Fabricius und Stannislaus Rapagelanus)，主题为"上帝的召唤"和"忏悔"。

6 月 4 日，致信阿姆斯多夫，告知他在蔡茨的见面计划；提及萨克森选侯的法律顾问布吕克认为最近局势不稳定，农民有对抗诸侯的倾向。

6 月 20 日，致信安东 · 劳特巴赫，批评一些人将圣餐礼拖延到生命最后一刻的现象，认为这是徒劳的。

7 月 7 日，致信基尔议会，认为修道院应用于教会事务和对穷人的帮助上，但具体的归属，应该交由法官来判断。背景是：基尔议会

---

① Martin Luther. *Luther Deutsch*(Band 10), *Die Briefe*, herausgegeben von Kurt Aland. Göttingen: Vandenhoeck & Ruprecht, 1983, S. 326.

针对宗教改革后修道院的归属等问题产生争论，于是致信路德，征求意见。

7 月 8 日，致信希罗尼姆斯·鲍姆加滕的夫人，因她的丈夫被囚禁而安慰她。背景是：鲍姆加滕在参加完 1544 年的施佩耶尔帝国议会后，返程途中被强盗劫掠并囚禁起来，在缴纳一笔赎金后才获释。

8 月 21 日，写信安慰陷入忧郁的施帕拉丁，鼓励他从基督中获得安慰。

8 月 27 日，致信安哈尔特约翰亲王，提及自己非常疲倦，站立都有困难，“感觉死神正在迅速逼近”①。

9 月 19 日，与布根哈根、克鲁西格和梅兰希顿等人致信萨克森选侯约翰·腓特烈，请他帮助陷入哈伯斯特格的贫困医生彼得·索尔(Peter Schör)。致信艾斯莱本教会的西门·沃尔芬尼乌思(Simon Wolferinus)，批评曼斯费尔德伯爵阿尔布莱希特，为当地的传道人约翰·利比乌斯(Johann Libius)辩护，肯定了牧师批评掌权者的正当性。背景是：利比乌斯批评曼斯费尔德伯爵阿尔布莱希特侵占民众财产的行为而被伯爵革除职务。

9 月 30 日，出版《关于圣餐礼的简要认识》(*Kurzes Bekenntnis vom heiligen Sakrament*)，就圣餐礼时基督的临在问题，再次批判施文科菲尔德等圣餐象征论者。

10 月 2 日，致信哥廷根牧师约阿西姆·莫林，建议他“按着正意分解真理的道”②，按照这个原则处理讲道中福音与律法的平衡问题；同时劝他降低期望，讲道不可能对所有人都有效果；让他建议不相信布道的人去阅读《圣经》。

10 月 4 日，与梅兰希顿联名致信安姆堡的市长和议会，请他们帮助几名当地的牧师适应工作环境。

① Martin Luther. *The Letters of Martin Luther*, selected and translated by Margaret A. Currie. London: Macmillan and Co., 1908, p. 443.

② 《新约·提摩太后书》2:15。

11 月 8 日，约纳斯拜访路德。致信萨克森选侯约翰·腓特烈，希望约纳斯留在哈勒传教，同时保留在大学的职位。

11 月 12 日，致信意大利威尼斯等地的巴尔塔萨·阿尔提利(Baltahsar Altieri)及当地信徒，让他们警惕圣礼主义者(Sakramentarier)。

11 月 13 日，致信尤特博格的教士克里斯托夫·费希尔(Christoph Fischer)①，批评一些地方的女性进入教堂时有太多装饰的现象，认为这是轻浮的表现，对圣餐礼的不尊重；还批评了一些地方推迟洗礼的现象。

11 月 27 日，召开《圣经》翻译修订会议，审阅保罗书信的译文。

12 月 2 日，致信安东·劳特巴赫，谈及任务繁重，已经精疲力竭，婉拒了劳特巴赫请他写一本关于教会纪律的书的请求。

12 月 5 日，致信不来梅牧师雅克布·普罗布斯特，谈到了糟糕的生活状态，说："我是一个没有更多用处的老人。我快走完人生的旅程了，什么也没留下……"②，并提及儿女等患有麻疹，情绪十分悲观。

12 月 12 日，主持维滕堡大学神学院举行的乔治·马约(Georg Major)③和约翰内斯·法伯尔(Johannes Faber)的博士答辩，并提供论纲，即《乔治·马约和约翰内斯·法伯尔的博士答辩论纲》(Die promotionsdisputation von Georg Major und Johannes Faber)，主题为"三位一体"。

---

① 克里斯托夫·费希尔(1518—1598 年)：路德派神学家，波希米亚的约阿希姆斯塔尔人，1537 年就读于维滕堡大学，1540 年获学士学位，1543 年获硕士学位，担任路德助手，1544 年前往尤特博格教堂任职。1547 年施马卡尔登战争后，在本森、施马卡尔登、亨讷堡等地担任牧师；1583 年在策勒(Celle)担任牧师，1598 年于当地去世。

② Martin Luther. *The Letters of Martin Luther*, selected and translated by Margaret A. Currie. London: Macmillan and Co., 1908, p. 446.

③ 乔治·马约(1502—1574 年)：纽伦堡人，路德派神学家。1521 年就学于维滕堡大学，1522 年获学士学位，1523 年获硕士学位，是路德与梅兰希顿的学生。1529 年担任马格德堡中学的校长，1537 年，担任维滕堡城堡教堂的布道人，1541 年起在维滕堡大学神学院任教。

12 月 27 日，致信尼克劳斯·梅德勒，介绍他去担任瑙鲁堡的牧师。

该年，希罗尼姆斯·贝索德(Hieronymus Besold)①记录了桌边谈话。

1545 年 62 岁

8 月 4 日，皇帝查理五世召开的沃尔姆斯帝国议会结束。

9 月 24 日，美因茨大主教阿尔布莱希特去世。

10 月，1542 年被新教诸侯打败的布伦瑞克-沃尔芬比特公爵海因里希试图夺回布伦瑞克，被萨克森选侯约翰·腓特烈、萨克森公爵莫里茨等联合打败。

12 月 13 日，罗马教会的特兰特公会议开幕，试图解决宗教争端，清除路德新教的异端问题。路德等新教徒拒绝参加。特兰特公会议经历多次休会，一直开至 1563 年。

1 月 4 日，致信科达图斯，提醒他在面对反对者时要有耐心。

1 月 9 日，致信阿姆斯多夫，提醒他在瑙鲁堡进行巡查。

1 月 14 日，与布根哈根、克鲁西格、乔治·马约、梅兰西顿联名，将梅兰希顿起草的《维滕堡宗教改革》(Wittenbergische Reformation)提交给萨克森选侯约翰·腓特烈，文本比较温和。背景是：皇帝查理五世要求新教诸侯说明其领地宗教改革的情况，萨克森选侯约翰·腓特烈于是委托梅兰希顿撰写了此文。

1 月 16 日，好友施帕拉丁去世。

1 月 17 日，致信文策尔·林克，谈及工作量过大而非常痛苦，“我

① 希罗尼姆斯·贝索德(约 1500—1562 年)：纽伦堡人，1537 年前往维滕堡大学学习，1544 年获硕士学位。1546 年回到纽伦堡。1548 年与宗教改革家奥西安德的女儿卡特琳结婚。后担任牧师，广泛参与纽伦堡等地的宗教改革。

渴望人生的最后一天能够到来，这样我就能下班休息了。我很焦虑，不知道还能怎样结束我的写作和生活”①。将关于《创世记》第 45 章的讲解寄给他。

1 月 18 日，致信萨克森选侯约翰·腓特烈，批评秘密订婚。

1 月 21 日，约翰·加尔文给路德寄了他的两本短篇著作，请求他给出评价。梅兰希顿先收到了这些作品，但不敢将其递交给路德，因为他害怕引起路德的不满。路德认为加尔文很博学，但在圣餐理论方面不可相信。②

1 月 26 日，致信约纳斯，提及教皇批评皇帝查理五世推动与新教会谈的活动，以及皇帝计划在帝国议会上改革教会，但怀疑这是为新教徒设置的陷阱。

2 月 14 日，出版《图画中的教皇制》(*Abbildung des Papsttums*)，讽刺教皇，并附上木刻版画。

3 月 5 日，为维滕堡出版的拉丁语《路德文集》第一卷写序言，回顾了早年的赎罪券之争、奥格斯堡审判、莱比锡辩论以及领悟“因信称义”的历程。③

3 月 9 日，致信勃兰登堡选侯约阿希姆二世，提醒他提防犹太人的诡计，另请他资助柏林主教布赫霍策的两个儿子学习神学。

3 月 21 日，发表《南欧流传的关于马丁·路德博士去世的谎言》(Eine wälsche Lügenschrift von Doctoris Martini Luthers Tod)，驳斥这个谎言。致信黑森伯爵菲利普，再次驳斥从伯爵处获知的这个谎言。

3 月 25 日，出版《反对魔鬼所立的罗马教皇制》(*Wider das Papsttum zu Rom, vom Teufel gestiftet*)，批判教皇根本不想召开真正的公会议，反对教皇成为基督教会的首领等。背景是：1544 年，教皇保罗三世批评

---

① Andrea van Dülmen. *Luther-Chronik, Daten zu Leben und Werk*. München: Deutscher Taschenbuch Verlag, 1983, S. 294.

② Andrea van Dülmen. *Luther-Chronik, Daten zu Leben und Werk*. München: Deutscher Taschenbuch Verlag, 1983, S. 295.

③ LW 34, 327-338.

皇帝查理五世在施佩耶尔帝国议会上对新教徒让步，路德大概在 1545 年 1 月获知此事，由此撰写此文。

3 月 27 日，致信萨克森选侯约翰 · 腓特烈，请他帮助施道皮茨的一名女性亲戚。希望看在施道皮茨的恩情上，一定要帮助她。信中称施道皮茨为“在基督里属灵的父亲，我现在所坚守的信仰起初正是他引导我认识的”。①

4 月 14 日，致信阿姆斯多夫，谈及新教在比利时、法国、匈牙利和奥地利等地受到迫害。致信丹麦国王克里斯蒂安三世，感谢他的经济资助，提及查理五世筹办的沃尔姆斯帝国议会进展很慢。背景是：克里斯蒂安三世曾向路德、梅兰希顿和布根哈根三位神学家许诺，每年赠送给他们一定数量的黄油和鲱鱼。后来发现很难做到，于是改为每年 50 塔勒的年金。②

5 月初，收到《鲁汶的三十二条神学信条》(简称《鲁汶信条》)。背景是：1544 年底，皇帝查理五世命令鲁汶大学神学院撰写一份正统的神学信条。12 月 8 日，鲁汶大学提交了一份天主教的传统信条，如坚持七项圣礼，人有自由意志，行善功对获得拯救是必须的。查理五世在 1535 年 3 月 14 日批准并颁布全国。

5 月 2 日，致信普鲁士公爵阿尔布莱希特，推荐送信人克里斯托夫 · 阿尔伯特 · 冯 · 坤海姆(Christopher Albert von Kunheim)到公爵那里工作，提及皇帝查理五世在尼德兰迫害福音，科隆大主教、普法尔茨伯爵支持福音等情况。致信阿姆斯多夫，评论皇帝查理五世很残酷以及《鲁汶信条》等事。致信柏林主教乔治 · 布赫霍尔茨，谈及阿格里科拉带着家人来拜访，本不愿见，最终还是见了一面。

5 月 7 日，致信萨克森选侯约翰 · 腓特烈，寄去《驳鲁汶神学家的三十二条信条》(Contra XXXII articulos Lovaniensium theologistarum)，对

① 马丁 · 路德：《路德劝慰书信》，西奥多 · 泰伯特选编、英译，孙为鲲译，上海：上海三联书店，2017 年，第 209 页。

② LW 50，250.

皇帝查理五世认可《鲁汶信条》表示伤心；不看好罗马教会计划召开的特兰特会议。该文有七十五条论纲，逐条批驳了《鲁汶信条》，如《鲁汶信条》的第一条认为“基督为教会设立了七项圣礼”①，路德论纲的第一条则是：“在上帝教会中的教导，如没有上帝的道，就是渎神的谎言。”②路德认为罗马教会的七项圣礼就不是都有上帝的道(即《圣经》依据)。该文在 9 月 9 日正式发表。致信哈勒议会，对哈勒一致同意进行宗教改革表示高兴，推荐约纳斯担任教会和学校的职务。

6 月 3 日，致信阿姆斯多夫，表示对沃尔姆斯帝国议会和特兰特公会议不抱任何期望。致信纽伦堡牧师奥西安德，安慰他，因为他的第二任夫人和女儿去世了。

6 月 15 日，致信阿姆斯多夫，谈及整夜都在忍受结石之苦，以及正在撰写《反对魔鬼所立的罗马教皇制》的第二部分。

7 月 2 日，与布根哈根、梅兰希顿联名致信萨克森选侯约翰·腓特烈，支持茨维考市长关于设立公共财库的请求。

7 月 3 日，参加维滕堡大学神学院举行的彼得·赫格蒙(Petrus Hegemon)的博士答辩，为其提供论纲，即《彼得·赫格蒙的博士答辩论纲》(Die Promotionsdisputation von Petrus Hegemon)，主题为“神性人性的区别”。

7 月 9 日，致信阿姆斯多夫，谈及皇帝查理五世发布的新教徒应服从公会议的命令，认为应继续抵制公会议，以及皇帝查理五世正准备与土耳其人议和，有人认为皇帝会转而对付新教徒。

7 月 10 日，致信时任萨克森公爵宗教事务助理的安哈尔特侯爵乔治，针对他急于统一教会礼仪的主张，认为传讲上帝纯正的道更为重要，各地教会的礼仪不一致是可以容忍的。

7 月 14 日，致信约翰·朗，回答他的提问：处于诉讼中的人能否领取圣餐？回复是诉讼不影响领取圣餐。

---

① LW 34，347.

② LW 34，354.

7月16日，致信约纳斯，认为特兰特会议会导致德国的分裂。

7月25日，与克鲁西格和儿子约翰内斯出发前往蔡茨，去调解当地教士之间的冲突。27日抵达。

7月28日，克鲁西格和约翰内斯等人离开路德，返回维滕堡。致信波拉，让她卖掉维滕堡的花园、土地、房子和庭院，将修道院还给萨克森选侯，并计划到楚尔斯多夫居住；表示不想继续住在维滕堡，批评维滕堡人对上帝的“道”不虔诚，并预感死后维滕堡的财产会有争议：“对这个地方心灰意冷……我希望，领主至少会支付我生命最后一年的薪水。在我死后，你将不会被允许使用维滕堡的这四样财产。”①

8月2日，将安哈尔特侯爵乔治(Georg von Anhalt)祝圣为梅泽堡主教。

8月5日，前往哈勒。同日，萨克森选侯腓特烈·约翰致信路德，对他不愿回维滕堡表示“非常忧虑和同情”。②

8月17日，前往托尔高，拜访萨克森选侯约翰·腓特烈。

8月18日，在托尔高与萨克森选侯约翰·腓特烈交谈后，回到维滕堡。

8月19日，致信阿姆斯多夫，谈及结石疼痛严重。

9月7日，与布根哈根作为教区巡查员和教会监理会(Konsistorium)成员发表声明，同意凯尔西海因(Kirchhain)公共财库的设立。

9月15日，致信拜罗伊特官员和议会，请他们为当地子弟洛亨茨·斯滕格(Lorenz Stengel)提供一份奖学金。

9月23日，致信纽伦堡牧师迪特里希，谈及正在写反对教皇和茨温利派的著作。

9月25日，与布根哈根和梅兰希顿联名致信布伦瑞克议会，推荐尼克劳斯·梅德勒(Nicolaus Medler)前往当地教会任职。

10月3日，与梅兰西顿和约纳斯前往艾斯莱本，调解曼斯费尔德

① WA Br. 11, 149.

② WA Br. 11, 162.

的三位伯爵之间的纠纷。背景是：曼斯费尔德的三位伯爵兄弟经常发生争执。老大阿尔布莱希特伯爵对臣民征收重税，引发了很多抗议。伯爵们表示愿意接受路德调解。

10月7日，致信曼斯费尔德的伯爵菲利普和约翰·乔治，希望他们与阿尔布莱希特伯爵达成和解。

10月12日，回到维滕堡。

10月14日，致信阿尔滕堡的奥古斯丁·西莫，请他安排接替布里斯格的传教士。

10月16日，写信安慰乔治·摩尔，因为他从瑙鲁堡离职。

10月19日，致信安东·劳特巴赫，认为一些不同的教会礼仪都可以容忍，因为"灵里的合一是关乎永生的，因此它的意义远胜于那些暂时存在且可有可无的礼仪"①。背景是：劳特巴赫时任皮尔纳主教，在一些教会礼仪上存在疑惑，咨询路德。

10月21日，致信阿姆斯多夫，向他介绍了布伦瑞克战争，并评论当时的皇帝和国王："怀疑皇帝是一个无赖，他的弟弟费迪南是个最坏的无用的人。"②

10月26日，致信约纳斯，庆祝萨克森选侯在布伦瑞克战争中的胜利。

10月29日，与布根哈根、梅兰希顿和克鲁西格联名致信萨克森选侯约翰·腓特烈和黑森伯爵菲利普，支持赫姆斯塔特(Helmstedt)的关于战争赋税过重的陈情书。③ 背景是：赫姆斯塔特属于沃尔芬比特公爵管辖，在萨克森与布伦瑞克的战争中损失惨重。

11月17日，关于《创世记》的授课结束。

11月26日，致信丹麦国王克里斯蒂安三世，推荐一名来自石勒苏

---

① 马丁·路德：《路德劝慰书信》，西奥多·泰伯特选编、英译，孙为鲲译，上海：上海三联书店，2017年，第365页。

② Martin Luther. *Luther Deutsch*(Band 10), *Die Briefe*, herausgegeben von Kurt Aland. Göttingen: Vandenhoeck & Ruprecht, 1983, S. 335.

③ WA Br. 11, 209-214.

益格的叫乔治·斯图尔(Georg Stur)的年轻人获得奖学金，在维滕堡大学学习；并感谢国王赠予的 50 塔勒。

12 月 6 日，致信曼斯费尔德伯爵阿尔布莱希特，告知计划本月去曼斯费尔德，在当地过圣诞节，并调解伯爵之间的纠纷。

12 月 12 日，致信勃兰登堡选侯约阿希姆一世遗孀伊丽莎白，推荐伊拉斯谟·阿尔伯(Erasmus Alber)担任传教士。与梅兰希顿和布根哈根联名致信萨克森选侯约翰·腓特烈，请选侯为赫尔斯塔特的牧师和教师支付薪水。

12 月 22 日早晨，与梅兰西顿等人从维滕堡前往曼斯费尔德，24 日晚上抵达。

12 月 25 日，致信安哈尔特侯爵乔治，表示由于梅兰希顿生病，两人将返回维滕堡，不能按计划拜访侯爵。后于 1546 年 1 月初返回维滕堡，调解计划推迟到 1 月下旬。

该年，卸任维滕堡大学神学院院长职务；再次出版《圣经》翻译的修订本，这是路德生前最后一版《圣经》译本。

该年，约翰内斯·奥里法伯(Johannes Aurifaber)①担任路德助手，并记录了桌边谈话。

1546 年 1—2 月 63 岁

1 月 27 日至 3 月 10 日，天主教和新教神学家在雷根斯堡进行宗教会谈。天主教方面的代表有约翰内斯·科赫劳斯等人。新教方面的代表有马丁·布塞尔、乔治·马约、约翰·布伦茨等人。会议的主题是称义问题，最后没能达成协议。

---

① 约翰内斯·奥里法伯(约 1519—1575 年)：曼斯费尔德人，1537 年到达维滕堡。从 1537 年到 1540 年，是维滕堡大学的神学学生。1542 年，成为曼斯费尔德伯爵的家庭教师。1545 年，返回维滕堡。1561 年，前往曼斯费尔德，开始准备《桌边谈话》的出版工作。1566 年《桌边谈话》出版。

1月9日，致信萨克森选侯约翰·腓特烈，建议梅兰希顿不去参加雷根斯堡会谈，留在维滕堡，因为他身体不好。

1月11日，致信阿姆斯多夫，谈及萨克选侯约翰·腓特烈命令梅兰希顿前往托尔高，以评估他是否参加雷根斯堡宗教会谈；建议不要去参加无用的会议。

1月14日，致信丹麦国王克里斯蒂安三世，告诉他布伦瑞克-沃尔芬比特公爵海因里希反对宗教改革的活动失败了，让罗马非常失望；感谢国王寄来的50塔勒。①

1月17日，致信不来梅牧师雅各布·普罗布斯特，谈及已非常疲倦，仍需不断写信和工作，以及遭到瑞士人强烈反对。作关于《罗马书》12:3等经文的布道②，这是路德在维滕堡的最后一次布道，警告人们要反对可爱的妖女、魔鬼的新娘——理性。撰写反对鲁汶神学家的文章《反对巴黎和鲁汶的驴》(*Gegen die Pariser und Löwener Esel*)，该文是1545年《驳鲁汶三十二条神学信条》的简化版。

1月19日，致信阿姆斯多夫，提及正在撰写《反对巴黎和鲁汶的驴》以及乔治·马约和劳伦提乌斯·佐赫将前往雷根斯堡传教。

1月20日，与布根哈根联名致信萨克森选侯约翰·腓特烈，请他抚恤一名去世的牧师家属。

1月23日，在3个儿子和助手约翰内斯·奥里法伯等人的陪同下前往艾斯莱本调解曼斯费尔德伯爵间的纠纷。

1月25日，到达哈勒，见到在当地传教的约纳斯。

1月26日，在哈勒作关于《使徒行传》9:1—19等经文的布道，主题是保罗的皈依。③

1月28日，离开哈勒，与约纳斯一同前往艾斯莱本。在途中因天气寒冷生病。

---

① WA Br. 11, 260.

② WA 51, 123.

③ WA 51, 135.

1 月 29 日，到达艾斯莱本。致信安哈尔特侯爵乔治，表示目前很难履行拜访他的承诺；提及特兰特会议已经开幕。

2 月 1 日，致信波拉，提到身体非常虚弱，提到调解事情结束后，要驱逐艾斯莱本附近村里的犹太人。① 致信梅兰西顿，表示自己已老，应退休；谈及目前调解纠纷一事对健康损害很大。

2 月 2 日，所住旅店发生火灾。

2 月 3 日，致信梅兰希顿，对调解曼斯费尔德伯爵之间的纠纷感到悲观。

2 月 6 日，致信波拉，表示想离开当地。致信梅兰西顿，谈及调解矛盾一事进展不大。

2 月 7 日，致信波拉，让她阅读《约翰福音》和《小教义问答》，提到调解矛盾一事很有难度。

2 月 10 日，致信波拉，让她不要担心，表示很想回家。曼斯费尔德伯爵阿尔布莱希特和海因里希 · 冯 · 施瓦茨堡拜访路德。

2 月 14 日，致信波拉，告知调解成功；该信未送出。致信梅兰希顿，表示很想回去，且已收到萨克森选侯约翰 · 腓特烈召唤回去的消息，但生病了，且一直忙于调解事务；告知他教皇保罗三世在 1 月去世的假消息。实际上保罗三世于 1549 年 11 月去世。

2 月 15 日，在艾斯莱本作关于《马太福音》11:25—30 等经文的布道，希望听众摒弃世俗的智慧，皈依上帝的道。② 之后宣读《对犹太人的警告》(Eine Vermahnung wider die Juden)。这是路德生前最后一次布道。布道中告诫犹太人，要么接受洗礼，要么被驱逐。③

2 月 16 日，随从在路德身上发现一张便签条，便签上的文字强调了《圣经》的意义，最后写道："我们是乞丐：这是真的。"(Wir sind

① Martin Luther. *The Letters of Martin Luther*, selected and translated by Margaret A. Currie. London: Macmillan and Co., 1908, p. 470.

② WA 51, 187.

③ WA 51, 195-196.

Bettler：hoc est verum.)①

2 月 17 日，曼斯费尔德伯爵争议各方达成协议，路德因为身体不舒服，未参加。晚上 8 点，祈祷。不久，感到胸痛和胸闷。②

2 月 18 日，凌晨 1 点，因为疼痛醒来。对约纳斯说："我想，我将会永久停留在我出生和接受洗礼的艾斯莱本。"③祈祷，用拉丁语诵读《约翰福音》3:16 等经文："上帝爱世人，甚至将他的独子赐给他们，叫一切信他的，不至灭亡，反得永生。"④三次用拉丁语诵读《诗篇》31:6 的经文"我将我的灵魂交在你手里⑤。耶和华诚实的神啊，你救赎了我"。⑥ 被约纳斯大声询问是否坚信基督教和自己的教义时，用清楚的声音回答"是"。⑦

凌晨 2—3 点，在艾斯莱本去世。约纳斯、奥里法伯、次子小马丁、幼子保罗和曼斯费尔德的牧师米歇尔·科里乌斯(Michael Coelius)等人在场。约纳斯和科里乌斯记录了路德临终时刻的情景。长子约翰内斯当时在曼斯费尔德处理事务，在路德去世后才赶回。

2 月 19 日，路德遗体停留在艾斯莱本的圣安德鲁教堂。

2 月 20 日，路德灵柩被运至哈勒。

2 月 22 日，路德灵柩抵达维滕堡，葬于城堡教堂。

---

① Heinz Schilling. *Martin Luther, Rebell in einer Zeit des Umbruchs*. München：Verlag C. H. Beck，2012，S. 595.

② Martin Brecht. *Martin Luther* (Band 3). Stuttgart：Calwer Verlag，2013，S. 368.

③ Volker Leppin. *Martin Luther*. Darmstadt：Philipp von Zabern Verlag，2017，S. 345.

④ Karl Julius Löschke. *Dr. Martin Luther's letzte Lebenstage, Tod und Begräbniß*. Breslau：Verlag von Paul Theodor Scholz，1846，S. 28.

⑤ 这是当时临终之人常说的一句经文。耶稣在十字架上曾说："父啊，我将我的灵魂交在你手里。"(《新约·路加福音》23:46)参见：Martin Brecht. *Martin Luther*(Band 3). Stuttgart：Calwer Verlag，2013，S. 368.

⑥ Heinz Schilling. *Martin Luther, Rebell in einer Zeit des Umbruchs*. München：Verlag C. H. Beck，2012，S. 596.

⑦ Martin Brecht. *Martin Luther*(Band 3). Stuttgart：Calwer Verlag，2013，S. 369.

谱后：1546 年 3 月—1555 年

1546 年

4 月 18 日，普法尔茨伯爵领地举行路德宗的圣餐仪式。

6 月 5 日至 7 月 24 日，皇帝查理五世召开雷根斯堡帝国议会，筹划了针对新教诸侯的战争。

6 月 6 日，皇帝查理五世与教皇保罗三世结盟，教皇为皇帝对新教诸侯的战争提供财政和兵力支持。

6 月 19 日，皇帝查理五世与萨克森公爵莫里茨结盟。莫里茨信仰新教，但为了夺取萨克森选侯的领地和职位，站在了信仰天主教的皇帝一边，被新教骂为“迈森的犹大”①。

7 月中旬，施马卡尔登战争爆发，皇帝查理五世决定武力镇压新教诸侯组成的施马卡尔登同盟。皇帝一方有罗马教皇、德意志国王、萨克森公爵、巴伐利亚公爵等。新教一方有萨克森选侯、黑森伯爵、普法尔茨伯爵、符腾堡公爵等。

秋，萨克森公爵莫里茨攻占茨维考。路德遗孀波拉带着小孩逃到德绍、马格德堡等地。

11 月，施马卡尔登同盟的军队作战不利，解散军事同盟，遭皇帝

---

① Historische Kommission bei der Bayerischen Akademie der Wissenschaften (Hrsg.). *Neue Deutsche Biographie* (Band 18). Berlin: Duncker & Humblot, 1997, S. 142.

军队各个击破。

12 月，普法尔茨伯爵腓特烈二世、符腾堡公爵乌尔里希向皇帝查理五世投降。

1547 年

1 月 13 日，特兰特公会议发布《关于称义之教令》，坚持了天主教传统的通过行为与信仰称义的理论，否定了新教“因信称义”的主张：“‘若没有行为’，信仰‘就是死的’，就不会有任何收益……如果没有期盼和仁爱，单凭信仰则不可能使人获得永生。”①

4 月 21 日，特兰特公会议转移到博洛尼亚召开，会议持续到 1549 年 9 月 13 日。

4 月 24 日，皇帝查理五世在米尔伯格战役中战胜萨克森选侯军队，萨克森选侯约翰 · 腓特烈被俘。

5 月 10 日，皇帝查理五世判处萨克森选侯约翰 · 腓特烈死刑，撤销选侯职位。后经其他贵族求情，改为无期徒刑。

5 月 19 日，维滕堡在皇帝军队进攻下投降。萨克森选侯约翰 · 腓特烈签署投降书，宣布放弃选侯职位和领地。

5 月 23 日，施马卡尔登战争结束。施马卡尔登同盟解散。

5 月 25 日，皇帝查理五世进入维滕堡，参观城堡教堂路德墓地。据人回忆，“说路德墓前有长明灯和日夜燃烧的蜡烛，人们在那里持续祈祷，那景象和天主教堂的圣人墓地一模一样”②。

6 月 4 日，萨克森公爵莫里茨宣布兼任萨克森选侯。韦廷家族的选侯职位转到阿尔伯特支系。皇帝举行的正式册封仪式则于 1548 年 2 月 24 日举行。

---

① J. 沃特沃斯英译，陈文海中文译注：《特兰特圣公会议教规教令集》，北京：商务印书馆，2012 年，第 46 页。

② 杰弗里 · 帕克：《查理五世传》，陆大鹏、刘晓晖译，北京：社会科学文献出版社，2021 年，第 566 页。

6 月 19 日，黑森伯爵菲利普向皇帝查理五世投降。查理五世违背诺言，将菲利普囚禁。

9 月 1 日，皇帝查理五世召开奥格斯堡帝国议会。会议持续到 1548 年 6 月 30 日。会议期间，重兵集结，被称为“武装议会”（Geharnischter Reichstag）。

该年，波拉回到维滕堡。由于家已被战火所毁，波拉不得不重立家业。她努力修复奥古斯丁修道院，继续将之作为寄宿宿舍出租，以补贴家用。

1548 年

3 月 19 日，萨克森选侯约翰·腓特烈的三个儿子在耶拿创立高级学校。该校在 1557 年获得国王费迪南一世升级为耶拿大学的许可状，次年耶拿大学正式开学。背景是：恩斯特支系原来所拥有的维滕堡大学已处于萨克森公爵莫里茨的控制之下。

5 月 15 日，奥格斯堡帝国议会期间，皇帝查理五世颁布《奥格斯堡临时敕令》（Augsburger Interim）。该文件整体上倾向于天主教，对路德宗做了一些妥协，如教士可以结婚，平信徒可以领酒和饼两种形式的圣餐，仍限制新教徒的信仰自由，遭到天主教和新教的普遍抵制。

9 月 16 日，波拉致信维滕堡奥古斯丁修道院新的主人萨克森公爵莫里茨，请求他支持 1532 年萨克森选侯约翰关于路德家居住在修道院的承诺。①

12 月，萨克森公爵莫里茨向莱比锡议会提交了他委托梅兰希顿起草的一份神学信条，即《莱比锡信条》（Leipziger Artikel）。该信条坚持路德派“因信称义”的基本教义，同时试图在路德宗与天主教在宗教礼仪上达成妥协。莱比锡议会只接受了其中部分信条。该信条还引发了路德宗内部的争论。梅兰希顿认为，一些宗教礼仪是“无关紧要的”②，

① Jeanette C. Smith, Katharina von Bora. Through Five Centureis: A Historiography. *The Sixteenth Century Journal*, Vol. 30, No. 3, 1999, pp. 752-753.

② Tim Dowley. *Der Atlas zur Reformation in Europa*. Neukirchen-Vluyn: Neukirchener, 2016, S. 65.

阿姆斯多夫等人则强烈反对，这场争论持续到 1552 年，被称为“无关紧要事情之争”（Adiaphoristischer Streit）。① 梅兰希顿及其支持者后来称为“菲利普派”（Philippisten），阿姆斯多夫等严格按照路德教义的神学家被称为“真正路德派”（Gnesiolutheraner）。路德派由此走向分裂。②

该年，丹麦国王克里斯蒂安三世停止发放他从 1545 年起每年发给路德的 50 塔勒年金，波拉的经济状况处境恶化。波拉在 1550 年 10 月和 1552 年 1 月两次写信给克里斯蒂安三世请求恢复后，年金得以恢复。③

该年，梅兰西顿出版《马丁·路德博士生平事迹》。

1549 年

5 月，苏黎世的布林格尔与日内瓦的加尔文经过 2 年的通信谈判后，达成《苏黎世信纲》（Consensus tigurinus），共 26 条，就圣餐礼问题取得一致，其中将经文“这是我的身体”（Das ist mein Leib）理解为“这表示是我的身体”（Das bedeutet meinen Leib）④。

11 月 10 日，教皇保罗三世去世。

该年，科赫劳斯出版《路德事迹与著作评论》。

---

① Johannes Wallmann. *Kirchengeschichte Deutschlands seit der Reformation*. Tübingen：Mohr Siebeck，2006，S. 91.

② 路德宗的分裂持续到 1577 年。该年，路德宗教会神学家召开会议寻求统一的教义。经过三年协商，于 1580 年在德累斯顿出版了德语版的《协同书》（*Konkordienbuch*），收录了路德的《大教义问答》《小教义问答》《施马卡尔登信条》与梅兰希顿的《奥格斯堡信条》《论教皇的权力和权威》多种著作，在教义上实现了统一。

③ Jeanette C. Smith. Katharina von Bora Through Five Centureis：A Historiography. *The Sixteenth Century Journal*，Vol. 30，No. 3，1999，p. 753.

④ Stiftung Historisches Lexikon der Schweiz（Hrsg.）. *Historische Lexikon der Schweiz*（Band 3）. Basel：Schwabe Verlag，2003，S. 464.

1550 年

2 月 7 日，尤利乌斯三世(Julius Ⅲ)当选为教皇。不久，尤利乌斯三世与皇帝查理五世结盟。

9 月，新教城市马格德堡因不愿服从《奥格斯堡临时敕令》，遭到萨克森公爵莫里茨的军队围攻。1551 年 11 月，马格德堡被占领。

12 月 18 日，教皇尤利乌斯三世颁布谕令，决定次年 5 月 1 日在特兰特继续召公会议。按照教皇谕令，公会议的主要目的是结束德国的各种宗教纷争。①

该年，路德派神学家奥西安德提出了新的称义理论，他认为“罪人因基督居于他心中，不仅被宣布称义，而且领受实际的义”②。这在路德派内部引发争论，持续到 1566 年，即“奥西安德之争”(Osiandrischer Streit)③。

1551 年

3 月，皇帝查理五世与国王费迪南一世达成协议：费迪南一世继承皇位后，由查理五世的儿子菲利普二世担任国王，作为皇位继承人；费迪南一世的儿子马克西米连二世则成为菲利普二世的继承人。④ 这一计划遭到德意志诸侯的反对，而没有实现。

5 月 1 日，根据教皇尤利乌斯三世的谕令，特兰特公会议回到特兰

① J. 沃特沃斯英译，陈文海中文译注：《特兰特圣公会议教规教令集》，北京：商务印书馆，2012 年，第 87 页。

② 威利斯顿·沃尔克：《基督教会史》，孙善玲等译，北京：中国社会科学出版社，1991 年，第 494 页。

③ Johannes Wallmann. *Kirchengeschichte Deutschlands seit der Reformation*. Tübingen：Mohr Siebeck，2006，S. 92.

④ 米涅：《退而不休的皇帝：查理五世最后的岁月》，尚慧译，上海：上海社会科学院出版社，2020 年，第 21 页。

特继续召开。查理五世要求新教徒服从特兰特会议。①

10 月 5 日，萨克森公爵莫里茨与法国国王亨利二世签署盟约，决定解救被查理五世囚禁的黑森伯爵菲利普，共同反对查理五世。

1552 年

年初，皇帝查理五世安排一些路德派神学家参加特兰特会议，他认为，“让他们参会是‘医治教会所患疾病的唯一药方’”②。

1 月 15 日，萨克森公爵莫里茨与法国国王亨利二世签署《香波条约》，割让梅茨（Metz）、凡尔登和图尔给法国，换取法国的军事援助，对付皇帝查理五世。很快，新教与天主教之间的战争再度爆发，也被称为“第二次施马卡尔登战争。”

4 月 4 日，萨克森公爵等新教诸侯的军队占领奥格斯堡。

4 月 28 日，特兰特会议休会③，“结束了最后一次促使路德派与天主教徒和解的努力”④。

4 月，法国国王亨利二世派军队攻占梅茨和凡尔登等地。

5 月，萨克森公爵莫里茨进攻皇帝查理五世驻跸的因斯布鲁克，查理五世被迫逃离德国。

8 月 2 日，国王费迪南一世与萨克森公爵莫里茨签订《帕绍条约》，给予新教徒一定的信仰自由。条约签订后不久，原萨克森选侯约翰·腓

---

① 托马斯·马丁·林赛：《宗教改革史》（上卷），孔祥民等译，北京：商务印书馆，2016 年，第 504 页。

② 杰弗里·帕克：《查理五世传》，陆大鹏、刘晓晖译，北京：社会科学文献出版社，2021 年，第 745 页。

③ 1562 年 1 月 18 日，特兰特公会议再次开会，1563 年 12 月 4 日会议结束。会议重申了天主教的基本教义和圣礼制度，巩固了教皇的权威；同时严格教规，加强对神职人员神学知识的学习和道德生活的监督。会议形成了《特兰特公会议信纲》，对路德神学进行了全面否定。

④ 杰弗里·帕克：《查理五世传》，陆大鹏、刘晓晖译，北京：社会科学文献出版社，2021 年，第 746 页。

特烈和黑森伯爵菲利普获释。

10 月，皇帝查理五世围攻被法国占领的梅茨，试图夺回此地，没有成功，1553 年 1 月 1 日撤退。

该年，由于瘟疫和歉收，波拉被迫再次离开维滕堡，前往托尔高。不幸的是，波拉在前往托尔高的途中摔下马车，掉入沟渠中，身负重伤，在托尔高卧床三个月后，于 12 月 10 日去世，后葬于当地教堂。

该年，路德宗内部“真正路德派”与“菲利普派”的纷争加剧，菲利普派的马约主张“善功是得救必不可少的证据，这和梅兰希顿的观点一致”①。这些观点遭到阿姆斯多夫等人的反对，他们主张严格遵循路德反对善功称义等教义。这场争论持续到 1558 年，被称为“马约之争”(Majoristischer Streit)。②

路德派神学家约阿希姆·威斯特法尔(Joachim Westphal)攻击了加尔文的圣餐礼学说，还攻击了梅兰希顿与加尔文派妥协。因为梅兰希顿在圣餐礼教义上强调精神上对基督的领受，与加尔文主义较为接近。较之 16 世纪二三十年代路德与茨温利的第一次圣餐礼争论，这场争论被称为“第二次圣餐礼之争”(Zweiter Abendmahlsstreit)，持续至 1562 年。③

萨克森韦廷家族内部的纷争也与路德宗教派斗争交织起来：被剥夺选侯职位的恩斯特支系支持“真正路德派”，耶拿大学成为该派的中心；阿尔伯特支系支持菲利普派，维滕堡大学成为该派中心。

---

① 梅兰希顿从 1535 年开始强调善功的重要性，认为善功是得救的证据。参见威利斯顿·沃尔克：《基督教会史》，孙善玲等译，北京：中国社会科学出版社，1991 年，第 494-495 页。

② Johannes Wallmann. *Kirchengeschichte Deutschlands seit der Reformation*. Tübingen：Mohr Siebeck，2006，S. 91.

③ Johannes Wallmann. *Kirchengeschichte Deutschlands seit der Reformation*. Tübingen：Mohr Siebeck，2006，S. 92.

1553 年

7 月，萨克森公爵莫里茨与反对《帕绍和约》的勃兰登堡-库姆巴赫伯爵阿尔布莱希特二世开战，在 7 月 9 日的西沃斯豪森战役中打败阿尔布莱希特二世，但身负重伤，于 7 月 11 日去世。他的弟弟奥古斯特继任为萨克森公爵兼选侯。

10 月 27 日，加尔文在日内瓦以火刑处死米歇尔·塞尔维特(Michael Servetus)①。

1554 年

2 月 24 日，萨克森公爵奥古斯特(韦廷家族阿尔伯特支系)与原萨克森选侯约翰·腓特烈的三个儿子(韦廷家族恩斯特支系)签订《瑙鲁堡条约》(Naumburger Vertrag)，对萨克森领地重新进行划分，奥古斯特向恩斯特支系归还阿尔滕堡、魏玛、耶拿等部分领地，仍据有维滕堡、托尔高一带领地。

3 月 3 日，原萨克森选侯约翰·腓特烈在魏玛去世。

1555 年

2 月 5 日至 9 月 25 日，国王费迪南一世召开奥格斯堡帝国议会。

3 月 3 日至 13 日，新教诸侯在瑙姆堡开会，商量应对奥格斯堡帝国议会，决定要维护《奥格斯堡信条》。

9 月 25 日，国王费迪南一世、天主教诸侯与新教诸侯签订《奥格斯

---

① 米歇尔·塞尔维特(1511—1553 年)：西班牙神学家、医学家，在欧洲首先发现血液的肺循环。塞尔维特反对基督教三位一体的教义，认为它缺乏《圣经》依据，被天主教和新教都视为异端；反对预定论，对加尔文的神学有许多批评。

堡和约》，确定了“教随国定”（cuius regio，eius religio）的原则，路德宗取得了合法地位。①

10 月 25 日，皇帝查理五世在布鲁塞尔举行禅位典礼，将尼德兰地区的统治权授予其子菲利普二世。②

① 1555 年的《奥格斯堡和约》保障了路德宗的合法地位，但德国的宗教矛盾并未因此而消除。16 世纪后半期，哈布斯堡王室的宗教政策一度较为宽容，但随着天主教力量的累积，哈布斯堡家族又开始试图用武力消灭新教。这最终在 1618 年引发了“三十年战争”。1648 年，战争结束，各方签订《威斯特伐利亚和约》，德国分裂进一步加剧，新教各派均获得合法地位。一般认为，这标志着宗教改革的结束。

② 查理五世由此开启了禅位和分家的计划。1556 年 1 月，查理五世将西班牙交给菲利普；9 月 12 日，查理五世向神圣罗马帝国选侯发布退位诏书，神圣罗马帝国由其弟费迪南一世统治，费迪南一世在 1558 年 3 月获得“当选皇帝”的头衔。由此哈布斯堡帝国分为奥地利和西班牙两个支系。查理五世在完成退位后，前往西班牙的一家修道院修行，1558 年 9 月 21 日去世。

附　录

一、《路德全集》魏玛版的历史与未来

林纯洁

2009 年，《马丁·路德博士全集(校勘版)》(*Dr. Martin Luthers Werke, kritische Gesammtausgabe*)最后一卷索引的出版，标志着这个横跨 3 个世纪、长达 126 年的文化工程的最终完成。由于在魏玛出版，这套《路德全集》通常称为魏玛版(WA，Weimarer Ausgabe)。

马丁·路德是 16 世纪的德国宗教改革家，他创立了基督新教，影响了近代以来整个西方社会和基督教会的历史，特别是他翻译的德语《圣经》，奠定了现代德语的基础，对德国的语言和文化乃至社会生活的各个层次都产生了巨大的影响。路德在世时，编辑其全集的工作即已开始，但直到 1883 年开始出版魏玛版，学术界才找到最恰当的编辑形式，即将全集分为著作、《圣经》翻译、书信和《桌边谈话》四个部分，再按照时间顺序排列路德的所有德语和拉丁语著作，并尽量采用最原始的版本，同时参校该时代的其他各种版本，并详加对照，由此原汁原味地继承了路德的全部遗产，避免了后来翻译成现代德语及其他语种过程中可能出现的纰漏和误译，因此该版本在路德与基督新教研究领域拥有巨大的学术价值。

虽然国内对路德宗的研究越来越重视，但所使用的文献大多来自路德著作的现代英文版本以及以此为来源的中文版本，与欧美学术界多以魏玛版为资料来源的情况相差甚远。未来路德研究的趋势，必定是越来

越强调以魏玛版为原始材料。对魏玛版的研究，将引起国内学术界对路德原版著作的重视，提高使用资料的质量。但目前国内对魏玛版的研究非常缺乏，对魏玛版重要的学术价值还缺乏了解。① 因此加强对魏玛版的研究非常必要。本文试图从魏玛版的起源、编辑过程、主要内容等方面介绍魏玛版的学术价值。

(一)魏玛版的起源

1517年，马丁·路德发动宗教改革后，著作广为流行，影响巨大。1518年，巴塞尔印刷商约翰内斯·弗罗本就出版了路德的第一部拉丁文著作集。1539年，在路德的关注下，维滕堡出版商开始编辑他的文集，1559年完成，此时路德已经去世13年。维滕堡版(Wittenberger Ausgabe)共19卷，不是按时间，而是按内容编排，拉丁文著作部分翻译成德文，其他另外成卷。该版没有收入讲道集、《桌边谈话》和德语《圣经》这些在当时不被纳入个人全集的文献。该版的正文带有注释，但有多处被修改或简写，出于宗教政治原因，很多名字和一些争端表达被略去。因此，路德死后，这个版本引起了更大的争论，但它是路德的第一部全集，成为后来所有版本的基础。

为了消除维滕堡版中的错误，新教教会开始在耶拿编辑一套新的路德文集，这就是1554—1558年出版的耶拿版(Jenaer Ausgabe)，共12卷，按时间编排，拉丁文著作和德语著作分开编辑。耶拿版计划采用路德的原始文献，并试图确立"路德的表达在原文中的权威性，以此来为对路德的正统解释奠定基础"。② 但耶拿版的内容很不全，采用原始版本的计划也未严格执行，于是路德的学生约翰·奥里法伯(Johann

---

① 国内对魏玛版的介绍参见两篇翻译：赫尔玛·容汉斯：《路德全集魏玛版的来源、用途及意义》，邓肇明译，《神学与生活》，2002年第25期，第73-95页。乌尔里希·科普夫：《马丁·路德作品魏玛版史略》，郭原奇译，载马丁·路德：《路德三檄文与宗教改革》，李勇译，上海：上海人民出版社，2010年，第257-284页。

② Ulrich Köpf. Kurze Geschichte der Weimarer Lutherausgabe, in *D. Martin Luthers Werke, Sonderedtion der kritischen Weimarer Ausgabe, Begleitheft zu den Schriften*. Weimar: Verlag Hermman Böhlaus Nachfolger, 2003, S. 2.

Aurifaber)于1564—1565年在艾斯莱本出版了一个2卷的增补本——艾斯莱本版，但其中仍然没有包括讲道集、《桌边谈话》和德语《圣经》。这个版本流行近1个世纪。直到1661—1664年，约翰·克里斯特弗里德·扎吉塔留斯(Johann Christfried Sagittarius)吸收新的材料，出版了阿尔滕堡版(Altenburger Lutherausgabe)，共10卷。该版收录了耶拿版中路德的德语著作，并收录维滕堡版中将拉丁文翻译成了德语的著作。1702年，在哈勒出版了增补版。该版是德语的或译成德语的著作，但拉丁语当时仍是大学授课和学术研究的主要语言，德语并不流行。

到了18世纪，出现了两个重要的版本：出版商约翰·海因里希·采德勒(Johann Heinrich Zedler)委托神学家博讷(Christian Friedlich Börner)编辑，于1729—1740年出版的莱比锡版(Leipziger Ausgabe)，共23卷，又回到了按内容编排，全部为德语，拉丁文著作也参照原文翻译成德语。该版本按照原始版本进行校对，收集的路德著作比以前的版本多，并附有一个索引，是第一个学术性的路德版本，比较畅销。

1740年，哈勒的出版商约翰·尤斯提卢斯·格鲍尔(Johann Justinus Gebauer)委托神学家约翰·乔治·瓦尔西(Johann Georg Walch)编辑新的路德文集。该版以莱比锡版为基础，对原文进行了校对，对译文进行了修订，扩展了书信，规范编辑了讲道集，此外，首次将奥里法柏整理编辑的《桌边谈话》纳入路德文集。该版几乎收录了所有路德拉丁语著作的德译本，收录了更多的路德著作以及一些重要的宗教改革文献，共24卷，正式名称是哈勒版(Hallesche Ausgabe)，但一般称为瓦尔西版(Walchsche Ausgabe)。这个版本很受欢迎，美国的路德宗于1880—1910年，以此为基础，加入新发现的路德著作，出版了一个圣路易斯版(St. Louis Ausgabe)。

19世纪初，随着对路德研究的深入，学术界要求一个全新的《路德全集》。埃尔朗根版(Erlanger Ausgabe)应时而出，删去了以前版本中非路德的文献，并尽量采用路德的原文。1826—1857年，约翰·普洛赫曼(Johann Plochmann)编辑出版了67卷德语文集；1829—1886年，出版了38卷拉丁语文集。1884—1932年，出版了19卷书信集。埃尔朗根版是按内容编排的，而且不齐，采用小开本，印刷质量一般，没有达到学术界对《路德全集》的要求和期待。随着路德诞辰400周年的临近，官方也开始重视路德著作的出版工作。1880年，普鲁士科学院向社会征稿：根据什么原则来整理路德的著作？于是魏玛版应时而出，成为最为权威的《路德全集》的版本。

（二）魏玛版的编辑过程

1853年，卡尔·施奈德（Karl Schneider）在其编辑出版的路德《小教义问答》的前言中提出了一种新的编辑方法："按照时间顺序编排，而不用顾及它是拉丁语或德语；回归到原始手稿上，或不得已时回到原始印刷本上，一字一句地记录路德使用的正字法，标点应用等。"①施耐德计划以此原则编辑《路德全集》，向普鲁士政府提出了资助申请，但由于预算过高，被拒绝了。

1880年，卡尔·施耐德的学生卡尔·科纳克神父（Karl Knaake，1835—1905年）决定采用施耐德提出的编辑方法，编辑一套新的《路德全集》，为此他致力于收集原始版本，积攒微薄的工资，购买了约1900种16世纪出版的路德著作。他认为出版《路德全集》是"基督新教和德意志民族对这位宗教改革家、我们的新高地德语书面语的最具影响力的塑造者所当还的荣誉债务"②。于是他向普鲁士文化部申请基金，经过一番曲折，最终得到皇帝拨款4万马克，要求在1883年出版第1卷，并在10年内完成。

1881年，普鲁士文化部设立了一个国家委员会（Staatliche Kommission）来指导和管理编辑工作。1882年，科纳克在与多家出版谈判之后，最终选择了愿意提供最大支持的位于魏玛的赫尔曼·伯劳（Hermann Böhlau）出版社，而不是官方所期待的柏林的出版社，由此可见科纳克

① Gehard Ebeling. Hundert Jahre Weimarer Luther-Ausgabe, in Gehard Ebeling, *Umgang mit Luther*. Tübingen: J. C. B. Mohr, 1983, S. 220.

② WA1, XXI.

在编辑事务上有相当的独立性。

1883年，科纳克按期出版了第1卷，其中实践了施耐德提出的按时间排列路德著作的原则，由此"使读者对路德作为布道者、讲授教义者(Katechet)、宗教改革家等不同方面的精神发展脉络和作用有一个更为深入的认识"①。这开启了魏玛版的伟大历程，但也有很多不足，如科纳克在处理手稿、印刷稿及其变体、语法、正字法和标点法方面有所不足。而且，科纳克早期并不愿意与他人合作，试图独立完成，但事实证明，这不是一个人能完成的工作。产生缺陷的客观原因在于，普鲁士文化部要求第一卷应该在1883年出版，使之成为纪念路德诞生400周年的献礼工程。这样的安排使得第1卷的出版非常仓促。按照科普夫的意见，本应该按原计划先编辑书信，有助于理解著作的历史背景；或先整理和编撰全部相关的文本目录。②

按照科纳克的计划，将路德的著作按照时间划分为三个部分：1521年以前的著作，1521—1530年的著作，1530年以后的著作，这是以路德在瓦特堡和科堡的时间为分界点；③ 内容上包括著作、书信与桌边谈话。由于路德的著作非常繁多，完全按照时间分类的编辑计划很难实现，经过委员会的商议，决定在内容上增加路德翻译的《圣经》，这是《路德全集》编撰史上的第一次；再按内容分为著作、《圣经》翻译、书信、《桌边谈话》四个部分，分别按时间顺序排列出版的德语著作与拉丁语著作。这也成为路德著作目录的划分原则。1891年，约翰内斯·路德(Johannes Luther)成为路德作品的图书编目者。1928年，委员会决

---

① WA1，XVII.

② Ulrich Köpf. Kurze Geschichte der Weimarer Lutherausgabe，in *D. Martin Luthers Werke*，*Sonderedtion der kritischen Weimarer Ausgabe*，*Begleitheft zu den Schriften*. Weimar：Verlag Hermman Böhlaus Nachfolger，2003，S. 6.

③ WA1，XVII. 这两个时间点很有意义：1521年路德参加沃尔姆斯会议后，在瓦特堡开始翻译《圣经》；1530年，奥格斯堡帝国议会召开，路德由于沃尔姆斯禁令不能与会，只能留在科堡，与代表通信联系。路德宗在会议上提出温和的《奥格斯堡信条》，遭到皇帝拒绝，新教与天主教正式决裂，是宗教改革的一个转折点。

定不再编写全集的总目录，而是四个部分分别编写目录。

由于之前的国家委员会并不负责具体的编辑事务，科纳克的编辑力量不足影响了出版的进度，1890 年 4 月，普鲁士文化部为马丁·路德著作出版委员会设立了一个秘书的职位，负责协调和指导编辑工作，实际上是整个出版工作的领导人物，这是魏玛版编辑工作在组织上的第一次重要改变。1890 年，保罗·皮奇(Paul Pitsch)上任后，对之前的错误有所更正。针对早期版本中的遗漏问题，“对德意志帝国和国外(特别是德语国家)的上千家图书馆进行系统调查，为这项工作提供了丰富的资料”。① 1893 年，在耶拿大学的图书馆中发现了路德翻译《圣经》的手稿。随着魏玛版编辑工作的展开，进一步促进了路德手稿等珍贵历史文献的收集和整理。普鲁士文化部规定的 10 年期限很快到来，到 1893 年，仅编辑出版了路德的 9 卷著作，而新发现的资料也越来越多，离完成还很远，所幸官方决定继续进行资助。

巨大复杂的编辑工作也促进了跨学科的合作与融合，魏玛版对语言文字的重视，使得日耳曼语言学者的角色越来越重要，直到第二次世界大战结束，出版委员会的三任领导人物都是日耳曼语学者，1890—1906 年的保罗·皮奇、1906—1928 年的卡尔·德雷舍尔(karl Drescher)、1928—1945 年的古斯塔夫·贝伯迈尔(Gustav Bebermeyer)。

1914 年，第一次世界大战爆发后，编辑工作坚持到 1916 年才停顿下来。1918 年，皇帝倒台，编辑工作失去了财政来源。进入 20 世纪 20 年代，德国遭遇了严重的经济危机和通货膨胀。在此困难背景下，委员会坚持在 1920 年出版了第 53 卷著作，并在 1921 年完成了第 6 卷，也是最后 1 卷《桌边谈话》的编辑工作。此时，魏玛版的编辑工作得到了科学紧急救援协会(die Notgemeinschaft der deutschen Wissenschaft)②的援助。1922 年，委员会获得了瑞典的支持，瑞典的一个大主教专门为

① Ulrich Köpf. Kurze Geschichte der Weimarer Lutherausgabe, in *D. Martin Luthers Werke*, *Sonderedtion der kritischen Weimarer Ausgabe*, *Begleitheft zu den Schriften*. Weimar: Verlag Hermman Böhlaus Nachfolger, 2003, S. 11.

② 德国研究联合会(DFG, Die Deutsche Forschungsgemeinschaft)的前身。

此成立了北方委员会(Nordisches Komitee)呼吁此事；此后还获得了美国路德宗的支持。这些资助保证了魏玛版能继续顺利出版。

1939 年第二次世界大战爆发，魏玛版的编辑工作从 1940 年起也完全停顿下来。战后开始恢复，1947—1948 年，出版社在蕾娃·彼得森(Leiva Petersen)的领导下，克服重重困难，单独出版了第 10 卷、第 11 卷书信和第 58 卷著作，受到德国学术界的高度赞扬。

1950 年，在德国路德新教联合教会(VELKD)与巴伐利亚科学院的支持下，6 位宗教改革学者在 5 月签署了《〈路德全集〉出版备忘录》。6 月，重新组建了《路德全集》出版委员会，图宾根大学教会史学家汉斯·吕克特(Hanns Rückert)担任主席。1950 年，委员会决定，“他们一定要在学术上完全自主地开展工作，不隶属于任何一个国家或教会机构”。[①] 这是魏玛版在组织上的第二次改变，由此成为一个完全独立的学术团体。

在新的委员会中，汉斯·福尔茨(Hans Volz)担任吕克特的助手，他将工作站转移到哥廷根，编辑德语《圣经》，1961 年完成。1969 年，吕克特退休之后，格哈尔德·埃伯林(Gerhard Ebeling)接任主席，他是继霍尔之后最有影响力的路德研究学者。在战后德国学术界的不懈努力下，终于在 1983 年出版了最后一卷著作，1984 年出版了最后一卷书信。

魏玛版最后是关于索引的编辑，持续了半个世纪。1963 年，汉斯·吕克特在图宾根大学成立宗教改革史研究所，专门用于支持魏玛版的编辑。1967 年，编辑中心由哥廷根转移到图宾根。这项工作主要由图宾根大学的项目组完成，为编辑索引积累的卡片有 300 多万张，并按照不同的语种和卷册进行分类，存放在图宾根的中世纪晚期与宗教改革研究所的档案室中。1967 年至 1984 年，该项目由海科·奥伯曼领导；

---

① Ulrich Köpf. Kurze Geschichte der Weimarer Lutherausgabe, in *D. Martin Luthers Werke*, *Sonderedtion der kritischen Weimarer Ausgabe*, *Begleitheft zu den Schriften*. Weimar: Verlag Hermman Böhlaus Nachfolger, 2003, S. 17.

1986年，由乌尔里希·科普夫负责；1990年，划归海德堡科学协会管理。1986年至2009年分别出版了地名、人名、拉丁语和德语索引。2009年，最后一卷索引出版，标志着魏玛版最终完成，历时126年，远远超过当初计划的10年。

(三)魏玛版的主要内容

《路德全集》魏玛版一共109卷123册，其中著作73卷84册，德语《圣经》12卷15册，《桌边谈话》6卷，《书信》18卷，共约8万页，其中索引8卷。

路德著作主要包括他的神学论著、辩论文章、布道集和《圣经》讲解，涉及神学、伦理学、教育、社会、政治、经济各个领域。路德一生布道极为丰富，仅在维滕堡的布道就超过2000次，在外地也有大量布道。路德的布道流传下来约2082篇①。1521年以前的布道没有可靠的文字记录。《布道集》在魏玛版中有31卷。《圣经》讲解(Vorlesung)约有21卷。1512年，路德获得神学博士学位，并得到了维滕堡大学的教席。从1513年至1546年，是路德作为教授和解经者的学术生涯。比较重要的是他对《诗篇》《罗马书》《加拉太书》和《创世记》等经文的解释。路德对《圣经》的阅读和阐释，直接启发了他对“因信称义”的理解，这成为宗教改革的核心概念。此外就是工具性或增补修订性的卷册。第58Ⅰ卷是布赫瓦尔德编辑的未完成索引，作为资料出版。第59卷、第60卷是增补；其中第60卷还有1篇文章《16—19世纪路德著作版本史》详细介绍了魏玛版之前的路德文集的版本，具有重要的学术参考价值。第61卷是1—60卷的概览和著作年表，是16世纪以来编辑路德文集的传统辅助文献。第62卷是地名索引；第63卷是人名和内容索引；第64—68卷是拉丁语索引；第69—73卷是德语索引。

德语《圣经》(*Deutsche Bibel*，WADB)首次被收录进《路德全集》。

① Kurt Aland. *Hilfsbuch zum Lutherstudium*. Bielefeld: Luther Verlag, 1996, S. 262.

1522 年，路德将《新约》从希腊语翻译为德语后出版，底本是伊拉斯谟于 1516 年出版的希腊语文本，并参考了拉丁语的武加大译本(textus vulgatus)；1534 年，路德将《旧约》从希伯来语翻译成德语，底本不明。路德不承认《次经》，但仍然翻译了，列于后面。路德后来组织梅兰西顿和奥罗加卢斯等维滕堡的同事对译本进行了修订。路德在翻译《圣经》的过程中，规范了当时十分杂乱的德语，这是路德最为伟大的贡献之一。魏玛版收录了路德不同时期的《圣经》翻译、修订的各种版本。第 1—2 卷是路德翻译《圣经》的手稿；第 3 卷和第 4 卷收录了路德在梅兰希顿、布根哈根和克鲁西格等人帮助下对《圣经》翻译进行修订的记录。第 5 卷是路德修订的武加大版拉丁语《圣经》。第 6—12 卷是路德翻译的《圣经》全本。这些手稿和修改记录再现了路德翻译《圣经》和规范德语的伟大历程。

《桌边谈话》(*Tischreden*，WA TR)，即路德在餐桌上与家人、朋友、客人和学生的谈话，涉及神学、伦理、政治等各个领域。谈话主要由路德的 12 个学生记录和整理，以奥里法柏编辑出版的版本最为流行。开始并没有成为路德的正式著作，直到 18 世纪中叶，瓦尔西才将《桌边谈话》收入到路德的作品集中。19 世纪末，又有新的原始记录发现，由此更加引起学术界的重视。第 1—5 卷是路德桌边谈话的原始记录。第 6 卷是奥里法柏编辑的版本，在 1566 年出版，是流传到后世的主要版本，该版本按内容编排，有的谈话涉及几个主题，就被拆开了，类似的主题编辑到一起，由此忽略了路德讲话的背景和完整性。

《书信》(*Briefwechsel*，WA Br.)，收录了路德与皇帝、王侯、朋友、家人、教皇、主教、修士、农民等各种身份和各个阶层的通信，魏玛版保存了约 3600 封信，其中约 2600 封是路德写的信，其余是他人给路德的信。路德保存的来信远远少于他写的信。路德的书信展现了他在具体历史语境中对各种事件的看法，具有重要的史料价值。第 1—11 卷收录 1507—1546 年路德的书信，第 12 卷、第 13 卷是增补与修订。第 14 卷列出手稿和印刷稿的目录，并有《路德书信编辑史》一文。第 15 卷是人名与地名索引。第 16 卷是路德通信目录、《圣经》索引、引用索引。第 17 卷是神学和内容索引。第 18 卷是目录和最后的补充。

(四)魏玛版的学术价值

《路德全集》魏玛版蕴含着巨大的学术价值，主要体现在对原始材料的收集与整理，版本说明、目录、索引等工具的编撰，以及对路德与宗教改革研究的直接推动上。

魏玛版尽可能收集齐全了路德的著作，包括大量的手稿和初版文献，较之以前所有的版本都更为完整，并对版本进行了详细的考订，最大可能地恢复了路德著作的原貌，避免了原来编辑和再版中的错误。完全采用原文，能最为准确地理解路德的原意，从而避免因翻译的错误而导致误解和争吵。路德时代的概念与现代德语已产生了差异，有的译者按照现代德语的理解使用某个概念就会带来误解。如学术界一直对路德的两个王国理论(Zwei Reiche Lehre)与两种治理理论(Zwei Regimente Lehre)存在争议。在路德文集现代新的译本中，根据译者的理解，有的直接将路德原始版本中的 Regiment 换成了 Reich，由此可能进一步加深了对这个理论的争论。①

魏玛版基本按照时间顺序排列路德的著作，从而得以完整地展现路德宗教改革思想的发展过程，由此，魏玛版成为研究路德宗教改革思想的形成与演变最为可靠的材料。魏玛版使现代人能对路德有一个完整的认识。如路德早期的讲稿中参照了很多早期教父的文献，可以看出路德对早期基督教思想的继承。如在奥里法柏编辑的《桌边谈话》中，侧重选录了路德爱争论的一面，导致后来路德的形象就是一个爱争论的人。《桌边谈话》全集的出版，使人们看到了路德温和的一面，有助于人们

---

① 参见 Martin Luther. *Martin Luther Taschenausgabe* Ⅴ. Berlin：Evangelische Verlagsanstalt GmbH，1981，S. 115 与 WA 11，251 的对比，两处的 die zwei Regiment 和 die beide Regiment 都被换成了 die beide Reiche。

对路德的全面认识；而且它"将奥里法柏的版本与早期版本相对照，读者很容易比较出奥里法柏因为路德宗内部的分歧而调整路德的谈话，有时甚至改变路德的言论"①。魏玛版也没有为尊者讳，并没有回避路德著作中消极的对后世产生负面影响的著作，而是完整地收录了引起巨大争议，甚至后来经常被纳粹分子引用的反犹文章，如《犹太人和他们的谎言》②。

魏玛版的编辑为路德研究提供了直接的工具。尤其是为编辑魏玛版的索引，花费了半个世纪的时间，就在于方便后人的使用和研究。索引非常详细，如地名索引中也包含该地区居民的索引；人物索引中包含引用索引，非常清楚地查到路德在哪篇文章中引用了谁的文章。魏玛版的导言和说明文章具有巨大的学术价值。每一篇著作有一篇导言，介绍文章的产生、版本和再版的情况。开始只是简单的评注，后来详细讨论文章的产生与流传，单篇文章的语言措辞。魏玛版还将收集到的路德著作的早期印刷版本相对照，可以很清楚地比较各个版本的差异，明白路德著作的流传与演变情况。

魏玛版的编辑推动了相应工具书的编撰，这反过来又增强了魏玛版的学术价值，如科特·艾伦（Kurt Aland）的《路德研究工具手册》（*Hilfsbuch zum Lutherstudium*），1957年以来已经出了4版，按篇名的关键词顺序排列了路德著作，每篇文章都注明了其在魏玛版等重要版本中的页码。最后按时间顺序列出了路德著作，使读者能明了路德写作的具体背景，理解路德的一些引起争议的言论。

魏玛版在长达126年的编辑过程中，随着路德著作的不断出版，直接推动了路德与宗教改革研究的发展。如1885—1886年，路德《诗篇》讲座的文稿编辑完成，这是影响路德发生神学突破的关键文献，魏玛版该卷的完成，"为卡尔·霍尔以来的路德神学起源研究奠定了

① Helmar Junghans. The History, Use and Significance of the Weimar Luther Edition. *Theology & Life*, 2002(25), p. 57.

② WA53, 417-552.

基础”。① 又如魏玛版的编辑促进了路德语言学的发展和对德语史的研究。“在魏玛版刚开始编辑的时候，还没有路德语言学；在编辑的过程中逐步产生了路德语言学。”②又如该版收录了路德翻译德语《圣经》的手稿和修改记录，以及与合作者的谈话记录，从而使人们得以了解路德的翻译过程，如路德以哪些希伯来《圣经》为底本，受到武加大版等《圣经》译本的哪些影响，如何与维滕堡的神学家合作修订，而这之前一直是谜一样的过程。如何准确理解路德的拉丁语著作也一直是个难点，容汉斯研究后发现，“路德所使用的拉丁语词汇，其意义来自《圣经》……《圣经》中的语境对我们理解路德的用意开启了新的视角”。③ 这就恰恰需要我们研读魏玛版中路德修订的武加大版《圣经》。又如《桌边谈话》的注释大多是在解释新高地德语的单词和习语，为研究早期德语史提供了丰富的素材。

魏玛版也是研究16世纪德国的重要文献。如路德的《桌边谈话》谈论或描述或批判了那个时代的日常生活、政治、经济、文化、宗教、神学等各个领域。又如路德的通信范围非常广，上至王侯贵族，下至市民农民，还有教会人士、知识精英等，内容涉及社会生活领域的各个方面。由此，魏玛版成为有助于深入了解16世纪上半叶德国乃至欧洲的百科全书式的文献。

魏玛版的编辑人员来自路德宗研究、日耳曼学领域的顶尖学者，很多人为此付出了终身的心血。面对编辑过程中出现的问题，他们调整编辑方针，设置独立的编辑机构，并通过各种渠道解决资金问题，应付了国内外的各种变局和危机。魏玛版的编辑过程本身已经成了一个值得研

① Ulrich Köpf. Kurze Geschichte der Weimarer Lutherausgabe, in *D. Martin Luthers Werke, Sonderedtion der kritischen Weimarer Ausgabe, Begleitheft zu den Schriften*. Weimar: Verlag Hermman Böhlaus Nachfolger, 2003, S. 9.

② Ulrich Köpf. Die Weimarer Lutherausgabe-Rückblick auf 126 Jahre Wissenschaftsgeschichte. *Luther Jahrbuch*, 2010, S. 222.

③ Helmar Junghans. The History, Use and Significance of the Weimar Luther Edition. *Theology & Life*, 2002(25), p. 64.

究的学术史事件，对国内编辑大型学术图书和整理名人著作具有重要的借鉴意义。正如魏玛版索引的主编乌尔里希·科普夫所言，“(魏玛版)向我们提供了一个人文科学研究的杰出典范，以及一个体现团队合作在推进科学项目中重要性的感人证明”。①

(五)魏玛版的未来

魏玛版作为最权威的路德研究版本，成为当代路德研究版的最为重要的材料来源。1979 年，汉斯-乌尔里希·德利乌斯出版的《马丁·路德著作研究版》②6 卷，从魏玛版中选录了路德的主要著作，并对古德文著作进行了注释。1992 年再版，增补了 2 卷拉丁文著作，共 8 卷。2006 年，威尔弗里德·海勒等人出版《马丁·路德著作拉德对照研究版》③，将魏玛版中的部分拉丁文著作翻译成了现代德语。

由于早期编辑的仓促和不成熟，魏玛版也不可避免地存在缺陷。如魏玛版第 1 卷包含路德 1512 年至 1518 年的著作，但后来经研究发现，有些不是路德的著作。又如奥托·克莱门编辑的书信部分存在一大缺陷：没有对路德信件的抄件流传进行系统性的调研，没有涉及到手稿的来源以及其相关关系，而这些手稿正是流传下来的最主要部分。汉斯·吕克特明确指出：“魏玛版本的书信部分并不像人们认为的那样，是路德书信往来的标准版本，还有很多的根本性问题留待在未来的研究工作中解决。”④

---

① Ulrich Köpf. Kurze Geschichte der Weimarer Lutherausgabe, in *D. Martin Luthers Werke, Sonderedtion der kritischen Weimarer Ausgabe, Begleitheft zu den Schriften*. Weimar: Verlag Hermman Böhlaus Nachfolger, 2003, S. 2.

② Martin Luther. *Martin Luther Studienausgabe*, herausgegeben von Hans-Ulrich Delius. Berlin: Evangelische Verlagsanstalt, 1979.

③ Martin Luther. *Martin Luther Lateinisch-Deutsche Studienausgabe*, herausgegeben von Wilfried Härle, Johannes Schilling und Günter Wartenberg. Leipzig: Evangelische Verlagsanstalt, 2006.

④ Hans Rückert. Die Weimarer Ausgabe, Stand, Aufgabe und Probleme, in *Lutherforschung heute. Referate und Berichte des* 1. *Internationalen Lutherforschungskongresses Aarhus* 1956, hrsg. von Vilmos Vajta. Berlin: Lutherisches Verlagshaus, 1958, S. 112-113.

但最后真正修订的只有第3卷和第4卷的《诗篇》讲解，修订版以第55卷的形式出版。针对其他的遗漏和错误，则出版增补和更正卷，如著作中的第9卷、第55卷2册、第59卷、第60卷；书信中的第12卷、第13卷、第18卷等。这对魏玛版的完整性和权威性有所弥补，但实际上也破坏了魏玛版的时间顺序原则。因此，在魏玛版完成之前，就有很多学者呼吁出版第2版，但这是个更为浩大的工程。

作为一种折中和准备性的工作，1972年，委员会决定，在魏玛的赫尔曼·伯劳继承人出版社出版魏玛版档案系列，副标题为“文献与调查”。但这一计划在1975年落空。于是改由科隆的伯劳出版社出版《〈路德全集〉魏玛版档案》(*Archiv Zur Weimarer Ausgabe der Werke Martin Luthers*，简称AWA)，主要收录没有编入魏玛版，但可以作为未来魏玛版修订和增补的材料，以及对之前版本的调查与研究资料等。1981年，出版了路德《诗篇讲解》第一部分的新版，后来又出版了路德的教会歌曲、页边注等新发现的材料。由此为未来的魏玛版第二版奠定了基础，这将是一个更接近完整和完美的路德巨著。

(本文发表于《德国研究》2012年第3期，此处有修订)

二、《路德全集》魏玛版概览①

林纯洁　译

(一)著作(共73卷、85册)

册数	卷数	内　容	初版时间②
1	1	1512—1518年著作(包含布道和论纲)	1883
2	2	1518—1519年著作(包含布道和论纲)	1884
3	3	1513—1515年《诗篇》(第1—84首)讲解	1885
4	4	1513—1515年《诗篇》(第85—150首)讲解 法贝尔·斯塔普能西斯著作批注 1516—1517年《士师记》讲解 1514—1520年布道	1886
5	5	1519—1521年《诗篇》(第1—22首)讲解	1892
6	6	1519—1520年著作(包含布道和论纲)	1888
7	7	1520—1521年著作(包含布道和论纲)	1897
8	8	1521—1522年著作(包含布道和论纲)	1889
9	9	1509—1521年著作与布道(第1—8卷的增补)	1893
10	10 Ⅰ 1	1522年《圣诞布道集》	1910
11	10 Ⅰ 2	1522年《降临节布道集》 1526年罗特版《夏季布道集》	1925
12	10 Ⅱ	1522年著作	1907

① 资料来源：WA 61，4-7. 由于原文内容不全，此处已补充完整，并略有修订。

② 2000—2007年，《路德全集》魏玛版(不含索引卷)重新出版，即全集校勘版的特别版(Sonderedition der Kritischen Gesamtausgabe)。

续表

册数	卷数	内　容	初版时间
13	10Ⅲ	1522年布道	1905
14	11	1523年布道和著作	1900
15	12	1522年《彼得前书》系列布道 1522—1523年布道和著作 1523年著作	1891
16	13	1524—1526年小先知书讲解	1889
17	14	1523—1524年《彼得后书》《犹大书》和《创世记》系列布道 1523—1524年《申命记》讲解	1895
18	15	1524年布道和著作	1899
19	16	1524—1527年《出埃及记》系列布道	1899
20	17Ⅰ	1525年布道	1907
21	17Ⅱ	1525年《斋戒节布道集》 1527年罗特版《节日布道集》	1927
22	18	1525年著作	1908
23	19	1526年著作	1897
24	20	1526—1527年所罗门《传道书》和《约翰前书》讲解 1526年布道	1898
25	21	1528年罗特版《冬季布道集》 1544年克鲁西格版《夏季布道集》	1928
26	22	1544年克鲁西格版《夏季布道集》(续)	1929
27	23	1527年布道和著作	1901
28	24	1523—1524年《创世记》布道(1527年印刷版)	1900
29	25	1527年《提多书》和《腓利门书》讲解 1527—1529年《以赛亚书》讲解(1532—1534年印刷版) 1527—1528年《利未记》和《民数记》系列布道	1902

续表

册数	卷数	内　　容	初版时间
30	26	1528 年《提摩太前书》讲解 1528 年著作	1909
31	27	1528 年布道	1903
32	28	1528—1529 年《马太福音》第 11—15 节、《约翰福音》16—20 节和《申命记》布道	1903
33	29	1529 年布道	1904
34	30 Ⅰ	1528 年教义布道 1529 年《大教义书》和《小教义书》	1910
35	30 Ⅱ	1529—1530 年著作	1909
36	30 Ⅲ	1529—1532 年著作	1910
37	31 Ⅰ	1529—1532 年《诗篇》讲解	1913
38	31 Ⅱ	1528—1531 年《以赛亚书》和《雅歌》讲解	1914
39	32	1530 年布道 1530—1532 年《马太福音》第 5—7 节系列布道	1906
40	33	1530—1532 年《约翰福音》第 6—8 节系列布道	1907
41	34 Ⅰ	1531 年布道	1908
42	34 Ⅱ	1531 年布道	1908
43	35	赞美诗	1923
44	36	1532 年布道	1909
45	37	1533—1534 年布道	1910
46	38	1533—1536 年著作	1912
47	39 Ⅰ	1535—1538 年论纲	1926
48	39 Ⅱ	1539—1545 年论纲	1932
49	40 Ⅰ	1531 年《加拉太书》(第 1—4 节)评论	1911
50	40 Ⅱ	1531 年《加拉太书》(第 5—6 节)评论 1532 年《诗篇》第 2、45、51 首讲解	1914

续表

册数	卷数	内　容	初版时间
51	40Ⅲ	1532—1535年《诗篇》讲解 1543—1544年《以赛亚书》第9和53节讲解 1545年《何西阿书》第13节讲解	1930
52	41	1535—1536年布道	1910
53	42	1535—1538年《创世记》(第1—17节)讲解	1911
54	43	1538—1542年《创世记》(第18—30节)讲解	1912
55	44	1543—1545年《创世记》(第31—50节)讲解	1915
56	45	1537年布道和30年代布道汇编 1533年《约翰福音》第14、15节系列布道(1538年印刷版)	1911
57	46	1533—1534年《约翰福音》第16节布道(1538年印刷版) 1538年布道 1537—1538年《约翰福音》第1—2节系列布道	1912
58	47	1537—1540年《约翰福音》第3—4节和《马太福音》第18—24节的系列布道; 1539年的布道	1912
59	48	《圣经》和著作版本统计 著作、布道与桌边谈话的补充	1927
60	49	1540—1545年布道	1913
61	50	1536—1539年著作	1914
62	51	1545—1546年布道 1534—1536年《诗篇》第23首和第101首讲解 1540—1541年著作 格言集	1914
63	52	1544年《家庭布道集》(维特·迪特里希)	1915

续表

册数	卷数	内　容	初版时间
64	53	1542—1543 年著作	1920
65	54	1543—1546 年著作	1928
66	55 Ⅰ	1513—1515 年《诗篇》讲解、注释	1993
67	55 Ⅱ	1513—1515 年《诗篇》讲解、注疏	2000
68	56	1515—1516 年《罗马书》讲解手稿	1938
69	57	1515—1516 年《罗马书》讲解 1516 年《加拉太书》讲解 1517—1518 年《希伯来书》讲解	1939
70	58 Ⅰ	第 1—54 卷的人名、地名索引	1948
71	59	第 1—57 卷著作、《圣经》翻译、桌边谈话的补充	1982
72	60	第 1—57 卷补充； 《16—19 世纪路德著作版本史》	1980
73	61	第 1—60 卷著作目录(包括德语《圣经》、书信和桌边谈话)、著作年表	1983
74	62	第 1—60 卷地名索引	1986
75	63	第 1—60 卷人名、引用索引	1987
76	64	第 1—60 卷拉丁语索引	1990
77	65	第 1—60 卷拉丁语索引	1993
78	66	第 1—60 卷拉丁语索引	1995
79	67	第 1—60 卷拉丁语索引	1998
80	68	第 1—60 卷拉丁语索引	1999
81	69	第 1—60 卷德语索引	2001
82	70	第 1—60 卷德语索引	2003
83	71	第 1—60 卷德语索引	2005
84	72	第 1—60 卷德语索引	2007
85	73	第 1—60 卷德语索引	2009

(二)德语《圣经》(共12卷、15册)

册数	卷数	内　容	初版时间
1	1	1523—1524年初次翻译的手稿(《士师记》至《雅歌》)	1906
2	2	1527—1532年初次翻译的手稿(《以赛亚书》至《西拉书》) 1522年—1546年《圣经》出版目录	1909
3	3	1528年《诗篇》样稿(没有标注日期的坤海姆①收藏的《诗篇》) 1531年《诗篇》修订记录 1539—1540年《圣经》修订记录(《创世记》至《诗篇》第150首)	1911
4	4	1539至1541年《圣经》修订记录 1544年《新约》修订记录 1530年《新约》样稿 《诗篇》样稿 附录：1518年路德为维滕堡大学起草的致选侯腓特烈的公文	1923
5	5	1529年武加大译本修订版(《创世记》至《列王纪下》和《新约》)	1914
6	6	德语《圣经》：《福音书》和《使徒行传》，1522—1546年	1929
7	7	德语《圣经》：《使徒书信》和《启示录》，1522—1545年	1931
8	8	德语《圣经》：《摩西五经》，1523—1545年	1954

① 乔治·冯·坤海姆(Georg von Kunheim，1532—1611年)：路德女婿(小女儿玛格丽特的丈夫)，收藏了路德1528年的《诗篇》翻译副本。

续表

册数	卷数	内　容	初版时间
9	9 Ⅰ	德语《圣经》:《约书亚书》至《列王纪上》, 1524—1545 年	1939
10	9 Ⅱ	德语《圣经》:《列王纪下》至《以斯帖书》, 1524—1545 年	1955
11	10 Ⅰ	德语《圣经》:《约伯记》《诗篇》, 1524—1545 年	1956
12	10 Ⅱ	德语《圣经》:《所罗门箴言》《雅歌》, 1524—1545 年;附录: 勒赫《诗篇》索引; 1545 年诺伊堡版《诗篇》前言; 1529 年和 1537 年《诗篇》拉丁语修订版; 希伯来语《诗篇》手稿	1957
13	11 Ⅰ	德语《圣经》:《以赛亚书》到《以西结书》	1960
14	11 Ⅱ	德语《圣经》:《但以理书》到《玛拉基书》 1530 年《但以理书》译本上致约翰·腓特烈亲王的献辞 《何西阿书》初次翻译手稿	1960
15	12	《旧约》次经的翻译(1529—1534/1535 年)	1961

(三)《桌边谈话》(共 6 卷、6 册)

册书	卷数	内　容	初版时间
1	1	维特·迪特里希和梅德勒收集的谈话(16 世纪 30 年代前期)	1912
2	2	施拉根豪森、拉伯和科达图斯收集的谈话(16 世纪 30 年代前期)	1913
3	3	科达图斯、劳特巴赫和维勒等人收集的谈话(16 世纪 30 年代)	1914
4	4	劳特巴赫、库默、马特希乌斯等人收集的谈话(1538—1543 年)	1916

续表

册书	卷数	内　　容	初版时间
5	5	马特希乌斯、海登莱希、贝索德、勒赫和劳特巴赫等人收集的谈话(16 世纪 40 年代)	1919
6	6	奥里法柏收集的谈话、索引	1921

(四)《书信》(共 18 卷、18 册)

册数	卷数	内　　容	初版时间
1	1	1501—1520 年 1 月 26 日书信	1930
2	2	1520 年 1 月底—1522 年书信	1931
3	3	1523—1525 年书信	1933
4	4	1526—1528 年书信	1933
5	5	1529—1530 年书信	1934
6	6	1531—1533 年书信	1935
7	7	1534—1536 年书信	1937
8	8	1537—1539 年书信	1938
9	9	1540—1542 年 2 月 28 日书信	1941
10	10	1542 年 3 月 1 日—1544 年书信	1947
11	11	1545—1546 年书信	1948
12	12	1514—1546 年的书信、著作和公文；未标注日期的书信	1967
13	13	补充与更正、大纲表	1968
14	14	书信手稿与当时印刷版目录、路德书信编辑史	1970
15	15	人名和地名索引	1978
16	16	“路德”特别索引、通信目录、《圣经》索引，引用索引	1980
17	17	神学和内容索引	1983
18	18	按正文开头字母排列的目录、最后的补充	1985

参 考 文 献

一、马丁·路德著作

(一)外文文献

Luther, Martin. *D. Martin Luthers Werke. Kritische Gesamtausgabe* [M]. Weimar: Verlag Hermann Böhlaus, 1883-2009.

Luther, Martin. *The Letters of Martin Luther* [M]. Selected and Translated by Margaret A. Currie. London: Macmillan and Co., 1908.

Luther, Martin. *The Table Talk of Martin Luther* [M]. Translated and Edited by William Hazlitt. London: G. Bell & Sons, Ltd., 1911.

Luther, Martin. *Luther's Works* [M]. Minneapolis: Fortress Press; St. Louis: Concordia Publishing House, 1957-1986.

Luther, Martin. *Martin Luther Studienausgabe* [M]. Herausgegeben von Hans-Ulrich Delius. Berlin: Evangelische Verlagsanstalt, 1979.

Luther, Martin. *Martin Luther Taschenausgabe* [M]. Berlin: Evangelische Verlagsanstalt GmbH, 1981.

Luther, Martin. *Luther Deutsch* [M]. Herausgegeben von Kurt Aland. Göttingen: Vandenhoeck & Ruprecht, 1983.

Luther, Martin. *Martin Luther Lateinisch-Deutsche Studienausgabe* [M]. Herausgegeben von Wilfried Härle, Johannes Schilling und Günter Wartenberg. Leipzig: Evange-lische Verlagsanstalt, 2006.

(二)中文译本

马丁·路德. 路德神学类编[M]. 克尔(Hugh T. Kerr)编订，王敬轩，译. 香港：道声出版社，1961.

马丁·路德.《九十五条论纲》等文献，收录于科特·艾伦著，王建屏、郑秀清合译：《九十五条及有关改教文献考》[M]. 香港：道声出版社，1989.

马丁·路德. 路德文集：信仰与社会[M]. 文国伟、梁祖永，译. 香港：协同福利及教育协会，1992.

马丁·路德. 路德文集(1—2卷)[M]. 路德文集中文版编辑委员会编. 上海：上海三联书店，2005.

马丁·路德、菲利普·梅兰西顿. 协同书[M]. 逯耘，译. 南京：译林出版社，2005.

马丁·路德. 路德选集[M]. 徐庆誉、汤清等，译. 北京：宗教文化出版社，2010.

马丁·路德. 九十五条——改教运动初期文献六篇[M]. 邓肇明，译. 香港：道声出版社，2004.

马丁·路德. 路德三檄文和宗教改革[M]. 李勇，译，上海：上海人民出版社，2010.

马丁·路德. 马丁·路德桌边谈话录[M]. 林纯洁等，译. 北京：经济科学出版社，2013.

马丁·路德. 路德书信集(1507—1519)[M]. 黄保罗、刘新利，编译. 济南：山东大学出版社，2015.

马丁·路德. 路德劝慰书信[M]. 西奥多·泰伯特选编、英译，孙为鲲，译. 上海：上海三联书店，2017.

马丁·路德. 马丁·路德书信集[M]. 黄保罗总编译. 济南：山东省基督教两会，2018.

二、研究文献

(一)外文文献

Aland, Kurt. *Hilfsbuch zum Lutherstudium* [M]. Bielefeld: Luther Verlag, 1996.

Bainton(Editor), Roland H. *Women of the Reformation in Germany and Italy*[M]. Minneapolis: Fortress Press, 1971.

Besch, Werner. *Luther und die deutsche Sprache*[M]. Berlin: Erich Schmidt Verlag, 2014.

Beutel, Albrecht (Hrsg.). *Luther Handbuch*[M]. Tübingen: Mohr Siebeck, 2010.

Blum, Daniela. *Der Katholische Luther*[M]. Paderborn: Verlag Ferdinand Schöningh, 2016.

Boehmer, Heinrich. *Der junge Luther*[M]. Stuttgart: R. F. Koehler Verlag, 1951.

Bornkamm, Heinrich. *Luthers geistige Welt*[M]. Gütersloh: Carl Bertelsmann Verlag, 1963.

Bornkamm, Heinrich. *Martin Luther in der Mitte seines Lebens*[M]. Göttingen: Vandenhoeck & Ruprecht, 1979.

Brecht, Martin. *Martin Luther*(Band 1-3)[M]. Stuttgart: Calwer Verlag, 2013.

Buchwald, Georg. *Luther-Kalendarium*[M]. Leipzig: M. Heinsius Nachfolger Eger & Sievers, 1929.

Dowley, Tim. *Der Atlas zur Reformation in Europa*[M]. Neukirchen-Vluyn: Neukirchener, 2016.

Dülmen, Andreas van. *Luther-Chronik, Daten zu Leben und Werk*[M]. München: Dt. Taschenbuch Verlag, 1983.

Ebeling, Gehard. Hundert Jahre Weimarer Luther-Ausgabe[A]. In Gehard Ebeling, *Umgang mit Luther*[C]. Tübingen: J. C. B. Mohr, 1983.

Erikson, Erik H. *Young Man Luther*[M]. New York: W. W. Norton & Company. Inc., 1962.

Historische Kommission bei der Bayerischen Akademie der Wissenschaften (Hrsg.). *Neue Deutsche Biographie*(Band 1-24)[M]. Berlin: Duncker & Humblot, 1953-2005.

Junghans, Helmar. The History, Use and Significance of the Weimar Luther Edition[J]. *Theology & Life*, 2002(25).

Junghans, Helmar. Die Tischreden Martin Luthers[A]. In *D. Martin Luthers Werke, Sonderedtion der kritischen Weimarer Ausgabe, Begleitheft zu den Tischreden*[C]. Weimar: Verlag Hermman Böhlaus Nachfolger, 2000.

Kaufmann, Thomas. *Luthers Juden*[M]. Stuttgart: Philipp Reclam jun. GmbH & Co. KG. 2017.

Kawerau, Gustav. *Verzeichnis von Luthers Schriften*[M]. Leipzig: M. Heinsius Nachfolger Eger & Sievers, 1929.

Köpf, Ulrich. Kurze Geschichte der Weimarer Lutherausgabe[A]. In *D. Martin Luthers Werke, Sonderedtion der kritischen Weimarer Ausgabe, Begleitheft zu den Schriften*[C]. Weimar: Verlag Hermman Böhlaus Nachfolger, 2003.

Köpf, Ulrich. *Martin Luther, Der Reformator und sein Wekre*[M]. Stuttgart: Philipp Reclam jun. GmbH & Co. 2015.

Köpf, Ulrich(Hrsg.). *Deutsche Geschichte in Quellen und Darstellung* (Band 3), *Reformationszeit*[M]. Stuttgart: Philipp Reclam jun., 2001.

Korsch, Dietrich. Luther's Seal as an Elementary Interpretation of His Theology[A]. In *Harvesting Martin Luther's Reflections on Theology, Ethics, and the Church*[C]. Edited by Timothy J. Wengert. Cambridge: William B. Eerdmans Publishing Company, 2003.

Korsch, Dietrich und Volker Leppin (Hrsg.). *Martin Luther-Biographie und Theologie*[M]. Tübingen: Mohr Siebeck, 2010.

Lohse, Bernhard. *Martin Luther Eine Einführung in sein Leben und sein Werk*[M]. München: C. H. Beck, 1997.

Löschke, Karl Julius. *Dr. Martin Luther's letzte Lebenstage, Tod und Begräbniß*[M]. Breslau: Verlag von Paul Theodor Scholz, 1846.

Melanchthon, Philipp. Johannes Cochläus. *Luther's Lives: Two Contemporary Accounts of Martin Luther*[M]. Translated and Annotated by

Elizabeth Vandiver, Ralph Keen & Thomas D. Frazel. Manchester: Manchester University Press, 2002.

Oberman, Heiko A. *Luther, Menschen zwischen Gott und Teufel*[M]. München: Pantheon Verlag, 2016.

Leppin, Volker. *Martin Luther*[M]. Darmstadt: Philipp von Zabern Verlag, 2017.

Leppin, Volker und Gury Schneider-Ludorff (Hrsg.). *Das Luther-Lexikon*[M]. Regensburg: Verlag Bückle & Böhm, 2014.

Leppin, Volker. *Die fremde Reformation: Luthers mystische Wurzeln*[M]. München: C. H. Beck, 2016.

Pollakc, Detlef. Protestantismus und Moderne[A]. In Udo Di Fabio, Johannes Schilling (Hrsg.), *Die Weltwirkung der Reformation*[C]. München: Verlag C. H. Beck, 2017.

Ranke, Leopold von. *Geschichten der romanischen und germanischen Völker: von* 1494 *bis* 1535(Band 1)[M]. Leipzig: Reimer, 1824.

Roper, Lyndal. *Der Mensch Martin Luther, die Biographie*[M]. Frankfurt a. M.: S. Fischer, 2016.

Rückert, Hans. Die Weimarer Ausgabe, Stand, Aufgabe und Probleme[A]. In Vilmos Vajta (Hrsg.), *Lutherforschung heute. Referate und Berichte des* 1. *Internationalen Lutherforschungskongresses Aarhus* 1956[C]. Berlin: Lutherisches Verlagshaus, 1958.

Sachs, Hans. Die wittenbergische Nachtigall, die man jetzt höret überall[A]. In Johannes Block (Hrsg.), *Die wittenbergische Nachtigall, Luther im Gedicht*[C]. Leipzig: Evangelische Verlagsanstalt GmbH, 2013.

Schilling, Heinz. *Martin Luther, Rebell in einer Zeit des Umbruchs*[M]. München: Verlag C. H. Beck, 2016.

Schwarz, Reinhardt. *Luther*[M]. Göttingen: Vandenhoeck & Ruprecht, 1986.

Sillem, W. Zwei Beiträge zur Reformationsgeschichte Hamburgs[J].

Monatsschrift für die evangelich-lutherische Kirche im hamburgischen Staate, Heft 10, 1885.

Smith, Preserved. *Luther's Table Talk, a Critical Study* [M]. New York: The Columbia University Press, 1907.

Stiftung Historisches Lexikon der Schweiz (Hrsg.). *Historische Lexikon der Schweiz* (Band 3) [M]. Basel: Schwabe Verlag, 2003.

Udolph, Jürgen. *Martinus Luder-Eleutherius-Martin Luther: Warum änderte Martin Luther seinen Namen?* [M]. Heidelberg: Universitätsverlag Winter GmbH, 2016.

Veit, Patrice. *Das Kirchenlied in der Reformation Martin Luthers* [M]. Stuttgart: Franzsteiner Verlag Wiesbaden GmbH, 1986.

Volz, Hans. Das Lutherwappen als „Schutzmarke“ [J]. *Libri*, 1954(4).

Wallmann, Johannes. *Kirchengeschichte Deutschlands seit der Reformation* [M]. Tübingen: Mohr Siebeck, 2006.

Wiesner, Merry E. *Women and Gender in Early Modern Europe* [M]. Cambridge: Cambridge University Press, 1993.

Zschäbitz, Gerhard. *Martin Luther, Grösse und Grenze*, Teil 1 (1483-1526) [M]. Berlin: VEB Deutscher Verlag der Wissenschaften, 1967.

Die Memminger (Allgäuer) Bundesordnung [A]. In *Flugschriften der Bauernkriegszeit*, herausgegeben von Adolf Laube [C]. Berlin: Akademie-Verlag, 1975.

(二)中文文献:

埃里克·埃里克森. 青年路德[M]. 舒跃育、张继元等, 译. 上海: 上海人民出版社, 2021.

弗·鲍尔生. 德国教育史[M]. 滕大春、滕大生, 译. 北京: 人民教育出版社, 1986.

冈特·福格勒. 闵采尔传[M]. 陈静, 译. 北京: 商务印书馆, 1997.

格拉汉姆·汤姆凌. 真理的教师: 路德和他的世界[M]. 张之璐, 译. 北京: 北京大学出版社, 2004.

汉斯·李叶. 路德传[M]. 华君、舒柱，译. 北京：商务印书馆，1989.

赫尔玛·容汉斯. 路德全集魏玛版的来源、用途及意义[J]. 邓肇明，译. 神学与生活，2002(25).

何礼魁. 马丁·路德传[M]. 陈建勋、戴怀仁，译. 香港：道声出版社，1983.

杰弗里·帕克. 查理五世传[M]. 陆大鹏、刘晓晖，译. 北京：社会科学文献出版社，2021.

卡尔·楚门. 路德的人生智慧：十架与自由[M]. 王一，译. 上海：上海三联书店，2019.

来新夏、徐建华. 中国的年谱与家谱[M]. 北京：商务印书馆，1997.

李长山等编著. 德国历史辞典[M]. 上海：上海辞书出版社，2014.

林纯洁. 马丁·路德天职观研究[M]. 北京：人民出版社，2013.

林纯洁. 马丁·路德的战争观与士兵的天职[J]. 山西师范大学学报(社会科学版)，2010(2).

梁启超. 中国历史研究法 中国历史研究法补编[M]. 北京：中华书局，2014.

卢龙光主编. 基督教圣经与神学词典[Z]. 北京：宗教文化出版社，2007.

罗伦·培登. 这是我的立场——改教先导马丁·路德传记[M]. 陆中石、古乐人，译. 南京：译林出版社，1993.

马克斯·布劳巴赫等著. 德意志史(第二卷上册)[M]. 陆世澄、王昭仁，译. 北京：商务印书馆，1998.

马克斯·韦伯. 新教伦理与资本主义精神[M]. 康乐、简惠美，译. 桂林：广西师范大学出版社，2007.

米涅. 退而不休的皇帝：查理五世最后的岁月[M]. 尚慧，译. 上海：上海社会科学院出版社，2020.

齐思和、林幼琪选译. 中世纪晚期的西欧[M]. 北京：商务印书馆，1962.

孙德谦. 古书读法略例[M]. 桂林：广西师范大学出版社，2006.

孙立新. 德国通史(第二卷). 信仰分裂的时代[M]. 南京：江苏人

民出版社，2019.

托马斯·马丁·林赛. 宗教改革史(上卷)[M]. 孔祥民等，译. 北京：商务印书馆，2016.

托马斯·马丁·林赛. 宗教改革史(下卷)[M]. 刘林海等，译. 北京：商务印书馆，2016.

威利斯顿·沃尔克. 基督教会史[M]. 孙善玲等，译. 北京：中国社会科学出版社，1991.

沃尔夫冈·兰德格拉夫. 马丁·路德[M]. 周正安，译. 北京：新华出版社，1988.

约翰·赫伊津哈. 伊拉斯谟传：伊拉斯谟与宗教改革[M]. 何道宽，译. 桂林：广西师范大学出版社，2008.

张广智主著. 西方史学史[M]. 上海：复旦大学出版社，2014.

詹姆斯·基特尔森. 改教家路德[M]. 李瑞萍、郑小梅，译. 北京：中国社会科学出版社，2009.

张乃和. 现代英美传记学的兴起及其启示[J]. 史学集刊，2017(4).

张仕颖. 马丁·路德称义哲学思想[M]. 北京：人民出版社，2012.

周施廷. 信仰与生活：16 世纪德国纽伦堡的改革[M]. 北京：北京大学出版社，2015.

朱孝远. 神法、公社和政府：德国农民战争的政治目标[M]. 北京：北京大学出版社，1994.

中国大百科全书出版社不列颠百科全书编辑部编译. 不列颠百科全书(国际中文版)[M]. 北京：中国大百科全书出版社，1999.

G. R. 波特编. 新编剑桥世界近代史(第一卷)[M]. 中国社会科学院世界历史研究所组，译. 北京：中国社会科学出版社，1999.

G. R. 埃尔顿编. 新编剑桥世界近代史(第二卷)[M]. 中国社会科学院世界历史研究所组，译. 北京：中国社会科学出版社，2003.

J. 沃特沃斯英译，陈文海中文译注. 特兰特圣公会议教规教令集[M]. 北京：商务印书馆，2012.

圣经(简体和合本)[M]. 上海：中国基督教三自爱国运动委员会、中国基督教协会，2007.

后　记

本书是我主持的国家社会科学基金青年项目"《马丁·路德年谱》研究"的结项成果，也是多年来对马丁·路德研究的一个总结。

2007 年，我考入北京大学历史学系，师从朱孝远教授，攻读博士学位。2008 年春季学期，朱老师在《欧洲宗教改革》课上倡议同学们翻译马丁·路德的《桌边谈话》，并让我具体组织推动。当年就翻译完毕，我为该书写了一篇导言，是我研究路德的开始。该书后来几经曲折，于 2012 年出版。

2008 年 10 月，经过与朱老师的多番讨论后，我确定了以"马丁·路德的天职观"作为博士论文的选题。当年 11 月，在搜集和阅读路德资料的过程中，为了更清楚地了解一些宗教改革重要事件的来龙去脉和路德著作的发表顺序，我开始有意识地将各种著作中关于路德的生平、发表和活动按时间编在一起，命名为《路德年表》。这成了我后来编撰《马丁·路德年谱》的起源。

大概在 2008 年下半年，朱老师建议我前往宗教改革研究的重镇——德国图宾根大学交流学习一段时间。经过一番申请和准备，我有幸获得德意志学术交流中心和国家留学基金委的资助，2009 年 10 月，顺利前往图宾根大学新教神学院进行"联合培养"，指导老师是莱霍德·里格尔(Reinhold Rieger)教授。两位导师都尽心指导我的路德研究。读博期间，我撰写了博士论文《世间的责任：作为社会关系基础的马丁·路德天职观》，主要论证了路德试图通过天职观重建社会伦理，展现了路德作为社会改革家的一面。

图宾根大学与宗教改革渊源极为深厚。路德修道院时期的神学教师约翰·纳廷、导师施道皮茨、最重要的同伴梅兰希顿以及瑞士宗教改革家约翰·厄科兰帕迪乌斯均毕业于图宾根大学神学院。神学院后来分为天主教神学院和新教神学院，仍合用一个图书馆，收藏的宗教研究文献非常齐全。还有大学图书馆，馆藏文献也极为丰富。图宾根街边的书店和旧书店很密集，学术气息浓厚。在这里我积累了最初一批路德研究文献。

2009年，《路德全集》魏玛版最后一卷索引卷在图宾根完成，标志着《路德全集》魏玛版的最终完成。新教神学院在11月10日和11日为此召开了学术研讨会。我至今还记得索引卷最后阶段的主编、图宾根大学的乌尔里希·科普夫教授在会上发言，谈及按照不同的算法，魏玛版一共有多少卷的情景。我很快又了解到魏玛版第一卷出版于1883年路德诞生400周年之际，后经历了第一次世界大战、魏玛时期的动荡、第二次世界大战、联邦德国与民主德国的分裂与统一等局势的重大变化，数代路德研究学者皓首穷经，前赴后继，克服重重困难，历经126年才完成这个重大项目，深知其意义重大。我曾在图宾根大学中世纪晚期与宗教改革研究所参观了为编辑《路德全集》魏玛版索引所整理的卡片，约300万张，按字母顺序排列，装满了整个房间；编辑这些索引就花了约半个世纪。这使得我惊叹于德国学者对路德的重视和对科研项目的执着。

2010年10月，我第一次访问路德城维滕堡，这里是路德发动宗教改革并长期居住的地方。我参观了路德故居——奥古斯丁修道院，并登上了城堡教堂的塔楼。一个人在塔楼上坐了良久，望着静谧的小城，想象500年前路德生活在当地的情景，还想起了路德的“塔楼体验”，尽管这不是路德居住的修道院塔楼。对路德了解越多，越感觉到路德的勇敢以及单凭“笔与舌”改变世界历史之不易，同时感受到路德作为一个普通人的真情实感。

2011年9月，我入职华中科技大学外国语学院德语系后不久，以“《路德全集》魏玛版研究”为题，申报了教育部人文社科项目的青年项目，有幸获中。2012年，我撰文《〈路德全集〉魏玛版的历史与未来》

(发表于《德国研究》2012 年第 3 期)详细介绍了《路德全集》魏玛版的主要内容和巨大的学术价值。该文经过修改后，并补充了介绍各卷内容的《〈路德全集〉魏玛版概览》作为附录放在书后，可以与年谱对照参考。

2014 年 7 月，我参加歌德学院在魏玛举行的培训项目。培训期间歌德学院安排我们参观了埃森纳赫附近的瓦特堡。这里是 1521 年 5 月—1522 年 3 月路德在此避难，并将《圣经 · 新约》翻译为德语的地方。我在路德当年居住的一间极为简陋的房间门口驻足良久。在休息日，我又前往魏玛附近的埃尔福特，参观了当地的奥古斯丁修道院。1505 年 7 月 2 日，正在埃尔福特大学读法律博士的路德在返校途中险遭闪电劈中，由此发誓要当修士，并履行了这个誓言，进入这家修道院。这真是一道改变世界历史的闪电！深入了解历史的细节后，会发现偶然事件在历史中会起到令人意想不到的作用。

2014 年，在思考研究路德的新方向时，我想起了读博期间所编写的《路德年表》。由此，我产生了按照中国传统史学的方法为路德编撰一部年谱的念头。因为我在多年阅读宗教改革和路德研究文献时，发现各种著作在细节上有很多矛盾之处，对同一件事情的发生时间、同一著作的发表时间记载各不相同，有的事件甚至争议至今。参考多种资料编撰一部年谱，将有助于澄清这些争议。2014 年 11 月，我开始在《路德年表》基础上编撰《马丁 · 路德年谱》。

在编撰年谱的过程中，我还意识到这可以弥补魏玛版不能完全按照时间顺序排列路德著作的遗憾。但这个遗憾只能部分弥补，由于路德著作种类和数量太多，目前保存下来的约 2600 封书信、2082 篇布道不可能全部在年谱中体现出来，只能择其要，尽可能地多收录。还有大量时间不精确的桌边谈话，很难体现在年谱中。路德的很多著作、书信和布道都是用拉丁语撰写，如他给教会人士写信用拉丁语，给君主和平民写信则用德语。由于我拉丁语水平有限，使用这些材料时，主要参照了德语、英语和汉语的各种译本。

2016 年 6 月，我申报的“《马丁 · 路德年谱》研究”获批国家社科基金青年项目。该年 8 月，我赴德国斯图加特参加了博世基金会举办的教师培训活动。活动结束后，我前往图宾根，拜访已有6年未见的里格尔教授，详述了之前已通过邮件提过的《马丁·路德年谱》编撰计划。我们约定，第二年我到图宾根大学访学。这次短暂的德国访问期间，购买了一批最新的路德传记。

2017年，宗教改革500周年纪念之际，我再次获得国家留学基金委资助，前往图宾根大学新教神学院访学了四个月。里格尔教授慷慨地将他的一套房子提供给我居住，房子里放满了教授多年的藏书，其中就包括《路德全集》魏玛版，这里正是做学问的好地方。期间，在里格尔教授的帮助下，我搜集了很多早期的路德传记资料。当年7月下旬，我再次来到维滕堡，参加由国际路德协会举行的纪念宗教改革500周年国际学术会议，了解到国际学界研究路德的学术前沿状况。2018年8月，我受到外国语学院国际交流项目的支持，到澳大利亚阿德莱德大学访学一个月，收集了不少英语学术界的路德研究资料。这些访学经历都为编撰年谱奠定了坚实的基础。

我一边撰写路德的年谱，一边试图做一些方法论上的总结。2018年，我在《云南大学学报》(社会科学版)发表《〈马丁·路德年谱〉的编撰与中西史学融合的路径》一文，回顾了西方学界所撰写的路德传记和年表著作，论证为路德编撰年谱的必要性，并提出了《马丁·路德年谱》的结构。本书基本上就是按照该文的思路撰写而成。该文经过修改后，放在书前作为代序。希望为路德编撰年谱的思路和实践能推动国内学界为西方重要历史人物撰写年谱，探索中西史学融合的路径。

2020年底，我完成了《马丁·路德年谱》书稿，后于2021年3月申请结项，书稿被国社科评审专家评定为“优秀”。在此，要特别感谢评审专家对本研究的肯定和提出的很多宝贵修改建议。这些建议对书稿的修改和完善有很大的借鉴意义。

本书的出版，要感谢华中科技大学外国语学院的资助。还要感谢我的硕导李工真教授、博导朱孝远教授和里格尔教授，三位导师知道我在编撰《马丁·路德年谱》后，便一直关注着本书的进展，鼓励我早日将该书出版。尤其是朱孝远教授和里格尔教授给我提供了大量的路德研究资料。在研究资料方面，还要感谢我的博士同门周施廷博士、好友程林博士、学生于宁、杨沁怡、肖蕾、徐聪和陶冶等人在国内和德国等地图书馆帮我搜集了诸多外文文献。感谢武汉大学出版社编辑谢群英老师，从选题到审校的各个环节，她均予以了极大支持，非常细致且有耐心。最后，我还要感谢所有长期以来支持我的同事、朋友和家人。本书从2014年开始撰写到完成，再到正式出版，前后长达八年，没有大家的支持，是完成不了的。

尽管书稿完成后，又反复修改了很长时间，但仍有很多不足之处，恳请读者朋友们批评指正！

林纯洁

2022年9月20日